David von Augsburg

Vom äußeren und inneren Menschen

hg. von Marianne Schlosser

David von Augsburg

Vom äußeren und inneren Menschen (De compositione exterioris et interioris hominis)

übersetzt und herausgegeben
von Marianne Schlosser

mit einer Einführung
von P. Cornelius Bohl OFM

Umschlagbild: Lichtstrahlen durch Kirchenfenster.

1. Auflage 2009
Deutsche Erstausgabe

Übersetzung aus dem Lateinischen nach:
Fratris David ab Augusta *De exterioris et interioris hominis compositione secundum triplicem statum incipientium, proficientium et perfectorum, libri tres,* castigati et denuo editi a pp. Collegii S. Bonaventurae, Quaracchi 1899.

mail@eos-verlag.de
www.eos-verlag.de

ISBN 978-3-8306-7360-6

Bibliografische Information der Deutschen Bibliothek
Die Deutsche Bibliothek verzeichnet diese Publikation in der Deutschen Nationalbibliografie; detaillierte bibliografische Angaben sind im Internet unter http://dnb.ddb.de abrufbar.

Printed in Germany

Inhaltsverzeichnis

ZWEITES BUCH: Regeln zur Neugestaltung des inneren Menschen – an die Fortgeschrittenen gerichtet

DRITTES BUCH: Die sieben Stufen im Verlauf des Ordenslebens

Einführung: David von Augsburg – Leben und Werk

Cornelius Bohl OFM

David steht am Beginn franziskanischen Lebens in Deutschland. Auf dem Pfingstkapitel 1221 in Porziunkula hatten die Minderbrüder erneut eine Deutschlandmission beschlossen, nachdem ein erster Versuch wenige Jahre zuvor kläglich gescheitert war. Mitte Oktober erreicht eine Gruppe von knapp 30 Brüdern Augsburg, die erste deutsche Stadt, in der sich Franziskaner niederlassen und die später untrennbar mit dem Namen Davids verbunden sein wird. Dessen Biographie kennt allerdings nur ein einziges sicheres Datum: 1246 erscheint er mit seinem Mitbruder Berthold von Regensburg und zwei Weltpriestern als päpstlicher Visitator der Reichsabteien Ober- und Niedermünster in Regensburg. Als *socius* Bertholds wird er den bekannten Volksprediger auch sonst auf dessen Reisen begleitet haben, war also vielleicht so etwas wie sein Sekretär und nicht, wie immer wieder behauptet wurde, sein Novizenmeister. Dass er aber tatsächlich zeitweise dieses Amt innehatte, zeigen sein Hauptwerk *De compositione*, dessen ersten Teil er selbst als *formula novitiorum* bezeichnet, und seine Regelerklärung, beide sind aus dem Novizenunterricht erwachsen. Ein weiteres Arbeitsfeld Davids war sicher seine Tätigkeit als Prediger. Trithemius lobt sein großes Predigttalent und führt unter seinen Werken auch „Predigten an das Volk" an. Heute würde man ihn wohl vor allem als gefragten geistlichen Begleiter und spirituellen Autor einstufen. Gestorben ist David 1272 in Augsburg und wurde in der dortigen Barfüßerkirche begraben.

Das Bemühen, Davids authentische Schriften nachzuweisen, war lange gekoppelt an die grundsätzliche Frage, ob er überhaupt in Deutsch oder nur in Latein geschrieben habe. Durch die stilistischen Untersuchungen F. M. Schwabs wurde hier ein gewisser Konsens erreicht. Sie erkennt David acht deutsche und neben *De compositione* noch vier weitere lateinische Traktate zu. Durch seine volkssprachlichen Texte gehört er also mit Mechtild von Magdeburg († 1282 oder 1294) und eine Generation vor Eckhart († 1328) zu den Schöpfern einer deutschen geistlichen Prosa. Neben sicher authentischen Texten gibt es solche, die sich in Doktrin und Tenor als „davidisch“ erweisen und nach K. Ruh dem um David als *spiritus rector* gescharten „Augsburger Franziskanerkreis“ entstammen.

Davids Hauptwerk *De exterioris et interioris hominis compositione*

Davids Hauptwerk *De exterioris et interioris hominis compositione* ist dreigeteilt. Das erste Buch beschäftigt sich mit dem „äußeren Menschen“ *(Formula de compositione hominis exterioris)* und besteht nochmals aus zwei Teilen. Es richtet sich vor allem an junge Männer, die das Probejahr im Orden absolvieren, und erscheint darum oft auch unter dem Titel „Erste Einführung für die Novizen“ *(De institutione Novitiorum)*. Das zweite Buch über den „inneren Menschen“ *(Formula de interioris hominis reformatione ad proficientes)* dagegen wendet sich allgemein an Ordensleute. Die Bewegung geht folglich von außen nach innen und von den Anfängern zu den Fortgeschrittenen. Dieser Dynamik fügt sich organisch das dritte Buch an, das „sieben Stufen im Ordensleben“ beschreibt *(De septem processibus Religiosorum)* und bis zu außerordentlichen mystischen Phänomenen führt. Die beiden letzten Bücher begegnen oft als eine einzige Schrift mit dem Titel *De profectu Religiosorum*.

David dürfte seinen Novizenspiegel Ende der vierziger oder sogar erst Anfang der fünfziger Jahre geschrieben haben. Dafür spricht, dass er sich im dritten Buch in scharfer Form gegen apokalyptische Prophezeiungen wendet und dabei auch joachimitische Ideen erwähnt. Die Werke Joachims von Fiore († 1202) aber waren bis Anfang der vierziger Jahre des 13. Jahrhunderts weitgehend unbekannt, seine Ideen finden erst ab der Jahrhundertmitte weitere Verbreitung.

Von den 370 Handschriften, die die Herausgeber von Quaracchi vor über 100 Jahren einsahen, enthält nur etwa ein Viertel das gesamte Werk mit allen drei Büchern. Die verwirrende Vielfalt in der handschriftlichen Überlieferung bezüglich Textgestalt und Autorenangabe setzt sich im Zeitalter des Buchdrucks fort. Bereits in frühen Inkunabeln und dann in Drucken des 16. Jahrhunderts begegnen Teile aus *De compositione* unter den Opuscula Bonaventuras und gelangten auf diese Weise in die großen Ausgaben seiner Opera Omnia. Erst die Editoren der Quaracchi-Ausgabe schieden die Texte Davids endgültig aus, um sie 1899 unter seinem Namen gesondert zu publizieren.

Der erste Teil des ersten Buches wurde aber auch als Werk Bernhards von Clairvaux gedruckt, erstmals 1594 in Rom in einer Edition des belgischen Patrologen G. Vossius. Der Mauriner J. Mabillon veröffentlichte diesen Text dann als *Opusculum in haec verba: Ad quid venisti?* in seiner Bernhard-Ausgabe von 1667, die J.-P. Migne später in die *Patrologia Latina* übernahm. Aber auch David wird als Autor genannt: 1596 erschienen in Augsburg sowohl die *Formula Novitiorum* als auch die vollständige Ausgabe der *Beati fratris David de Augusta ... pia et devota opuscula* mit allen drei Büchern.

David sammelt Tradition: die Quellen

David ist keine Persönlichkeit ersten Ranges, weder als Theologe noch als geistlicher Autor. Er gehört nicht zu den originellsten spirituellen Köpfen seiner Zeit, ist eher ein „kreativer Sammler“, der in seinem Handbuch der Persönlichkeitsbildung die geistliche Tradition von Jahrhunderten zusammenstellt, mit eigener Erfahrung verbindet und damit bis an die Schwelle der Gegenwart so weitergibt, dass dabei neue Erfahrung möglich wird. Aus welchen Quellen schöpft er?

Da sind einmal antike Autoren, allerdings selten. Ohne ihn beim Namen zu nennen, nur als *poeta* bezeichnet, wird Ovid († 17 n. Chr.) zitiert. Weniger überrascht ein Zitat von Seneca

(† 65 n. Chr.), den ja bereits die Väter als *Seneca saepe noster* für das christliche Denken reklamiert hatten. Ein angeblicher Ausspruch des älteren Cato († 149 v. Chr.) stammt aus den vermutlich erst im dritten Jahrhundert entstandenen *Disticha Catonis.*

Wiederholt beruft sich David auf das frühe Mönchtum in Ägypten. In Gemeinschaften von drei- bis fünftausend Mönchen hätten die *antiqui in Aegypto* disziplinierter gelebt als die Minderbrüder der Gegenwart in ihren kleinen Konventen. Möglicherweise bezieht er sich hier auf Hieronymus († 419/20), der verschiedentlich von der vorbildlichen Disziplin in den riesigen Mönchskolonien spricht. Dass David dessen Schriften kannte, zeigen Zitationen aus Briefen des Hieronymus. Hauptsächlicher Gewährsmann für das frühe Mönchtum scheint jedoch Johannes Cassian († ca. 430/35) zu sein. Auch die *Apophthegmata Patrum* sind David vertraut. An zwei Stellen fällt ausdrücklich der Name Benedikts († um 547), David kennt wohl seine Regel und beruft sich auf Gregor den Großen († 604), der im 2. Buch der ihm zugeschriebenen *Dialoge* das Leben des abendländischen Mönchsvaters schildert. Gregor ist im übrigen der am häufigsten genannte Autor: Es begegnen Zitate aus den verschiedenen Büchern der *Dialoge*, aus der *Auslegung des Buches Ijob (Moralia in Job),* den *Homilien zu den Evangelien* und *zu Ezechiel,* sowie aus der *Regula pastoralis.*

Mehrfach zitiert David den Kirchenvater Augustinus († 430), dem er sich vor allem in seiner Anthropologie verpflichtet weiß: Der Mensch ist mit seinen drei Seelenkräften *ratio, voluntas* und *memoria* nach dem Bild des dreieinigen Gottes geschaffen und so schon in seiner Kreatürlichkeit darauf angelegt, Gott zu erkennen, zu lieben und in ihm zu verweilen. Die Sünde hat dieses natürliche Ausgerichtetsein auf Gott getrübt, geistliches Leben besteht darum wesentlich in der *reformatio* des Menschen. Erstaunliche Parallelen zeigt *De compositione* sodann mit dem Traktat *De institutione novitiorum* Hugos von St. Victor († 1141). Allerdings geht David entscheidend über ihn hinaus: Während sich der Victoriner mit der Abfassung eines klösterlichen Anstandsbuches begnügt, in dem alles um die *disciplina* kreist, fasst der Franziskaner die entsprechende Thematik im ersten Teil des ersten Buches zusammen, ordnet diese dann aber ein in eine wesentlich umfassendere Perspektive geistlichen Lebens. Sein zentrales Anliegen ist nicht die *disciplina*, sondern die *devotio* – eine „innige" Liebe zu Gott und innere Neigung zu all dem, was mit Gott zu tun hat, welche das Wollen und das Empfinden des Menschen formt.

Wörtliche Zitate finden sich auch von Bernhard von Clairvaux († 1153), der auch andere Schriften Davids nachweislich beeinflusst hat. Als Werk Bernhards gilt David auch die im Mittelalter weit verbreitete *Epistola ad Fratres de Monte Dei*, aus der er wiederholt zitiert und vor allem die für ihn entscheidende Klassifizierung geistlich lebender Menschen in *incipientes*, *proficientes* und *perfecti* übernimmt. Der zu den Zisterziensern übergetretene Benediktinerabt Wilhelm von St. Thierry († 1148) hatte diesen „Goldenen Brief" 1144 nach einem Besuch der Kartause Mont-Dieu in den Ardennen für die dortigen Novizen verfasst.

Ein einziges Zitat verrät, dass David die pseudoaugustinische Schrift *De spiritu et anima* bekannt war, die heute dem Zisterzienser Alcher von Clairvaux, einem Schüler Bernhards, zugeschrieben wird. Sie scheint eine seiner Hauptquellen zu sein. Vor allem dürfte er die für ihn zentrale Überzeugung von der trinitarisch strukturierten Psyche des Menschen als Ausdruck seiner Gottebenbildlichkeit nicht direkt von Augustinus, sondern von Alcher übernommen haben. Schon dieser verbindet die *Imago-Dei*-Anthropologie sowohl mit dem *homo interior* als auch mit den Vorstellungen vom Sündenfall und der möglichen *reformatio*. Wie Alcher kennt auch David in diesem Zusammenhang nicht nur die klassische augustinische Trias *ratio*, *memoria* und *voluntas*, sondern daneben auch die drei Seelenkräfte *rationalitas*, *concupiscibilitas* und *irascibilitas*.

Der Überblick über die in *De compositione* verwendeten Quellen macht deutlich: David war durchaus theologisch geschult. Großzügig bedient er sich aus dem Schatz geistlicher Erfahrung, den zwölf Jahrhunderte christlicher Lebenskultur vor ihm angesammelt haben. Auf jeder Seite begegnen klassische Themen und Topoi aus der Rüstkammer geistlicher Weisung, die sich wie ein roter Faden durch die Geschichte der praktischen Spiritualität ziehen. Die dabei deutlich werdende Kontinuität spiritueller Unterweisung wird bestätigt durch die Beobachtung, dass nicht wenige der von David aufgegriffenen Traditionen bereits ihrerseits aufeinander aufbauen: Benedikt etwa und Gregor auf Cassian, Gregor und Wilhelm auf Augustinus, Bernhard auf Gregor usw. Es ist daher wenig sinnvoll, einen bestimmten Gedanken über alle möglichen Vermittlungen hinweg auf einen einzelnen Autor zurückführen zu wollen. Davids freizügiger Rückgriff auf die Tradition zeigt zudem, dass ihm nicht an der Originalität eines herausragenden Gedankens oder einer bestimmten „Schule" gelegen ist. Er bewegt sich im *mainstream* klassischer Autoren und ihrer Standardwerke, ihn interessiert, was sich im geistlichen Leben bewährt hat und immer gilt. Dabei wird auch deutlich, wie fließend und relativ die Grenzen zwischen den einzelnen Ordenstraditionen und spirituellen „Schulen" sind. Gerade dieser Durchblick auf den „geistlichen Durchschnitt" in einem deutschen Franziskanerkloster um die Mitte des 13. Jahrhunderts aber ist reizvoll, weniger die Suche nach einem vermeintlich unverwechselbaren Eigengut Davids.

Davids Anthropologie: ein optimistisches Menschenbild

Das von David vertretene Konzept der Persönlichkeitsbildung, so hat schon der flüchtige Blick auf die Quellen gezeigt, fußt auf einer theologischen Anthropologie, nach der die in der Schöpfung begründete, aber durch die Sünde getrübte Gottebenbildlichkeit des Menschen (*imago*) mit Hilfe der Gnade Gottes durch die Übung der Tugenden wiederhergestellt wird (*similitudo*). Sünde ist *deformatio*, geistliches Leben *reformatio*. Hieraus entwickelt David seine gesamte Tugend- und Lasterlehre. Diese Grundidee findet sich zuerst bei den griechischen Vätern, etwa bei Irenäus von Lyon, Clemens von Alexandrien, Origenes oder Gregor von Nyssa, und wird dann auch von zahlreichen lateinischen Autoren übernommen, maßgeblich von Tertullian, später etwa von Augustinus. Dahinter steckt ein letztlich sehr positives Menschenbild und eine erfreulich optimistische Grundüberzeugung von geistlichem Tun: Christliches Leben ist nie von außen auferlegte Fremdbestimmung, sondern führt im Gegenteil zu echter Selbstverwirklichung und Identität. Der Mensch ist zwar immer gefährdet und de facto vielfach „deformiert", aber in seiner Grundanlage gut. Umkehr besteht daher darin, diese positiven Grundenergien freizulegen und in die richtige Richtung zu lenken. Anders ausgedrückt: Das Material ist gut, es muss nur (neu) geformt werden. Und dabei ist für jeden, egal an welchem Punkt des geistlichen Lebens er angelangt ist, immer noch ein Fortschritt möglich – nicht als Zwang zu mehr Leistung, sondern als Einladung zu Wachstum, Reifung und Entwicklung.

David verlebendigt Tradition: Wie „franziskanisch" ist er?

Wenn David Mitte der 40er Jahre des 13. Jahrhunderts junge Männer in den Orden einführt, sind gerade einmal zwanzig Jahre seit dem Tod des Gründers vergangen. Wiederholt wurde mit Befremden eine scheinbar augenfällige Distanz festgestellt zwischen Inhalt und Stil von *De compositione* als einer von einem Minderbruder verfassten Einführung in geistliches Leben und dem, was man gemeinhin unter „franziskanischer Geistigkeit" zu verstehen glaubt. Maßgeblicher Bezugspunkt für das Gefühl, *De compositione* sei ein wenig franziskanischer Text, ist ein Bild von Franziskus und seiner frühen Bruderschaft, das die Neuheit ihrer Lebensform bewusst abhebt von den bislang bestehenden monastischen Formen geistlichen Lebens. Interessanterweise speist sich diese Vor stellung aus zwei grundverschiedenen Quellen. Da ist einmal der streng wissenschaftliche Versuch, die ureigene Intention des Franziskus und die ursprünglichen Zielsetzungen des von ihm initiierten Ordens durch historisch-kritische Auswertung jener frühen Quellen zu erheben, die noch unberührt sind von den internen Auseinandersetzungen um die richtige Regelinterpretation und das „richtige" Franziskusbild, die spätestens 1230 mit der Bulle *Quo elongati* einsetzen. Auf der anderen Seite steht ein unkritisches und idealisiertes Franziskusbild, das sich etwa aus den *Fioretti* und anderen relativ späten Dokumenten nährt, die ihren Sitz im Leben gerade in den ordensinternen Kämpfen um die authentische Interpretation des Gründers haben und gegen faktische Entwicklungen im Orden Stellung beziehen. Beide Ansätze kommen darin überein, dass sie jene historischen Prozesse ausklammern, die etwa Ende der zwanziger Jahre einsetzen und mit dem Generalat Bonaventuras (1257-1274) zu einem vorläufigen Abschluss kommen, nämlich die mit dem zahlenmäßigen Anwachsen und der raschen Ausbreitung gegebenen Krisen des Ordens und seine auch dadurch bedingte zunehmende Institutionalisierung sowie ein verstärktes Engagement in Seelsorge und Studium, was wiederum zu einer wachsenden Zahl von Priestern und damit zu einer gewissen „Klerikalisierung" der ursprünglich ja fast ausschließlich aus Laien bestehenden Gemeinschaft führt. Folgen dieser Entwicklung sind u.a. eine immer stärkere Verflechtung in gesellschaftliche, politische und kirchenpolitische Strukturen und in all dem ein z. T. auch bewusst gesuchtes Sichangleichen an Organisations- und Lebensweise der anderen großen Orden. Davids Handbuch ist typischer Ausdruck eines solch weitgehend monastisierten und institutionalisierten Alltags der Minderbrüder um 1250. Es macht deutlich, wie die schon zu Lebzeiten von Franziskus versuchte, dann aber vor allem nach seinem Tod einsetzende Angleichung der franziskanischen Bruderschaft an die alten Orden sich nicht nur auf der Ebene äußerer Strukturen vollzog, sondern parallel auch in der geistlich-aszetischen Formung. In Davids Denken finden sich durchaus franziskanische Akzente, aber die systembildenden Elemente kommen nicht von Franziskus, sondern vom Mönchtum, das sich als prägender und dominanter erweist.

Was konnte David überhaupt von Franziskus wissen? Seine Regelerklärung zeigt, dass er die *Regula bullata* kannte. R. M. de Gaynesford hat die interessante These aufgestellt, die Grundstruktur des ersten Teiles des ersten Buches orientiere sich im großen und ganzen am Aufbau der Regel von 1223 und sei letztlich nichts anderes als deren kommentierende Umschreibung. Die Regelerklärung verrät zudem eine Vertrautheit mit dem Testament von Franziskus. Manches spricht dafür, dass David die *Vita prima* des Thomas von Celano zur Hand hatte. Lamprecht von Regensburg hatte sie um 1240 ins Deutsche übersetzt, sie war also in den vierziger Jahren in Regensburg und wahrscheinlich auch in anderen Konventen vorhanden.

Es gibt tatsächlich zahlreiche Entsprechungen zwischen bestimmten Aussagen von *De compositione* und einzelnen *Opuscula* von Franziskus, die eine Nähe Davids zum Ordensvater spüren lassen. Zugleich ist deutlich, dass der deutsche Minorit eine andere Grundstimmung vertritt als dieser. Was bei dem unvergleichlichen Heiligen ein radikaler Lebensentwurf ist, der aus einer persönlichen biographischen Erfahrung erwächst und mit der Vergangenheit radikal brechen lässt, wird bei dem klug abwägenden Novizenmeister leicht zum spirituellen Merksatz bzw. zu einer nützlichen Übung in einem für Schüler bzw. Leser entwickelten aszetischen System.

Es lässt sich in *De compositione* zudem die verblüffende Beobachtung machen, dass David bestimmte Verhaltensweisen fordert, die seinem eigenen Alltag, wie er zwischen den Zeilen deutlich wird, klar widersprechen. So propagiert er in streng monastischer Manier das abgeschiedene Verweilen in der Klosterzelle und damit die Trennung von den Versuchungen der Welt. In unterschiedlicher Form begegnet das apodiktische *In omnibus fuge mulieres*. Zugleich aber stöhnt er, weil er aufgrund vieler Reisen und zahlreicher Verpflichtungen nicht genügend Muße finde zum Schreiben. Er spricht von seiner Tätigkeit als Prediger und Beichtvater. Vor allem fromme Frauen scheinen Interesse zu haben an geistlicher Begleitung. Das Betteln ermöglicht vielfältige Begegnungen außerhalb des Klosters. Wie passt das zusammen – die Abgeschiedenheit der Zelle und ein solch weitgespannter seelsorgerlicher Aktionsradius? *Fuga mundi* und Citypastoral? Führt David seine Novizen ein in eine künstliche Welt, die nicht die seine ist und die sie später so nicht vorfinden werden?

In gewisser Weise leistet David hier Inkulturationsarbeit, indem er die frühfranziskanischen Impulse aus Italien in seinen von pastoraler Arbeit gekennzeichneten deutschen Alltag übersetzt. Leben und Persönlichkeit des Ordensvaters bilden nicht den entscheidenden Orientierungspunkt für seine Konzeption geistlichen Lebens, aber er weiß sich mit diesem in einer gemeinsamen Tradition verbunden. Gerade die inhaltlichen Übereinstimmungen zwischen den *Opuscula* und *De compositione* zeigen ein erstaunliches Kontinuum zwischen der relativen Neuheit der franziskanischen Lebensweise und der innerhalb der sog. „monastischen" Lebensform gesammelten geistlichen Erfahrung. Interessant ist in diesem Zusammenhang ja auch, dass David im Prolog zum zweiten Buch selbst darauf hinweist, die in *De compositione* zusammengestellten Vorträge habe er „für unsere Novizen und zuweilen für andere Ordensleute" gehalten. Die ursprünglichen Adressaten waren also nicht ausschließlich Minderbrüder. Für die Grundlegung des geistlichen Lebens spielte die Zugehörigkeit zu einer bestimmten Ordensgemeinschaft also nicht die alles entscheidende Rolle – was übrigens auch mit erklären dürfte, warum dieses Werk dann später auch so breit in ganz unterschiedlichen geistlichen Kontexten rezipiert werden konnte. Kurzum, bevor David sich fragen lassen muss, wieweit er noch franziskanisch sei, kann er selbst Auskunft darüber geben, was 1245 in Augsburg oder Regensburg franziskanisch war.

David gibt Tradition weiter: eine erstaunliche Wirkungsgeschichte

Die große Verbreitung von *De compositione* belegen zunächst einmal die zahlreichen Abschriften. Bereits die Herausgeber von Quaracchi konnten über 370 Manuskripte anführen, die den Text ganz oder teilweise überliefern, inzwischen wurden weitere Handschriften entdeckt. Sie fanden sich nicht nur in Franziskaner- oder Kapuzinerklöstern, sondern auch bei Benediktinern, Zisterziensern, Augustinerchorherren, Kartäusern, Dominikanern, Birgittinern, Brüdern vom Gemeinsamen Leben oder Jesuiten. Diese Bibliotheken beschreiben gleichsam die Karte des christlichen Westens, von Spanien bis nach Polen, Tschechien und der Slowakei, von England und den Niederlanden bis nach Italien. Dass der Humanist Jakob Wimpfeling die Schriften Davids in einem Atemzug mit den Werken von Augustinus, Bernhard und Johannes Gerson nennt, ist ein eindrucksvoller Beleg für deren Wertschätzung – ein Urteil übrigens, das von da an in Schriftstellerkatalogen und hagiographischen Verzeichnissen immer wieder zitiert wird.

Am intensivsten dürften Davids Novizenschriften im Franziskanerorden Verwendung gefunden haben. Noch die OFM-Generalkonstitutionen von 1889, 1897 und 1913 empfehlen sie zur geistlichen Erziehung im Noviziat. Aber nicht nur männliche Ordensleute gebrauchten *De compositione* als Instrument geistlicher Unterweisung. So entsteht z.B. Ende des 14. Jahrhunderts eine Bearbeitung der *Formula novitiorum* für den Danziger Birgittinnenkonvent samt einer niederdeutschen Übersetzung: Aus dem „Mönchsspiegel" ist ein „Nonnenspiegel" geworden! Die in der ersten Hälfte des 16. Jahrhunderts für die Birgittinnen der Syon Abbey angefertigte englische Übersetzung aller drei Bücher lässt jene Passagen aus, die nur Männer betreffen (Altardienst bei der Messe, Predigt- und Beichtdienst). Und auch in Laienkreisen wurde *De compositione* gelesen. Gegen Ende des 15. Jahrhunderts empfiehlt eine englische Übersetzung alle drei Bücher ausdrücklich für „jeden, der in der Welt lebt, Mann oder Frau, und der verlangt, Diener Gottes zu sein".

Ein besonders breiter Einfluss von *De compositione* ist innerhalb der *Devotio moderna* nachweisbar, so bei Florentius Radewijns († 1400) oder Gerhard Zerbolt von Zutphen († 1398). Auch Dirk von Herxen († 1457) bringt in seinen Rapiaria und dem von ihm verfassten *collatieboek* zahlreiche Passagen von David. Die bei den Devoten beliebten *Rapiaria* waren für den persönlichen Gebrauch angelegte Sammlungen von Lesefrüchten. Bei den *collatieboeken* oder *Collacionalia* dagegen handelt es sich um systematische Exzerptensammlungen für die Gemeinschaft: Bei den regelmäßigen geistlichen Zusammenkünften, die teilweise auch offen waren für Laien, las man daraus einen Text vor, der dann vom Leiter ausgelegt wurde und als Impuls für das Gespräch in der Gruppe diente. Inhaltliche Parallelen zu David konnten auch für die gewöhnlich Thomas Hemerken von Kempen († 1471) zugeschriebene *Nachfolge Christi* ausgemacht werden.

Der geschichtliche Einfluss der *Devotio moderna* und die von ihr angestrebte Methodisierung des geistlichen Lebens erreichen einen gewissen Höhepunkt mit den großen Klosterreformatoren Jan Mombaer († 1501) und García Jiménez de Cisneros († 1510), die beide nicht nur Davids Werk zur Lektüre empfehlen, sondern Gedanken daraus aufgreifen bzw. zitieren. Überhaupt ist die *Devotio moderna* vielfach hineinverwoben in den umfassenden Kontext der klösterlichen Reform- und Observanzbestrebungen und der davon auch auf Laienkreise ausstrahlenden religiösen Erneuerungsbewegung an der Schwelle vom Mittelalter zur Neuzeit. Es ist darum nicht verwunderlich, dass auch hier immer wieder David begegnet, so innerhalb des Benediktinerordens bei Johannes von Kastl († nach 1426), Hieronymus von Mondsee († 1475), einem herausragenden Vertreter der Melker Reform, oder dem Belgier Ludwig Blosius († 1566), innerhalb der Reformbewegung der Augustiner-Chorherren etwa bei Johannes von Indersdorf († 1470).

Davids Bedeutung

Wenn *De compositione* über Jahrhunderte hinweg gelesen und gelebt wurde, dann müssen sich Menschen darin wiedergefunden haben. Eine literarische Wirkungsgeschichte sagt ja immer auch etwas aus über die Bedürfnisse und leitenden Interessen der Rezipienten und erlaubt aus ihrer Perspektive nochmals einen neuen Blick auf das Werk selbst. Die Vorliebe der *Devotio moderna* etwa für *De compositione* macht auf einige inhaltliche Elemente Davids aufmerksam, fand doch diese spätmittelalterliche Frömmigkeitsbewegung bei ihm viele ihrer ureigensten Anliegen wieder: eine nüchterne Grundeinstellung sowie einen psychologisch begründeten Realismus im geistlichen Leben, kritisch gegenüber außergewöhnlichen Phänomenen; das spannungsreiche Verhältnis zwischen äußerem Verhalten und innerer Haltung, d.h. Sensibilität für die Gefahr einer Erstarrung in äußeren Formen, stattdessen Betonung der inneren *devotio*, zugleich aber auch Entwicklung äußerer Methoden; schließlich Respekt für den Einzelnen und den je eigenen Weg. Die jahrhundertelange Verwendung von *De compositione* bei Männern und Frauen, in verschiedenen Ordensgemeinschaften und bei Laien zeigt zudem, dass David keine Randthemen oder zeitbedingte Fragestellungen für Sondergruppen behandelt. Was ihn beschäftigt, ist so elementar, dass es mit nur geringen Anpassungen geistlich lebende Menschen in verschiedenen Zeiten und Situationen gleichermaßen anspricht. David rührt also an die zeitlosen Grundlagen geistlicher Praxis. Er war erfolgreich, nicht obwohl, sondern gerade weil er im eigentlichen Sinn des Wortes traditionell war.

Davids Werk hat stark kompilatorischen Charakter und taucht mit Vorliebe wieder in Schriften auf, die ihrerseits bereits Vorhandenes neu zusammenstellen. Bei diesen Sammlungen handelt es sich nicht um eigenständige Entwürfe, es wird kaum Neues geboten. Entscheidend ist vielmehr die Perspektive, mit der die bisherige Tradition beurteilt und aus ihr für die Gegenwart ausgewählt wird. Das heißt für *De compositione*: Auch Davids Bedeutung liegt nicht so sehr im *Was* seiner Aussagen als vielmehr in ihrem *Wie*, weniger in einer vermeintlichen Neuheit seiner Inhalte, sondern in seiner Funktion als Vermittler und in der dabei angewandten Methode. Der Rückgriff auf David gerade im Kontext von Reform- und Observanzbewegungen zeigt: David ist konkret und denkt praktisch. Was er behandelt, ist nicht nur das, was immer gilt, sondern zugleich auch das Einfache, Klare und Konkrete, an dessen Verwirklichung sich in schlichter Weise der Ernst geistlichen Strebens ablesen lässt.

David verfolgt mit *De compositione* keine literarischen Ambitionen, sondern verfasst religiöse Gebrauchsliteratur. In der Überlieferungsgeschichte zeigt gerade die scheinbar mangelnde Ehrfurcht vor dem Text, der auseinandergerissen, umgestellt, gekürzt, erweitert und an neue Adressaten und geänderte Verhältnisse angepasst wurde, dass man ihn nicht nur konserviert, sondern tatsächlich gebraucht hat. Wie ein in *De compositione* schriftgewordener Glaubensvollzug wieder „entschriftet" und in Praxis zurückübersetzt wird, demonstrieren besonders die Spuren dieses Werkes in den verschiedensten Formen „pragmatischer Schriftlichkeit" innerhalb der *Devotio moderna*: Die dort verbreiteten *proposita* und *rapiaria* waren ja ursprünglich keine für ein breiteres Publikum verfassten literarischen Erzeugnisse, sondern persönliche Aufzeichnungen des einzelnen, der eigene Reflexionen und Lesefrüchte aus der privaten Lektüre festhielt als Ansporn für sein alltägliches Mühen. Es hat einen eigenen Reiz, sich vorzustellen, wie vielleicht in der zweiten Hälfte des 15. Jahrhunderts in einem Kreis von *Brüdern vom gemeinsamen Leben* und einigen Laien ein Abschnitt von *De compositione* aus dem *collatieboek* des Dirk von Herxen vorgelesen wird und man anschließend darüber ins Gespräch kommt, indem die Gedanken dieses Minderbruders mit persönlichen Erfahrungen verbunden, von ihnen bestätigt oder auch angefragt werden: Davids Handbuch ist hier nach über 200 Jahren in einem völlig anderen Kontext wieder an seinen Ursprung zurückgekehrt, aus der Schrift ist wieder gesprochenes Wort geworden, aus der systematischen Abhandlung lebendiger Austausch und gelebte Praxis. *De compositione* ist in erster Linie kein Buch zum Lesen, sondern zum Leben. Davids Ziel ist nicht die Theorie, sondern die Formation, die Frage der äußeren und inneren Bildung einer geistlichen Persönlichkeit. Dazu hat er in seiner leisen, unaufgeregt-nüchternen und nicht selten humorvollen Art auch nach fast 800 Jahren durchaus noch etwas zu sagen.

Literaturhinweise

Zum Schluss nur einige wenige bibliographische Hinweise. Von Davids geistlichem Handbuch gibt es leider noch keine kritische Edition, die heutigen wissenschaftlichen Ansprüchen genügen würde, der Leser bleibt angewiesen auf den vor bereits über 100 Jahren publizierten Text: Fratris David ab Augusta *De exterioris et interioris hominis compositione secundum triplicem statum incipientium, proficientium et perfectorum, libri tres,* castigati et denuo editi a pp. Collegii S. Bonaventurae, Quaracchi 1899.

Nur wenig jünger und darum in sehr vielem überholt ist die Monographie des bayerischen Franziskaners D. Stöckerl, *Bruder David von Augsburg. Ein deutscher Mystiker aus dem Franziskanerorden,* München 1914, die dennoch ihren Wert als Zeugnis für eine sich entwickelnde David-Forschung behält, da sie die bis dahin erschienene spärliche Literatur über ihn verarbeitet. Ein neuer wesentlicher Impuls zur Beschäftigung mit dem Augsburger Minderbruder kam dann interessanter Weise von Seiten der Germanisten. Hier sind die Arbeiten von K. Ruh zu erwähnen, vor allem sein erstmals 1955 erschienener Aufsatz *David von Augsburg und die Entstehung eines franziskanischen Schrifttums in deutscher Sprache,* in: ders., *Kleine Schriften* II, hg. v. V. Mertens, Berlin/New York 1984, 46-67, sein Artikel über David in *Die deutsche Literatur des Mittelalters. Verfasserlexikon, 2., völlig neu bearb. Auflage,* II, Berlin/New York 1980, 47-58, sowie das David-Kapitel in seiner *Geschichte der abendländischen Mystik* II, München 1993, 524-537, aber auch F. M. Schwab, *David of Augsburg's 'Paternoster' and the Authenticity of His German Works*, München 1971. Ein Überblick auch über die neuere Literatur zu David findet sich bei C. Bohl, *Geistlicher Raum. Räumliche Sprachbilder als Träger spiritueller Erfahrung, dargestellt am Werk De compositione des David von Augsburg*, Werl 2000. Die vorliegende Einführung stützt sich weitgehend auf diese Arbeit, die zu den hier geäußerten Gedanken auch weitergehende Überlegungen und ausführliche Belege bietet.

„De compositione" – Ein mittelalterliches Handbuch zur Persönlichkeitsbildung

Marianne Schlosser

In den Widmungsbriefen, die den I. und II. Teil seines Werkes einleiten, gibt David Rechenschaft über die ihn leitende Absicht: Er will nicht eine umfassende systematische Darstellung des geistlichen Lebens verfassen, sondern Hinweise für die Praxis geben. Ihm geht es darum, das Ziel des Ordenslebens vor Augen zu stellen und auf Probleme und Fragen einzugehen, die auftauchen können. David schöpft aus seinen Erfahrungen als Novizenmeister und Visitator von Klöstern, den seine Vortragstätigkeit in verschiedene Ordenshäuser auch anderer Gemeinschaften führten.

Die Formulierung des Titels „De compositione ..." ist ungewöhnlich; ihn angemessen zu übersetzen, fällt nicht leicht. *Compositio* bedeutet im klassischen Latein die „Ordnung", die jemand vornimmt, also ein aktives „In-Ordnung-Bringen" von Teilen oder Dimensionen – zum Beispiel die Ordnung von Sätzen und Abschnitten einer Rede, eben ihre „Komposition". Zugleich enthält *compositio* auch die Bedeutung der Aussöhnung von Gegensätzlichem, der Beilegung eines Streites von zwei Parteien etwa. *Compositus* ist ein Mensch, der sich ausgeglichen in Miene und Verhalten zeigt, der frei ist von unberechenbaren, unbeherrschten, leidenschaftlichen Reaktionen, der gewissermaßen als Persönlichkeit in sich ruht.

Wendet man diesen Begriff auf die *geistliche* Formung an, so geht es bei der Bildung und Heranbildung der Person darum, dass sie mit all ihren Kräften und Fähigkeiten, die einander teilweise im Wege stehen können, „in Ordnung kommt", äußerlich wie innerlich. Diese „ordnende Tätigkeit" bedeutet, „Ausgeglichenheit" herbeizuführen, so dass die einzelnen Kräfte einander nicht widerstreiten, mehr noch: der „Harmonie" und „Schönheit" zur Entfaltung zu helfen, wie sie dem ursprünglich erschaffenen Menschen eigen waren.

Die Formung oder Ordnung des Menschen vollzieht sich schrittweise, von außen nach innen. Mit der Einteilung seines Werkes in drei Bücher, welche auf die besonderen Erfordernisse der Anfänger im geistlichen Leben, der Fortgeschrittenen und der (nahezu) Vollendeten *(incipientes – proficientes – perfecti)* eingehen, greift David eine Dreistufung auf, die auf Gregor den Großen zurückgeht. Ausdrücklich Bezug nimmt er jedoch auf die dazu parallel stehende Gliederung des *Goldenen Briefs* von Wilhelm von St. Thierry, die ihrerseits in der monastischen Tradition verwurzelt ist[a]: Die geistliche Formung beginnt beim Zustand des Menschen, der erst „natürlich" denkt und für Gottes Dinge noch kein rechtes Gespür hat *(homo animalis);* sie schreitet fort, wenn der Mensch seinem „edelsten Teil", dem geistigen Erkennen, die Herrschaft gibt und sein Handeln danach richtet *(homo rationalis);* und sie findet ihre Vollendung, wenn der Mensch gänzlich vom Geist Gottes geführt wird *(homo spiritalis).*

Das I. Buch: *De compositione hominis exterioris,* behandelt in einem ersten großen Abschnitt (Kapitel 1-26) die grundsätzliche Zielrichtung des Ordenslebens: ein Leben auf Gott hin, einzig und allein „Gottes wegen" unternommen – und die wichtigsten alltäglichen Vollzüge im Klosterleben, an deren Regeln sich der Novize gewöhnen muss: Essen, Schlafen, Chorgebet, Schweigen, Schuldkapitel, Handarbeit, Dienste außer Haus und anderes. Nach einem eindrucksvollen Kapitel über die Betrachtung des Verhaltens Christi in seinem irdischen Leben, der Vorbild und Freund ist, nimmt David in einem zweiten großen Abschnitt feinere Gefährdungen aufs Korn, die sich nach einer gewissen Zeit des Ordenslebens einzustellen pflegen: Der Novize kennt sich bereits aus, bestimmte Vollzüge sind zur Gewohnheit geworden. Leicht kann sich

a Wilhelm von St. Thierry, Epistola aurea 41-45 (SC 223, 176-180). Die im Grunde paulinische Trias *Leib – Seele – Geist / soma – psyche – pneuma* erscheint vor allem bei syrischen Autoren (Isaak von Ninive, Johannes von Apameia, Jausep Hazzaya) als Stufung der geistlichen Entwicklung: A. Solignac, *Passions et vie spirituelle,* in Dictionnaire de Spiritualité au Moyen Age XII/1, 339-357, hier 345.

jedoch aufgrund der Gewöhnung Nachlässigkeit einschleichen, so dass Verpflichtungen, die der Anfänger sehr ernst genommen hat, nun an Wichtigkeit verlieren. Man beginnt den unangenehmen Pflichten auszuweichen – „Schlupfwinkel für den Eigenwillen“ zu suchen – und möglicherweise auch das wenig vorbildliche Verhalten anderer nachzuahmen. Denn der Novize kennt mittlerweile auch seine Mitbrüder und Vorgesetzten schon gut genug, dass ihm deren Fehler und Schwächen auffallen. So lauert auf ihn die Versuchung, ein rasches Urteil über das Verhalten und die Gesinnung anderer abzugeben, sich selbst aber nur noch ungern eine Zurechtweisung gefallen zu lassen. Die größte Herausforderung für den geistlichen Menschen in diesem Stadium sieht David darin, dass die lautere Bereitwilligkeit der ersten Entscheidung, Gott zu suchen, nicht allmählich verloren geht: durch Enttäuschung über andere oder über sich selbst, durch daraus folgende Resignation, Verbitterung oder Abstumpfung. Diese Gefahr, das Feuer des Anfangs zu einzubüßen, ist freilich nicht bloß im Anfänger-Stadium gegeben, wie das III. Buch zeigt.

Im II. Buch: *De compositione hominis interioris,* geht es um die „innere Formung“, das heißt, die „Erneuerung“ des durch die Sünde geschädigten Menschen. Diese besteht „in der Vertreibung der Laster und der schrittweisen Einwurzelung der Tugenden, so dass das gesamte sittliche Verhalten, alle Neigungen und alles innere Empfinden – soweit irgend möglich – in Einklang mit Gott kommen“. David präsentiert zunächst die Grundlagen seiner theologischen Anthropologie und geistlichen Psychologie: er führt aus, was die Bestimmung des Menschen in den Augen des Schöpfers ist, welches seine geistigen Kräfte und Fähigkeiten sind (Kap. 5-9). Mit Augustinus, Bonaventura und der Vielzahl weiterer Theologen sieht David die Grundstruktur des menschlichen Geistes in den drei Seelenkräften Erkenntnis *(ratio),* Wille bzw. Strebevermögen *(voluntas, affectus)* und Bewusstsein oder Gedächtnis *(memoria).* Im Zueinander dieser Fähigkeiten *(potentiae animae)* spiegelt die Seele abbildhaft die Einheit und Dreifaltigkeit des

Schöpfers wider. Doch erschöpft sich die Gottebenbildlichkeit nicht in der Struktur des menschlichen Geistes, sondern hat eine dynamische Komponente: Jede einzelne dieser Fähigkeiten ist dazu bestimmt, den Schöpfer jeweils unter einer besonderen Hinsicht aufzunehmen *(capere Deum)*. Die Erkenntniskraft ist auf die Weisheit Gottes bezogen, das Bewusstsein auf seine Macht und Ewigkeit, der Wille auf seine Güte. Jedoch wurde diese ursprüngliche, von der Schöpfung her gegebene Bestimmung durch die Sünde pervertiert. Die drei Potenzen selbst und ihre wesenhafte Zielrichtung blieben erhalten, doch geschwächt und in ihrer Betätigung entstellt.

Jede dieser Kräfte wird, so David, im geistlichen Leben schrittweise vervollkommnet. Er unterscheidet drei Stufen oder „Zustände" *(status)* der fortschreitenden Erneuerung, die wiederum die Dreistufung von „Anfang, Fortschritt und Vollendung" spiegeln.[a] Gerade der zweite Status – der Mensch steht nicht mehr am Anfang, ist aber gut auf dem Weg, jedoch noch nicht am letztlich gnadenhaft geschenkten Ziel – beansprucht das besondere Interesse des geistlichen Lehrers; denn das ist der Stand, in dem sich gewöhnlich die bereits bewährten Ordensleute befinden.

Demgemäß wird die Erkenntniskraft zunächst durch den Habitus des *Glaubens* überformt, schreitet fort in der *Glaubenseinsicht* und gelangt zu ihrer letzten Bestimmung, bzw. zur höchsten Vollkommenheit auf Erden, in der *Contemplatio*,[b] wenn sich die Vernunft nicht mehr auf sinnenhafte Abbilder oder Gleichnisse, noch auf diskursive Argumente zu stützen

a Dieses Konzept zeigt unverkennbar Verwandtschaft mit den Ausführungen Bonaventuras in *De triplici via* und im *Itinerarium* III und IV: Bonaventura, *Itinerarium mentis in Deum – Der Pilgerweg des Menschen zu Gott*, lateinisch-deutsch, übersetzt und erläutert von Marianne Schlosser (Theologie der Spiritualität. Quellentexte 3) Hamburg 2004, 51-79, 146-167.

b Der aufsteigende Dreiklang: *Glaube – Einsicht – Beschauung / Fides – ratio – contemplatio* findet sich u.a. bei Hugo von St. Victor, *De sacramentis* I, 10, 4 (PL 176, 332f.). Sie spielt auch bei Bonaventura eine wichtige Rolle, z.B. als Gliederungsprinzip im Sermo theologicus IV ‚Christus unus omnium magister', Sancti Bonaventurae Opera omnia, Quaracchi 1889-1902, Band V, 567-574.

braucht, sondern über ihre Möglichkeiten hinausgehoben wird.

Das Bewusstsein *(memoria)* ist Quelle der geistigen Tätigkeiten, als Selbsthabe und Bei-sich-Sein der geistigen Person, als Ort, wo der Mensch Gottes eingedenk sein soll. Wie der eigentümliche Akt der Erkenntniskraft das „Denken" bzw. die „Gedanken" sind, derjenige des Willens aber das „Streben" bzw. „Neigungen", so ist der eigentümliche Vollzug der *memoria* die *intentio,* was man in diesem Zusammenhang mit „Ausrichtung", „*bewusste* Hinordnung", übersetzen kann.[a] Diese Fähigkeit, sich geistig bewusst an etwas zu halten – im Gegensatz zur Zerstreuung *(distentio)* – wird zunächst geformt durch *bewusste Erinnerung* an Gott: „Beten, lesen, sich an Gott erinnern oder wenigstens oberflächlich an ihn denken". Der Mensch geht also aktiv gegen die vielfältigen Zerstreuungen vor. Die zweite Stufe ist das *Gesammelt-Sein,* so dass der geistige Blick, in einer tiefen Dimension, dauerhaft auf Gott gerichtet ist. Der vollendete Zustand der *memoria* aber besteht in einer besonderen Art der *„Selbstvergessenheit"*, wenn der Mensch in Gott „ruhen" darf.

Der Wille ist der Ort der Liebe, der eigentliche Ort der Tugenden, und der Ort der Vereinigung mit Gott, welche eine Einheit des Willens und der Liebe ist. Daher steht der Wille im Zentrum der Aufmerksamkeit des geistlichen Lehrmeisters. Der Weg der Vervollkommnung des Willens beginnt mit dem entschiedenen *Widerstand gegen Laster* und der Bereitschaft, sich mit *Ausdauer guten Werken* zu widmen. Ein fortgeschrittener Zustand ist erreicht, wenn *„alle Gefühle und Strebungen in Ordnung* gekommen sind". Die Vollendungsgestalt des Willens aber besteht darin, *„eines Geistes mit Gott* zu sein" (vgl. 1 Kor 6,17).

Gewissermaßen innerhalb dieses Rahmens, der gängiger augustinischer Lehre entspricht, widmet sich David ausführ-

a David denkt den Begriff der *intentio* wie Bonaventura vom Verbum *tenere* her. Der eigentliche Akt der *memoria* – weswegen die ihr zugeordnete theologische Tugend die Hoffnung ist – besteht im „Fest-Halten".

lich und in recht origineller Weise der Frage, warum überhaupt Affekte wie Hochmut, Neid, Zorn, Scham und Furcht im Menschen sind, die doch die zwischenmenschlichen Beziehungen und die Freiheit auf Gott hin oftmals belasten. Kann in den zugrundeliegenden Neigungen ein positiver Sinn entdeckt und deren Grundpotential „nutzbar" gemacht werden (Kap. 10-28)? Denn es geht nicht darum, eine blasse „Affekt-Losigkeit" zu erreichen, sondern um die Freiheit von Affekten, welche die *caritas,* und damit die „Glut" *(fervor)* für Gott, behindern. Das Ziel ist die umfassende geistige und affektive Reife der Person. – In einem zweiten großen Abschnitt (29-50) werden dann verschiedene negative Affekte im engeren Sinn (Laster) in ihrem Phänotyp und ihren Graden beschrieben und spezifische Ratschläge zu ihrer Überwindung gegeben.

Das III. Buch ist der „Vollendung" des geistlichen Lebens gewidmet: den „wirklichen Tugenden", die alle Ausprägungen der gottgeschenkten Liebe *(caritas)* sind, sowie Fragen des Gebetslebens. Die „Sieben Schritte im Ordensleben" *(De septem processibus Religiosorum),* wie die Überschrift lautet, bieten zugleich eine Art Quintessenz verschiedener Aspekte, die im I. und II. Buch bereits behandelt worden waren; nicht ohne Grund: denn auf jeder Ebene des geistlichen Fortschritts können bestimmte Erfahrungen wie auch Kämpfe in neuer Form wiederkehren. So werden in den Kapiteln 3 bis 11 („4. Stufe") gerade die im engeren Sinn geistlichen Anfechtungen thematisiert. Der besondere Schwerpunkt des III. Buches liegt auf dem Thema „Gebet", das David in der „7. Stufe" entfaltet. Beschrieben werden die verschiedenen Weisen des Betens, Schwierigkeiten beim Gebet und Möglichkeiten der Abhilfe, sowie Erfahrungen gefühlter Innigkeit *(devotio).* Die Seele ist dann gewissermaßen für Gott „weich" geworden, sie hat die Härte des Herzens verloren. Die *devotio* als fühlbare Hingabe ist ein Geschenk der Gnade – aber, so David, Gott ist sehr großzügig, und stets mehr bereit zu geben, als der Mensch bereit ist zu empfangen. Die nicht auszuschöpfende Freigebigkeit Gottes, die den Gläubigen je nach ihren Bedürfnissen und ihrer Lage zugewandt ist, erweist sich besonders im Sakrament der Eucharistie, der das letzte Kapitel von Davids Buch gewidmet ist.

Anmerkungen zur Übersetzung

De compositione ist ein recht umfangreiches Handbuch, dennoch wird es hier in einer weitgehend vollständigen Übersetzung vorgelegt, die auf Treue zum Text bedacht ist. Kürzungen wurden vor allem dort für sinnvoll erachtet, wo sich die Beispiele häufen oder wo sich der Autor in der Darlegung von Themen wiederholt. Wie er im Prolog zum II. Buch selbst schreibt, konnte er *De compositione* nicht in Ruhe und „am Stück“ ausarbeiten oder am Ende nochmals redigieren; denn zahlreiche andere Aufgaben, vor allem Reisen, unterbrachen die Arbeit. Daher ist es nicht verwunderlich, wenn er an verschiedenen Stellen auf bereits behandelte Themen zurückkommt, bzw. einen Faden neu aufzunehmen scheint. Kürzungen in der Übersetzung werden durch eckige Klammern [...] markiert. Verschiedentlich wurde der Inhalt von Passagen zusammengefaßt; diese Paraphrasen der Übersetzerin sind *kursiv* gesetzt. Ebenfalls kursiv gekennzeichnet sind Zwischenüberschriften, sowie gelegentliche Erläuterungen zu Beginn größerer Abschnitte.

Schriftzitate werden teils nach der Einheitsübersetzung wiedergegeben, teils wörtlich übersetzt, wenn der von David verwendete Vulgata-Text eine eigene Sinn-Spitze hat, die in der Einheitsübersetzung nicht zum Tragen kommt.

Die Psalmen werden nach der Vulgata gezählt.

Quellen-Verweise

Vereinzelt zitierte Quellen werden jeweils in der Anmerkung zur Stelle angegeben.

Bernhard von Clairvaux:

Sämtliche Werke lat.-deutsch, hg. Von B. Winkler, Innsbruck 1990 ff.

Für die *Predigten über das Hohelied (Super Canticum):* wurde Bezug genommen auf die lat.-span. Ausgabe: Obras completas de San Bernardo, vol. V (Biblioteca de Autores Cristianos BAC 491), Madrid 1987.

Bonaventura

I.-IV. Sent.: Sentenzenkommentar, verwendet wurde die 10-bdg. Ausgabe der Opera omnia, Quaracchi 1882ff, Bd. I-IV.

Brev.: Breviloquium, Opera omnia V.

Deutsch: Bonaventura Breviloquium, übers. von M. Schlosser, Einsiedeln ^{2}2006.

Itinerarium: Bonaventura, Itinerarium mentis in Deum – Der Pilgerweg des Menschen zu Gott, lateinisch-deutsch, übersetzt und erläutert von M. Schlosser (Theologie der Spiritualität. Quellentexte 3) Hamburg 2004.

Legenda Maior: Opera omnia VIII.

Deutsch: Legenda Maior – Das große Franziskusleben, in: Franziskus-Quellen. Die Schriften des hl. Franziskus, Lebensbeschreibungen, Chroniken und Zeugnisse über ihn und seinen Orden, hg. Von D. Berg und L. Lehmann, Kevelaer 2009.

Gregor d. Gr.

Moralia: Gregorius Magnus, Moralia sive Expositio in Job, Hg. M. Adriaen (CCSL 143.143A.143B), Turnhout 1979.

Ezechielhomilien: Gregorius Magnus, Homiliae in Hiezechielem prophetam, Hg. M. Adriaen (CCSL 142) Turnhout 1971. Deutsch: Homilien zu Ezechiel, erstmals ins Deutsche übertragen und eingeleitet von G. Bürke, Einsiedeln 1983.

Regula Pastoralis: Grégoire le Grand, Règle Pastorale, (lat.-franz.), introd., notes et index par B. Judic, texte critique par Fl. Rommel, traduction par Ch. Morel (SC 381. 382), Paris 1992

Dialoge: Grégoire le Grand, Dialogues (lat.-franz.), ed. A. de Vogüé / P. Antin (SC 251. 260. 265), Paris 1978-1980.
Evangelienhomilien: Gregor der Große, Homiliae in Evangelia – Evangelienhomilien, lat.-deutsch, übers. und eingel. von M. Fiedrowicz (FC 28/1.2) Freiburg 1998.

WILHELM VON ST. THIERRY

Ep. aur.: Epistola ad Fratres de Monte Dei (oder: Epistola aurea), lat.-franz., ed. J. Déchanet (SC 223), Paris 1975. Deutsch: Wilhelm von St. Thierry, *Goldener Brief. Brief an die Brüder vom Berge Gottes*, übers. von B. Kohout-Berghammer (Texte der Zisterzienserväter 5), Eschenbach 1992.

David von Augsburg: Vom äußeren und inneren Menschen

Widmungsbrief des Verfassers

Bruder David an seinen in Christus geliebten Bruder Berthold:

Möge das gute Werk, das du unter dem Wirken Gottes begonnen hast, durch sein Mitwirken einen noch besseren Ausgang nehmen!

Lieber Bruder, du hast dir von mir eine Schrift zur Erbauung gewünscht. Ich sollte, da ich jetzt fern bin von dir, so schreiben, wie ich damals als der für dich bestellte Novizenmeister zu dir zu sprechen pflegte. Weil ich dir versprochen habe, das zu tun, will ich mein Versprechen einlösen, so wie es mir der Herr in der Zwischenzeit verliehen hat. Von großen und erhabenen Dingen weiß ich nichts, aber ich will dir das niederschreiben, was nützlich ist für einen Novizen, der gerade beginnt, dem Herrn im Ordensleben zu dienen. Was darüber hinausgeht, wird der Herr dich lehren, wenn du bis dorthin gelangt bist. Und durch die tägliche Erfahrung wirst du immer noch besseres Verständnis gewinnen; denn je größere Fortschritte jemand im tätigen Vollbringen der Tugend gemacht hat, desto klarer sieht er, was ihm noch fehlt, und auf welchem Weg er dazu gelangen soll. So spricht der Psalmist (Ps 118,104): „Aus deinen Geboten gewinne ich Einsicht." Wer sich aber nicht um stetigen Fortschritt in der Tugend bemüht, wird irgendwann sogar die Erkenntnis des Weges zur Erlangung der Tugenden verlieren.

Erstes Buch: Regeln zur Formung des äußeren Menschen – an die Anfänger gerichtet

I. Teil

Kapitel 1: Was man als Novize stets bedenken soll

Erstens sollst du stets bedenken, wozu und weswegen du gekommen bist. Weswegen bist du gekommen? Etwa nicht allein wegen Gott, auf dass er dein Lohn im ewigen Leben werde?[a] Wenn du also wegen keines anderen gekommen bist, so darfst du auch wegen keines anderen dieses Gut aufgeben. Auch darfst du nicht lau werden aufgrund des Beispiels, das dir etwa ein anderer gibt, so dass du aufgäbest, dein Sinnen darauf zu richten, wozu du gekommen bist. Du bist doch gekommen, um in Gottes Dienst zu treten. Ihm soll jedes Geschöpf dienen, da es ja nichts besitzt außer von Ihm her. Und so sollst auch du Ihm alles geben, was du bist und weißt und kannst. Wenn schon alle Geschöpfe ihrem Schöpfer mit all ihren Kräften dienen sollen, wie viel mehr ist der Mensch dazu verpflichtet, den Er nicht nur erschaffen hat wie die übrige Schöpfung, sondern ihn mit Geistbegabung geziert, mit Willensfreiheit geadelt, zum Herrn der Welt eingesetzt und Sich selbst ähnlich gemacht hat, dessen Natur Er annahm, den Er mit Wort und persönlichem Beispiel belehrte, mit Seinem eigenen Blut vom ewigen Tode freikaufte, ihm den Hl. Geist eingoß, ihm Sein Fleisch zur Speise übergab, für ihn Sorge trägt wie eine Mutter für das kleine Kind und das ewige Erbe für ihn bereithält. Siehe, wie tief wir verpflichtet sind, Gott zu dienen und Ihn mehr als alle anderen Geschöpfe über alles zu lieben, Ihn, der uns vor allen anderen Geschöpfen geliebt hat.

a Vgl. *Regula Benedicti* 58, 7: „Man achte sorgfältig darauf, ob einer wirklich *Gott sucht* …". David geht es um die grundsätzliche Zielrichtung des Ordenslebens: der Liebe Gottes zu antworten, die in der Menschwerdung erwiesen wurde.

Kapitel 2: Der Gehorsam[a]

Du setzt also Dein Vertrauen nicht auf dich selbst, so dass du dir einbildetest, zu wissen, was Gott von dir will. Darum hast du dich deinem Vorgesetzten zur Leitung anvertraut; du hast ihm in die Hand dein Profeßversprechen gegeben; er soll dich auf dem Weg Gottes führen. Es ist dir daher von nun an nicht mehr erlaubt, nach deinem Wunsch und Willen zu leben, sondern du sollst nur dorthin gehen, wohin der, welcher dich führt, dich gehen heißt. Was er untersagt, das musst du meiden. Genauso muss jemand, der eine Kunst erlernen will, die Regeln seines Lehrmeisters einhalten und seine eigenen Ideen zurückstellen; und ein Kranker, der immer noch unter Anfällen leidet, muss die Diät halten, die ihm der Arzt auferlegt, wenn er schnell gesund werden will. So sollst auch du nichts tun oder sprechen, wovon du annehmen musst, dass es dein Magister nicht will. Du hast dich ihm übergeben um des Herrn und des Himmelreiches willen, du gehörst nicht mehr dir, sondern dem, dem du dich übereignet hast. Es ist dir nicht erlaubt, etwas ohne seinen Willen zu tun. Er ist der Herr deines Willens, „die Hand auf eine fremde Sache zu legen gegen den Willen ihres Herrn, ist aber Diebstahl".[b] „Ein Dieb aber kommt dem Himmel nicht nahe" (Lk 12,33). Unsere Oberen sind Stellvertreter Gottes für uns, und wir müssen ihnen „wie dem Herrn gehorchen, nicht wie Menschen" (Eph 6,7); denn wir sind ihnen nicht um ihretwillen sondern um Gottes willen unterstellt. Benimm dich daher ihm gegenüber so, dass er sich frei zu befehlen traut, was du nach seinem Urteil zu deinem Nutzen tun oder unterlassen sollst. Denn wenn er dei-

a David setzt als Grundlage des Ordensgehorsams die „theologische Tugend" des Vertrauens auf Gott voraus. Wer einem kirchlichen Oberen „um Gottes willen" vertraut, tut dies im Vertrauen auf Gott, der Fortschritt und Vollendung schenken wird – s. u. I, Kapitel 3. Dabei stehen Gehorsam (des Mönches) und Verantwortung (des Oberen) in Wechselwirkung, Gott-Vertrauen ist die Grundlage auf beiden Seiten. „Vor-behalte" dagegen blockieren und lähmen den Fortschritt: vgl. unten I, Kapitel 25.

b Justinian *IV. Institut. iur. civ.* tit. 1; vgl. Bonaventura *II Sent.* dist. 40 dub 2.

netwegen Furcht hegte, wäre „der Knecht größer als sein Herr und der Jünger stünde über dem Meister" (Joh 13,16).

Kapitel 3: Der Frieden, den man mit den Vorgesetzten halten muss

Halte immer Frieden mit deinen Vorgesetzten; schmähe sie nicht und leihe dein Ohr nicht denen, die solche Reden führen. Gott verabscheut dieses Laster besonders an Untergebenen bereits hier auf Erden – das sieht man an Ham, der seinen Brüdern berichtete, dass sein Vater entblößt daliege (Gen 9,22), und sich deswegen eine unheilbare Verfluchung zuzog. Lege ihre Verfehlungen nicht auf die Goldwaage, sondern sei nachsichtig mit ihnen; sie sind doch Menschen, und wenn man viele Dinge zu besorgen hat, entkommt man nicht immer der Nachlässigkeit. Ja, oftmals hat der Tadel nicht so sehr ihre Schuld zur Ursache als vielmehr unsere falsche Einstellung: oft halten wir für schlecht, was sie in guter Absicht taten, weil wir ihre Absicht nicht kennen. Wir wollen uns also nicht anmaßen, was uns nicht zusteht, und nicht Dinge verurteilen, von denen wir nicht wissen, in welcher Absicht sie getan wurden. – Ehre deine Vorgesetzten in deinem Herzen, verachte sie nicht, damit du nicht etwa Gott verachtest, an dessen Stelle sie stehen.[a] Ja, glaube sogar, dass Gott ihnen um deines Heiles willen eingibt, was sie dir auftragen. Was sie anordnen und festsetzen, sollst du nicht widerwillig aufnehmen; denn sie tun das nicht ohne Grund, auch wenn du nicht alle Gründe kennst. Wer schlichten Herzens auf den Wegen Gottes geht, dem bringen solche Anordnungen keinen Schaden, sondern verhelfen ihm zu größeren Verdiensten [...] Ein wahrer Knecht Gottes sollte so auf dem königlichen Weg der göttlichen Gebote gehen, dass für ihn menschliche Festsetzungen in keiner Hinsicht eine Beschränkung bedeuten. Denn er soll ja sich selbst Schranken auferlegen: das heißt, auch wenn es bestimmte Regeln nicht gäbe, würde er sich von allem fernhalten, was ihm nicht förderlich ist. [...]

a *vicem Dei gerunt:* „sie vertreten Gottes Stelle".

Kapitel 4: Die rechte Zucht beim Schlaf[a]

Gewöhne dich daran, wenn du es einrichten kannst, schon ein wenig vor dem Morgen-Offizium wach zu sein, damit dein Geist sich bereits im Gebet auf Gott richtet und du wacher und andächtiger beim Gottesdienst und Gotteslob bist. Wenn du aufwachst, wirf sofort alle Gedanken und Traumgebilde der Nacht aus deinem Herzen, mit denen dich der Widersacher besetzen will. Bring vielmehr die Erstlinge deiner Gedanken und Taten Gott dar, durch ein Gebet oder eine gute Betrachtung; steh dabei aufrecht oder knie dich nieder, bis du Hingabe an Gott in dir fühlst und die dummen Gedanken loswirst, die gerade zu dieser Zeit auf den Geist einstürmen. Du wirst dann den ganzen Tag über jedes Werk mit größerem Eifer und Hingabe angehen.

Kapitel 5: Gewissenhaftigkeit beim Gottesdienst

Beim Offizium sei nicht träge oder gelangweilt, sondern bringe deinen Körper dazu, dem Geist zu dienen; stehe mit Ehrfurcht, singe die Psalmen frisch in der Gemeinschaft, voll Hingabe vor den Engeln, die ja bei dir stehen. Verneige dich mit Andacht, und schau nicht hier und dort herum, wenn es nicht notwendig ist. Verabscheue Lachen und unnützes Reden, denn vor dem Herrn der Herrlichkeit muss man in Ehrerbietung und Furcht stehen. Sprich die Worte der Psalmen klar und vollständig aus. Laufe nicht ohne Grund im Chor hin und her, und verlasse ihn nicht, bevor das Stundengebet zu Ende ist, außer es ist notwendig. Komm ein bisschen früher, wenn du kannst, bevor das Stundengebet beginnt, damit dein Herz schon ein wenig gesammelt ist, wenn das Gebet beginnt. Das ist der Grund, dass wir oft so träge und lau sind beim Gottesdienst, weil wir keinerlei Hingabe in uns erweckt

a Hier beginnen die Kapitel. *de disciplina (in dormiendo, in capitulo, in mensa ...)*: mit wenigen Ausnahmen die Kapitel 4–15 und 22.

haben[a] und so verlassen wir den Chor ebenso wie wir hereingekommen sind: kalt und zerstreuten Herzens. Bemühe dich zu Beginn des Offiziums, unpassende Gedanken abzuwerfen und dich auf die Psalmen zu konzentrieren, andernfalls wirst du dem Lärm der Gedanken kaum entgehen können. Bemühe dich, auch nach dem Offizium in der dort empfangenen geistlichen Innigkeit zu verharren, und stürze dich nicht sofort in irgendwelche Nichtigkeiten. Wenn du kein inneres Gefühl der Hingabe hast, dann verhalte dich wenigstens nach außen beherrscht, zeige Reife und Bescheidenheit aus Ehrfurcht vor Gott und als gutes Beispiel für die anderen.

Sprich im Chor nicht viel, außer es wäre von großem Nutzen; dann sprich bescheiden und ruhig.

Kapitel 6: Regeln für das Verhalten im Kapitel[b]

1. Im Kapitel sage schlicht und demütig deine Schuld, und wenn du zurechtgewiesen wirst, antworte mit Demut; wenn du getadelt wirst, versuche nicht, dich zu rechtfertigen, wie es Adam tat, der die Schuld auf Gott schob, als er sagte: „Die Frau, die du mir gegeben hast, hat mich getäuscht." (Gen 3,12f.). Wenn du um deinen Rat gefragt wirst, antworte mit Freimut und Demut, und sage, was dir gut zu sein scheint. Wenn dein Rat aber nicht erbeten wird, dann brauchst du nicht bemüht zu sein, deine Meinung hartnäckig zu verteidigen. Es genügt, wenn du deinem Gewissen entsprechend gesprochen hast.

2. Wenn es darum geht, Verstöße gegen das Ordensleben und seine Regeln beim Namen zu nennen, dann sei nicht zu ängstlich. Sag nur das, wovon du weißt, dass es geschehen ist. Sag es ohne Abneigung gegen jemanden, sag es mit sanften Worten und mit ruhigem Gesicht. Und wovon du nicht

a *devotio:* Geist der Hingabe, des Gebetes, (gefühlte) Innigkeit, ehrfürchtige Liebe zu Gott; vor allem auch: Gott im Inneren vor Augen zu haben, Gott-eingedenksein.

b Gemeint ist das „Schuld-Kapitel", wo Verstöße gegen die Regel oder das gemeinschaftliche Leben bekannt werden.

weißt, dass es geschehen ist, davon brauchst du nicht zu sprechen. Beschuldige niemanden nur auf Vermutung; denn diese täuscht gar oft. Derjenige, der dir erzählt hat, was du nicht wusstest, soll es selber vorbringen, wenn es wahr ist, und wenn er anwesend ist. Wenn er aber nicht da ist, dann könntest du die Sache auch nicht beweisen, da du keinen Zeugen für sie hast.

Sei nicht bekümmert, wenn du beschuldigt wirst, sondern sag demütig deine Schuld, ob groß oder klein; denn es wird für dich eine größere Schande und Verwirrung entstehen, wenn du dich frech verteidigst, als wenn du dich demütig beschämen läßt. Wenn aber gravierende Beschuldigungen vorgebracht werden, die der Wahrheit nicht entsprechen, und vor allem, die anderen Ärgernis geben könnten, dann bitte demütig um Gehör und sage mit wenigen, maßvollen Worten, dass du dir nichts von dem bewusst bist, was vorgebracht wird. Ein Diener Gottes fürchtet sich nicht, vor den Menschen Schmach zu erleiden, solange ihn sein Gewissen vor Gott nicht anklagt. Er erträgt geduldig das, was Gott ihn erdulden lassen will.

3. Mache es dir zur Gewohnheit, wenn du im Chor oder außerhalb des Chores von einem Oberen zurechtgewiesen wirst, die Knie zu beugen und deine Schuld zu bekennen. Das ist eine alte Regel des Ordenslebens, sie ist vom heiligen Benedikt und vom heiligen Franziskus und anderen heiligen Vätern überliefert. So wie das Ordensleben dir von den früheren Generationen übergeben worden ist, so sollst auch du dich bemühen, es denen unverfälscht in Wort und Beispiel weiterzugeben, die nach dir kommen. Du sollst nicht Bräuche einführen oder erlernen, die nicht gut sind, noch sollst du einen guten und nützlichen Brauch aus Gleichgültigkeit und Schlamperei verkommen lassen – weder bei dir noch bei anderen, wenn du sie mit bescheidenen Worten überzeugen kannst. Jeder, der anderen ein Beispiel hinterläßt, sei es gut oder schlecht, hat auch Anteil am Lohn oder der Strafe derjenigen, die ihn nachahmen.

Kapitel 7: Verhalten bei Tisch

Lass bei Tisch die Augen nicht hier und dort herumschweifen. Du brauchst nicht zu wissen, wer an deiner Seite sitzt, was er macht, was er vor sich hat! Lenke deine Gedanken auf dich und auf Gott, bzw. auf die Tischlesung. Iss mit Anstand, Ehrfurcht und schweigend. Schling das Essen nicht voll Gier hinein, so als könntest du nicht genug bekommen, und geh nicht vollständig im Essen auf wie ein hungriger Hund. Schau nicht mit unruhigem Herzen und rastlosem Blick herum, was auf dem Tisch wohl besonders lecker sei, und suche nicht vor dem Gaumen das Auge zu sättigen. Sei zufrieden mit dem, was du bekommst, und sage Dank.

Es sollte dir stets lieber sein, in irgendeinem Punkt zu wenig zu haben als zu viel. Verschmähe nichts, was dir vorgesetzt wird, sei nicht ungehalten, wenn die Würze oder das Salz fehlt oder es nicht richtig zubereitet ist. Denke vielmehr, dass viele Personen, die besser sind als du, mit weniger und geringeren Speisen zufrieden sind und das, was du wegwirfst, für Leckerbissen halten würden. [...] Der äußere Mangel trägt zum Wachstum der inneren Gnade bei und zu einem guten Gewissen [...]

Hinsichtlich des Maßes der Speisen kann man nur schwer eine Regel geben, höchstens, dass du zwischen zwei Extremen die Mitte halten sollst: Iss nicht zu wenig, damit du nicht von Kräften kommst und die alltäglichen Arbeiten nicht mehr schaffst. Iss aber auch nicht so viel, dass du nicht mehr fähig bist zu beten, zu lesen oder zu erfüllen, was dir aufgetragen ist. Hier ist die eigene Erfahrung zusammen mit dem aufrichtig guten Willen die beste Lehrmeisterin.

Kapitel 8: Verhalten im Dormitorium[a]

1. Verhalte dich im Dormitorium ruhig, damit nicht jemand, der schlafen oder beten möchte, durch dich irgendwie gestört wird. Sooft du aufwachst, soll dir gleich der Gedanke an Gott und an die Passion Christi kommen und dich mit Dankbarkeit erfüllen: dass er selbst über uns wacht, wenn wir schlafen, und uns beschützt.[b] Wenn du schlafen gehen willst, richte zuerst deine Gedanken auf Gott in Gebet oder Betrachtung. Mit dieser Beschäftigung sollst du einschlafen. Der Schlaf wird für dich süßer sein, deine Träume werden reiner sein, und beim Erwachen wird dein Herz Gott zugewandt sein. Du wirst dich mit mehr Eifer und Freude erheben und leichter zu der Gebetsgesinnung zurückkehren, in der du vor dem Einschlafen warst.[c] [...]

Was das Maß des Schlafes angeht, halte dich an die oben angeführte Regel über das Essen. Deine Glieder und Sinne sollen durch die Ruhe des Schlafes erquickt werden, jedoch soll der Leib nicht durch einen allzu schweren Schlaf träge

a Da später vom „Verhalten in der Zelle" die Rede ist, muss man sich vermutlich das Dormitorium als eine Reihe von Zellen vorstellen, die durch dünne Bretterwände gebildet sind, etwa wie das sogenannte „Dormitorium des hl. Bonaventura" in Greccio, das aus dem 13. Jahrhundert stammt.

b Vgl. die Antiphon der Komplet: „Sei unser Heil, o Herr, wenn wir wachen und unser Schutz, wenn wir schlafen, damit wir wachen mit Christus und ruhen in seinem Frieden."

c Vgl. Wilhelm von St. Thierry, *Epistula aurea* I, n. 136, übersetzt von B. Kohout-Berghammer (Texte der Zisterzienserväter 5, 61) – s. u. S. 105, Anm. a. Im folgenden wird empfohlen, angezogen und gegürtet zu ruhen, um nicht der stets gebotenen Wachsamkeit verlustig zu gehen, denn auch die natürliche Wirklichkeit des Schlafes ist von den Folgen der Erbsünde betroffen: Das „Ideal" des Schlafes wäre nicht ein passives Übermannt-Werden, in dem der Mensch durch Träume getäuscht wird, sondern ein Ruhen, das die geistigen und leiblichen Kräfte erquickt, ein Ruhen, das auch „Vollzug" ist. Im Paradies, vor dem Sündenfall, hätte der Mensch diese Art von Schlaf gehabt; vgl. Bonaventura, II. *Sent.* dist. 23 a.2 q.2 ad 4. Der erlöste Mensch soll diesem Ideal wieder nahe kommen: auch wenn er schläft, sollte „sein Herz wach" sein *(Ego dormio et cor meum vigilat)*. Daher der Rat, mit dem Gedenken an Gott einzuschlafen.

werden, noch der Geist lau und das Empfinden stumpf. Daher schreibt Cato: „Lange schlafen nährt Laster.“[a]

2. Auch wenn es gut ist für den geistlichen Fortschritt, sich vom Schlaf etwas zu entziehen,[b] so soll man hier sehr vorsichtig zu Werk gehen, damit der Leib nicht auf dem Weg zusammenbricht, bevor er die „Zielgerade“ des Lebens erreicht hat. Man soll ja das gemeinschaftliche Leben und die gewöhnlichen Anstrengungen des Ordenslebens mitmachen können, ohne dass die ruinierte körperliche Gesundheit sich dagegen wehrt. Und die Brüder, die nach dir eingetreten sind, sehen ja nicht, was du vorher alles getan hast, sie sehen nur, was du ihnen jetzt für ein Beispiel gibst: beim Arbeiten, Wachen, Essen und den übrigen Observanzen. Und die Jüngeren erwarten, dass die Älteren ihnen hierin vorangehen. Andernfalls nehmen sie entweder Ärgernis oder sie beginnen, sich selbst mehr zu schonen als gut für sie ist. Denn sie haben noch nicht das innere Verdienst im Blick, sondern nur, was man an Strenge äußerlich sehen kann. Wir schulden Gott im Herzen unsere ehrfürchtige Liebe, unserem Nächsten das gute Beispiel. Damit du beidem gerecht wirst, brauchst du Unterscheidungsgabe: Nimm den Leib so in Zucht, dass er nicht gegen den Geist rebelliert, und pflege ihn mit Klugheit, so dass er nicht unter der Last zusammenbricht und seine Schwäche zum Hindernis auf dem geistlichen Weg wird.

Kapitel 9: Verhalten bei der Handarbeit

Sei bereit, gewöhnliche Arbeiten und niedrige Dienste zu übernehmen: zum Beispiel in der Küche, in der Kirche, in den Werkstätten; und übernimm bereitwillig geringe Diens-

a Distichon I, 2. Möglich wäre auch die Übersetzung: „Schlaf untertags nährt Laster“.

b David ist sehr vorsichtig: Er weiß, dass die alten Mönche den Schlaf einschränkten, und gibt zu, es sei zwar tugendhafter, dem Leib ab und zu etwas an Schlaf zu entziehen, als umgekehrt ihm zu viel Bequemlichkeit zu bieten, warnt aber vor der Gefahr der gesundheitlichen Zerrüttung. Auf Dauer kann solche Askese zum Gegenteil führen: Man muss sich dann viel mehr schonen.

te, die andere deswegen von sich weisen: Holz tragen, das Haus kehren, Gemüse putzen, Geräte reinigen, den Brüdern die Füße waschen und den Habit ausklopfen.

Kapitel 10: Bei der Feier der heiligen Messe

Ministriere gern bei der Messe, denn das ist ein engelgleicher Dienst. [...] Dieser Dienst bringt viel Früchte mit sich: Es ist die Ausübung eines guten Werkes, es ist ein Werk der Liebe, das auch den Mitmenschen im Guten fördert. Es ist ein Werk der innigen Liebe zu Gott, denn du näherst dich Gott im Gebet. Es ist ein engelgleiches Werk, weil du dem gegenwärtigen Gott dienst wie die Engel.

Darum ist nicht nur der Priester, dem du ministrierst, verpflichtet, ganz besonders für dich zu beten, sondern alle Umstehenden, an deren Stelle du stehst, ja die ganze Kirche auf dem Erdkreis. Denn du stehst an Stelle aller Gläubigen,[a] die ihrem Gott, wenn er vom Himmel herabsteigt, mit innigster Dankbarkeit dienen würden, wenn sie anwesend sein könnten.

2. Es kann gar nicht anders sein, als dass der Herr schon in diesem Leben diejenigen mit besonderen Gnaden beschenkt, die bereitwillig und innig bei dieser Feier dienen. Nichts kann heiliger und ehrfürchtiger Liebe würdiger sein im Himmel und auf Erden als dieses Sakrament; denn es ist das herausragende Zeichen der göttlichen Zuneigung und Liebe zum Menschen. In diesem Sakrament, in dem er täglich voll Demut auf den Altar herabsteigt,[b] scheint Gott nichts Geringeres zu tun als damals, da er vom Himmel herabstieg und menschliche Natur annahm. So hinterließ er uns in diesem Sakrament die

a *Vicem fidelium geras*: David betont, dass derjenige, der an der Messfeier teilnehmen oder ministrieren kann, dies auch stellvertretend für die gesamten Gläubigen tut

b Vgl. zur eucharistischen Frömmigkeit des hl. Franziskus: *Brief an die Kleriker;* sowie *Ermahnung 1, Vom Leib des Herrn.* L. Lehmann (Hg.), Das Erbe eines Armen Franziskus-Schriften, Kevelaer 2003, S. 155-157, 59-61.

Gedenk-Gabe seiner ganzen Liebe, all seiner Wohltaten: der Menschwerdung, der Erlösung, der Auferstehung und Verherrlichung, der Rechtfertigung. Im Sakrament ist das alles eingeschlossen; und wer sorgsam über die Einsetzung, Feier und Früchte dieses Sakramentes nachdenkt, dem erschließt sich dies. Oft zu kommunizieren ist für das Heil förderlich, wenn jemand sich mit inniger Liebe, Eifer für die Tugenden und Gewissenhaftigkeit bereit macht, und nicht nur schwere Sünden, sondern auch leichtfertige Reden, Handlungen und Gedanken meidet. Freilich müssen wir zu jeder Zeit auf alles Gute bedacht sein, doch am meisten dann, wenn wir uns auf den Empfang des Leibes Christi vorbereiten oder ihn gerade empfangen haben.[a]

Kapitel 11: Bei der Beichte

Beichte häufig, mindestens dreimal in der Woche; und beichte so schlicht, wie einem Engel, der die Geheimnisse deines Herzens wüsste[b]. Verschleiere nicht dein Bekenntnis durch Entschuldigungen, und drücke dich nicht so verwickelt aus, dass der Beichtvater nicht versteht, was du sagst. Sage, was für eine Art Sünden du getan hast, erzähle aber keine Geschichten und nicht die Taten anderer, was die einzelnen Punkte betrifft. Sage kurz und schlicht, woran du dich erinnerst, seit deiner letzten Beichte – keine lange Abhandlung, Generalbeichte oder Begründungen. Dem Beichtvater könnte das sonst zu viel werden. Diese Dinge kannst du Gott jeden Tag im Gebet bekennen, ihm deine verschiedenen Unvollkommenheiten offenlegen, und was dir an Tugenden fehlt. Und es ist sehr hilfreich, von seinem Erbarmen ein Heilmittel zu erbitten. –

a Zur Frage der häufigen Kommunion, bzw. der Motive dafür: III, Kapitel 70.

b Klassische theologische Lehre ist jedoch, dass kein geschaffenes Geistwesen die Herzensgeheimnisse einer anderen Person wissen kann, außer durch Offenbarung Gottes, dem dieses Wissen als Schöpfer eigen ist.

Das Bekenntnis hat aber keine volle Wirkung, wenn du nicht den Vorsatz fasst, dich in Zukunft vor dem zu hüten, was du bekannt hast, und dich um Besserung bemühst.

Kapitel 12: In der Zelle

Erneute Empfehlung bereitwilligen Gehorsams

Verweile gern in der Zelle; tue dort stets etwas, was dich geistlich aufbaut, oder was dir von einem Vorgesetzten aufgetragen wurde. Dein Gehorsam sei so bereitwillig, dass du zu jeder Stunde einen dir gegebenen Auftrag gerne annähmest. [...]

Kapitel 13: Lesung und Predigt

Lies die Lebensgeschichten der Heiligen und befasse dich mit ihrer Lehre. Wenn du dich mit ihnen vergleichst, wirst du stets an Demut zunehmen, wirst Belehrung empfangen, Begeisterung für das Gebet und neuen Eifer. Du sollst das Verständnis der Heiligen Schriften und Glaubenseinsicht gewinnen, Wahres von Falschem, Gutes von Bösem, Tugend vom Laster unterscheiden können, und die Heilmittel gegen Anfechtungen und Laster kennen. Du sollst lesen, um Verständnis zu erwerben, nicht, um gelehrter zu erscheinen, und auch nicht aus purem Vielwissen-Wollen. Lies nicht, was nicht aufbaut; denn oberflächliches Zeug zu lesen bewirkt oberflächliche Gedanken und löscht den Geist des Gebetes aus.

2. Sei nicht leidenschaftlich bestrebt, Prediger oder Beichtvater zu werden. Wenn du würdig bist, wird dich der Herr dazu berufen. Solltest du aber unwürdig sein oder ungeeignet, dann würdest du schmähliches Versagen riskieren[a]. Das ist der Grund, warum wir oft so wenig Frucht und Ehre erreichen mit unserem Predigen und Beichte-Hören: Es drängen sich Leute dazu, die nicht von Gott berufen sind, laufen, obwohl sie nicht

a *confusio:* doppelte Bedeutung: Verwirrung, Schande (wegen Versagen).

gesandt sind[a], wollen Frucht bringen in anderen Menschen, noch bevor sie die Wurzeln der Tugenden in ihrem eigenen Herzen tiefer getrieben haben. Daher ist deren Frucht nicht von Dauer; sie ist unreif, da zur Unzeit hervorgebracht.

3. Darum heißt es im Buch Leviticus (19,23-25): „Wenn ihr in das Land hineingekommen seid und Fruchtbäume gepflanzt habt, sollt ihr die Früchte behandeln, als ob sie seine Vorhaut wären. Drei Jahre lang sollen sie für euch etwas Unbeschnittenes sein, das man nicht essen darf. Im vierten Jahr sollen alle Früchte für den Herrn geheiligt sein. Erst im fünften Jahr dürft ihr die Früchte essen und den Ertrag für euch ernten. Ich bin der Herr, euer Gott."

Der im Orden eingepflanzte Mensch gleicht diesem „Baum"; er soll die Frucht des Heiles bringen, in sich und in anderen Menschen, „zur rechten Zeit" (vgl. Ps 1). Wenn er aber Früchte zur Unzeit bringt, dann gelten diese als unrein, für den geistlichen Fortschritt nutzlos, da sie aus Anmaßung hervorgingen. Das „erste Jahr" ist das Jahr der Buße über die Sünden des vergangenen Lebens.[b] Das „zweite Jahr" ist die vollkommene Hinkehr zur Besserung. Das „dritte Jahr" bezeichnet die habituell gewordene gute Lebensführung. Das „vierte Jahr" bedeutet, auf Menschenlob und Ehrungen wegen guter Taten nichts zu geben, ja solches abzulehnen und allein nach der Ehre Gottes und dem Heil der Menschen zu verlangen. Jeder, der sich vor diesem „vierten Jahr" zum seelsorglichen Amt drängt, bringt keine Frucht in den Seelen: sie ist Gott nicht wohlgefällig und für ihn selbst nicht verdienstvoll wegen der Oberflächlichkeit und Eitelkeit, und sie wird anderen nicht nützen. Nach dieser Zeit aber, „im fünften Jahr", wird er die Früchte der reinen Liebe essen und sammeln. [...]

a Die falschen Propheten „laufen, obwohl sie nicht von JHWH gesandt sind": Jer 23,21.

b Gemeint ist offensichtlich nicht das Zeitmaß eines Jahres, sondern die Phasen der Reifung, die der Mönch durchlaufen muss, bevor er für die Seelsorge an anderen geeignet ist.

4. Ich habe das gesagt, damit du siehst, welchen Personen von der Heiligen Schrift geraten wird, das Amt der Predigt zu übernehmen. Bemühe dich also zuerst, dein äußeres Verhalten in die rechte Ordnung zu bringen, und im Inneren dein Denken und dein Wünschen. Dann magst du vertrauensvoll hinausgehen, zum Nutzen deiner Mitmenschen; denn dann kennst du die gesunde Lehre. Und niemand soll sich anmaßen, eine Kunst zu lehren, die er nicht selbst vorher erlernt hat.

Kapitel 14: Wahrung der Ordensdisziplin auch im Verborgenen

Fühle dich nie so abgesondert und verborgen, dass du dich in Blick, Berührung, Gestik etc. nicht ebenso beherrscht, keusch und anständig benähmest, als würdest du gesehen. Die heiligen Engel, die um uns sind, sehen alles, was wir tun; ihre Gegenwart und ihr Blick muss uns Ehrfurcht einflößen. Und auch Gott selbst, unser Richter, sieht uns. Er ist stets gegenwärtig „und durchforscht Herz und Nieren" (Offb 2,23), das heißt, unsere leidenschaftlichen Neigungen und Gedanken. Auch unser Gewissen sieht uns, es ist Zeuge unserer Taten und klagt uns an. Wenn jemand mehr Scheu hat vor dem Blick der Mitmenschen als vor dem Gottes, seiner Engel und des eigenen Gewissens, dann ist seine Liebe zum Guten noch nicht rein: So jemand meidet nämlich das Böse nicht aus Liebe zum Guten, sondern aus Furcht, an seiner irdischen Ehre Einbuße zu erleiden. [...]

Kapitel 15: Wahrung der Ordensdisziplin im äußeren Verhalten

1. Im Umgang mit den Brüdern sei freundlich entgegenkommend und von feiner Zurückhaltung,[a] umgänglich und offen,

a *Verecundus:* Das ganze Kapitel ist der Eigenschaft der „verecundia" gewidmet, ein im Deutschen kaum adäquat zu übersetzendes Wort. Es umfaßt das „Gefühl für Anstand", ein Bewusstsein für das Kostbare, das gehütet werden muss. *Verecundus* ist ein Mensch, der mit der gebotenen Ehrfurcht sein eigenes

jedoch verbunden mit Bescheidenheit, von einem liebenswerten Ernst. So wirst du einerseits ein zuchtvolles Verhalten wahren und zugleich den anderen nicht wegen Schroffheit lästig sein. Ausgelassene Scherze sollst du niemals machen, keine zweideutigen Worte reden, noch sie gerne hören. Denn was man gerne hört, das wird man, sobald man es wagt, auch gerne sprechen. Du bist ein Knecht Gottes, und hast in allem Tun und Reden keusch zu sein. Du sollst nicht nur von offenkundig schädlichen Dingen Abstand halten, sondern auch von allem, was nicht zur Ehrbarkeit paßt, zum Beispiel wenn Schändliches irgendwie unter dem Mantel der Anständigkeit daherkommt.

2. All deine Gesten, dein Verhalten, deine Rede, dein Blick und Gang sollen bescheidene Lauterkeit ausstrahlen. Nichts an dir soll eingebildet oder herausfordernd und auffallend erscheinen. Die *verecundia* ist wahrhaft die größte Zier des Ordenschristen, vor allem der jungen Männer. Wenn jemand sie vernachlässigt, braucht man sich nicht viel Hoffnung machen, er werde ein guter, aufrechter Ordensmann. So wie die Furcht des Herrn den Menschen innerlich in Ordnung bringt und auf das Gute ausrichtet, so bewirkt die *verecundia* die äußere Beherrschtheit. Gregor d. Gr.[a] schreibt darüber: „Die Lauterkeit im Verhalten *(verecundia)* ist die Zierde aller Tugenden: Sie gibt Zeugnis für Unschuld und eine reine Seele, sie wahrt die Beherrschung, ist geistlicher Ruhm, hütet den guten Ruf, ist Gefährtin der Keuschheit und Anzeichen der Heiligkeit." Niemand soll mit dir so vertraut sein, dass du in seiner Gegenwart diese scheue Zurückhaltung völlig vergäßest. Wenn sie dich freilich in Dingen hindern würde, die nützlich oder notwendig sind, ist sie in diesem Fall beiseite zu

Inneres schützt (daher mit „Keuschheit" – *pudicitia* verwandt) wie auch den Mitmenschen mit Achtung, Takt und Rücksichtnahme, mit innerer Lauterkeit begegnet.

a David paraphrasiert hier offensichtlich Bernhard, *Super Canticum* 86, n. 1 (BAC 491, 1060).

lassen[a]. Aber man darf sie nicht verwerfen oder austilgen, als sei Scham eine Fehlhaltung; sie muss vielmehr in die rechte Ordnung gebracht werden, wie auch andere natürliche Neigungen.

3. Dein Gang sei gemessen; lauf nicht leichtsinnig hin und her ohne Notwendigkeit, und trag den Kopf auch nicht allzu hoch erhoben, sondern ein wenig gesenkt. Lass deine Augen nicht überall herumschweifen, rudere nicht mit den Armen, und gehe nicht einher wie die Menschen der Welt, ohne Form und Ordnung,[b] sondern gehe einfach, gerade und demütig, wie jemand, der eben von einem gesammelten Gebet kommt.

4. Wenn du sitzt, lehne dich nicht träge auf eine Seite, und strecke auch die Beine nicht längelang von dir – vor allem nicht in Anwesenheit anderer. Unordentlichkeit bzw. Mangel an äußerer Form *(incompositio!)* ist ein Anzeichen, dass es der Seele an Ehrfurcht mangelt und sie zu wenig Gottes eingedenk ist.

5. Lachen sollst du selten, und ohne zu laut herauszuplatzen. Dein Lachen soll Ausdruck deiner freundlichen Güte sein, nicht der Ausgelassenheit. Gib dir Mühe, dass dein Angesicht ruhig und heiter sei, nicht wild bewegt oder grimmig.

Kapitel 16: Über das Sprechen

1. Deine Worte seien gut und angenehm im Ton[c] . Wenn du antwortest, sprich mit Demut, ohne bittere Spitzen und Sticheleien, ohne unterschwellige Anklagen oder versteckten Spott. Rede so mit dem Anderen, wie du eine Rede ohne Arg von ihm hören möchtest.

a Möglicherweise denkt David an medizinische Behandlung. Jedenfalls ist im letzten Satz von der „verecundia" als einer natürlichen Scham und Zurückhaltung die Rede.

b *Incomposito gressu* = unordentlich, nachlässig, und daher unschön. Vgl. den Titel des Werkes: *De compositione!*

c *Verba lenia:* auch dies ist im Deutschen kaum angemessen wiederzugeben.

2. Von einem Abwesenden sprich so, als stünde er dabei und hörte zu. Niemand soll fürchten, du würdest in seiner Abwesenheit seinen Ruf anschwärzen.[a] Es ist ein schweres Übel bei Ordensleuten, wenn man von einem Abwesenden so redet, dass man sich schämen müsste, wenn er es hörte. Höre auch nicht gern jemandem zu, der andere schmäht, sondern meide solche Leute, oder weise sie in ihre Grenzen, wenn sich die Gelegenheit ergibt. Denn solches Reden bringt dir keinerlei Gewinn, nur Ärger über denjenigen, von dem da erzählt wird, oder über den, der das erzählt. Suche lieber nach Möglichkeit, von einer lobenswerten Eigenschaft des Anderen zu reden, die dich, und die dich hören, auferbaut.

3. Von Gerüchten sollst du nichts wissen. Sie bringen Unruhe ins Herz und zerstreuen den Geist, sie vertreiben die innige Ausrichtung auf Gott, sie sind sinnlose Zeitverschwendung. Selbst das, was du weißt, sollst du nicht alles ausgießen – wie ein Gefäß ohne Deckel! Bei einer kleinen Neigung[b] gibt es seinen Inhalt von sich, und es steht offen für Schmutz und Staub. Halte dich nicht gerne in einer Schar von Leuten auf, außer es wird von Gott gesprochen, von der Liebe zum Gebet und der Auferbauung der Seele.

Vermeide es, laut zu werden, und platze nicht ungestüm mit dem heraus, was du in dir trägst – wie Elihu (vgl. Ijob 32,18). Ebensowenig wie du einen anderen schmähen darfst, sollst du jemandem davon erzählen, dass dieser oder jener übel über ihn geredet habe. Denn sonst könnte der Geschmähte über diesen noch wütender werden, und dein Bericht hätte alles noch schlimmer gemacht. Es kann ja sein, dass jemand ein Wort über einen anderen sagt, es aber nicht so abträglich meint, wie dieser es argwöhnt. Und dann beginnt sich in diesem der Hass oder der Wunsch nach Vergeltung zu regen – obwohl der andere es gar nicht als Schmähung gemeint hat,

a Nach *Legenda Maior* VIII, 4 verabscheute Franziskus die Ehrabschneidung wie ein „teuflisches Werk" und ahndete es streng.

b *inclinatus:* wie im Deutschen sowohl von der äußeren Neigung oder Schieflage gesagt, wie auch von der inneren Geneigtheit, dem Verlangen.

oder vielleicht sogleich schon seine Worte bereut und den besten Vorsatz gefaßt hat, sich in Zukunft in Acht zu nehmen.

Im Fall, dass etwas über eine Person gesagt wird, die das wissen soll, weil es zu ihrem Nutzen ist, dann kannst du es ihr mitteilen, wenn du willst. Mache aber keine Angaben, wer das gesagt hat. Die Person soll wissen, wovor sie sich in Acht nehmen soll, aber gegen niemanden Hass fassen.

4. Hüte dich sorgfältig vor Prahlerei. Gib niemandem Anlass zu denken, in dir sei etwas besonders Lobenswertes. Denn es könnte kaum etwas Lobenswertes in dir geben, ohne dass es andere wahrnähmen. Sei schweigsam und zurückgezogen und du wirst mehr Gefallen finden. Wenn du dich brüstest und selbst lobst, wirst du ausgelacht und geringgeschätzt werden. [...]

5. Flüche, Schimpfworte, Lügen, leichthin Schwören, alle schändlichen Worte, selbst im Scherz, seien aus dem Mund eines Ordenschristen für immer verbannt! Anathema sit! „Wer meint, Gott zu dienen, seine Zunge aber nicht zügelt, der betrügt sich selbst, und sein Gottesdienst ist wertlos.“ (Jak 1,26).

Kapitel 17: Unnütze Worte meiden

Fliehe unnütze Worte, wo immer sie herkommen. Auch wenn es nicht für eine schwerwiegende Sünde gilt, so bringt diese Gewohnheit doch einen schweren Schaden für den geistlichen Fortschritt mit sich. Und oft geschieht es, dass man, während man der Zunge Zaum bereitwillig lockert, ehe man sich versieht, von müßigen Worten zu schädlichen abgleitet. Und daraus entstehen so manches Mal Verwirrung und Zügellosigkeit, zuweilen auch schwere Verfehlungen gegen das Gewissen.

Kapitel 18: Gern von Gott sprechen

1. Sprich gern von Gott, und noch lieber höre das, was dein Herz zum Eifer für die Tugend und das innige Gebet anregt.

2. Höre mit Bescheidenheit und Frieden im Herzen zu, wenn andere etwas Gutes sagen. Fang nicht an zu disputieren, wie es manche tun. Wenn sie etwas Gutes durch einen anderen hören, möchten sie gleich zeigen, dass sie davon auch etwas wissen und selbstverständlich mitreden können. Sie sind nicht darauf bedacht, selbst Auferbauung zu empfangen, sondern sich vor anderen darzustellen. Daher werden viele gute Vorträge unter Ordensleuten geringgeschätzt. Sei nicht streitsüchtig. Gib bald nach; denn wenn es gut und wahr ist, was der andere gesagt hat, dann sollst du nicht aus dem Wunsch der Selbstdarstellung heraus Widerstand leisten. Und wenn es nicht gut war, dann ist es besser, sich friedlich an ihn zu wenden, ihm mit Bescheidenheit die Wahrheit aufzuweisen und ihn so zu korrigieren, als mit scharfen Worten.

3. Wenn du redest, dann sprich mit zurückhaltender Stimme und ruhiger Miene, bemühe dich um beherrschtes und ruhiges Benehmen. Dann wird das, was du sagst, mehr Gewicht und Nutzen haben. [...]

Kapitel 19: Sich vor Müßiggang hüten[a]

Sitz nicht untätig herum, und interessiere dich nicht für Gerüchte und Geschichten; denn darin liegt eine doppelte Gefahr: Du vertrödelst sinnlos deine kostbare Zeit; und wenn das zur Gewohnheit wird, büßt du allmählich die innere Lauterkeit und Demut ein. Außerdem gibst du damit anderen ein schlechtes Beispiel.

Kapitel 20: Betrachtung über Unseren Herrn Jesus

In allen Fragen, welche die Tugenden oder die sittliche Güte der Persönlichkeit betreffen, stelle dir stets den lautersten Spiegel, das vollkommenste Urbild aller Heiligkeit vor Augen: das Leben und das Verhalten des Gottessohnes, unseres Herrn Jesus Christus. Er wurde uns deswegen vom Himmel gesandt,

a Vgl. die Mahnungen des hl. Franziskus: *Legenda Maior* V, 6.

damit er uns den Weg der Tugend zeige und auftue, uns das Gesetz eines zuchtvollen Lebens durch das eigene Beispiel gebe und uns so in eigener Person belehre: Ebenso wie wir von Natur aus auf sein Bild hin geschaffen sind, so sollten wir neu geformt werden zu einem Abbild seines Verhaltens, indem wir nach Kräften seinen Tugenden nacheifern. Je mehr jemand sich bemüht, durch Nachahmung seiner Tugenden ihm hier auf Erden ähnlich zu werden, desto ähnlicher und näher an Herrlichkeit und Klarheit wird er ihm in der himmlischen Heimat sein.

2. Schreibe dir also auf dein Herz, wie Jesus handelte und sich verhielt: wie demütig unter den Menschen, wie gütig unter den Jüngern, wie maßvoll im Essen und Trinken, wie mitleidsvoll gegenüber den Armen, denen er sich in allem ähnlich machte, und die gleichsam ganz besonders zu seiner Familie zu gehören schienen. Bedenke, dass er für niemanden Verachtung oder Ekel hatte, auch nicht für Aussätzige, und dass er Reichen nicht schön tat. Wie frei er war von den Sorgen der Welt, nicht ängstlich besorgt um das, wessen der Körper bedarf, wie lauter und zurückhaltend im Blick, wie geduldig, wenn er geschmäht wurde, wie sanft in seinen Erwiderungen: denn er suchte nicht, sich durch beißende oder bittere Worte zu rächen, sondern wollte durch eine ruhige, nicht hochfahrende Antwort die böse Gesinnung des anderen heilen. Welche innere Ordnung[a] strahlte aus all seinen Gesten! Welche Sorge um das Heil der Seelen trug er, wollte er doch aus Liebe zu ihnen (oder: um ihrer Liebe willen) Fleisch annehmen und sterben. [...]

Viel derartiges sollst du im Gedächtnis gegenwärtig haben, damit du in all deinen Taten und Worten stets auf ihn wie auf dein Vorbild schaust, ob du gehst, stehst, sitzt oder isst, im Schweigen und beim Sprechen, allein und in der Gemeinschaft mit anderen. Als Folge davon wirst du ihn mehr lieben, wirst Zuversicht und die Gnade seiner vertrauten Freundschaft erlangen, und in jeder Tugend vollkommener werden.

a Auch hier begegnet wieder der Begriff *compositus*.

3. Dies sei deine Weisheit, deine Betrachtung, dein Studium: stets Gedanken über ihn zu haben, die dich anregen, ihm nachzueifern, oder die dich mit Liebe zu ihm erfüllen. [...]

Kapitel 21: Meide Selbstdarstellung

1. In allem, was du tust, meide Zur-Schau-Stellung und Angeberei. Sei schlicht und geradlinig, wie es einem Ordenschristen und einem Armen Christi ansteht. Bemühe dich nicht um einen Gang oder Gestik oder Gesang, wie sie in vornehmer, höfischer Gesellschaft üblich sind. Verkünstle dich nicht beim Singen, denn wenn du Gott gefallen willst, wirst du ihm um so mehr gefallen, je schlichter du singst. Wenn du den Zuhörern gefallen willst, ist das Ruhmsucht; wenn du dir selbst gefällst, Eitelkeit. Wenn du die Zuhörer durch dein Singen auferbauen willst, dann wird dir das um so besser gelingen, je mehr du alles Oberflächliche und Eitle läßt. Gott achtet mehr auf die Innigkeit und Reinheit des Herzens als auf den Wohlklang der Stimme:

> Nicht die Stimme, sondern das Gebet,
> nicht die Saite, sondern das Herz,
> nicht Lautstärke, sondern die Liebe
> besitzen Wohlklang in den Ohren des Herrn.
> *Non vox, sed votum, non chorda musicum, sed cor,*
> *non clamor, sed amor sonat in aure Dei.*

2. Es ist nicht schwer, zum Herrn zu rufen; denn es heißt: „Nahe ist der Herr allen, die ihn aufrichtig anrufen" (Ps 144,18). Beim Stundengebet richte deine Absicht mehr darauf, aus den Worten der Schrift das geistliche Verständnis zu gewinnen und innige Liebe zu Gott, als nach höfischer Art die Melodie zu gestalten und die Stimme in die Höhe zu treiben. [...]

Kapitel 22: Liebe die Zurückgezogenheit. Wahre die Ordensdisziplin auch außer Haus

1. Das Kapitel, wie du dich draußen verhalten sollst, falls du einmal außer Haus sein musst, hab ich bis jetzt aufgeschoben, damit du daran siehst, dass ich sehr wünsche, du seiest zögerlich mit dem Ausgehen – außer wenn du im Gehorsam einen Auftrag dazu bekamst, oder wenn es irgendein nützlicher und vernünftiger Grund erfordert. Im Haus zu bleiben und vor den Augen der Menschenmenge verborgen zu sein, ist einem Ordenschristen von Nutzen, der innerlich frei sein will für Gott. Was du an inniger Hinneigung zu Gott im Hause sammelst, das wirst du beim Hinausgehen eher verstreuen als mehren und erhalten. Oft habe ich das erfahren, an mir selbst und bei anderen, dass häufiges Hinausgehen, der Umgang mit dieser welthaften Welt und allzu viel Belastung durch äußerliche Geschäfte die Innigkeit des Gott-Gedenkens mindert, die Glut des Geistes abkühlt und vielleicht dem Vorsatz der Tugend die Festigkeit stiehlt. Das Herz verliert die Sammlung, der Eifer, Fortschritte zu machen, wird schwächer. Man kommt schließlich zu dem Punkt, Vergnügungen zu lieben, die Zeit fruchtlos zu vergeuden, viele Worte ohne Inhalt zu machen, witzig sein zu wollen [...], die Gebete hintanzustellen, die Tagzeiten freudlos und so rasch es geht herunterzusagen. Schließlich dringen die Wasser der Versuchungen in das Schiff des Herzens ein, durch die Ritzen der Zerstreuung, die sich gebildet haben aufgrund der Austrocknung, des Mangels an Ausrichtung auf Gott. Wenn das Wasser nicht herausgeschöpft wird durch eine Prüfung des eigenen Zustands und ein aufrichtiges Bekenntnis, oder die Ritzen nicht kräftig abgedichtet werden in sorgsamer Wachsamkeit, dann steigt das Wasser, bis es den Menschen untertaucht in Sünde und Schande.

Das ist aber jetzt nicht so gemeint, dass du nur mehr schwer einem Befehl zum Hinausgehen gehorchen solltest! Doch du sollst keinen Trost darin suchen, draußen herumzustreunen; und sofern es an dir liegt, solltest du es vorziehen, zu Hause verborgen zu bleiben – außer der Gehorsam oder der Nutzen für die Seele fordert etwas anderes: „Besser ist nämlich Gehorsam als Schlachtopfer" (1 Sam 15,22).

2. Wenn du aber hinausgehst, dann lass deine Blicke nicht auf den Plätzen schweifen, damit du nicht etwas siehst, was dir später zur Anfechtung oder zum Hindernis im Gebet wird, oder du Bilder von dem Gesehenen in deine Vorstellung hereinnimmst. David machte sich des Ehebruches schuldig, weil er sich nicht in Acht nahm, eine Frau anzuschauen, die er wahrscheinlich vorher nie begehrt hatte, sondern erst als er sie betrachtete und auf die innere Wachsamkeit vergaß. „Deine Augen sind in deinem Haupt" (Koh 2,14), das heißt: dein Denken soll sich mit dem Herrn Jesus Christus beschäftigen, der das Haupt aller Glieder der Kirche ist. Über das, was vor deinen Augen liegt, sollst du nicht nachdenken, nur insofern es der Weg oder ein anderer Nutzen erfordert. So weit du es vermagst, sollst du dich im gleichen Zustand wieder nach Hause bringen, wie du weggegangen bist, genauso gott-liebend, mit reinem Herzen, frei von Geschwätz, auf dass du das Schweigen der Zelle liebst.

3. Gehst du über Land, dann sei ein friedenbringender Mensch. Streite mit deinem Gefährten niemals über etwas, auch wenn du besser Bescheid weißt als er. Gib rasch nach, schweige und bleibe in der Ruhe der Seele; denn durch Auseinandersetzungen werden Leute kaum jemals gebessert. Bedenke, dass du, wenn du nicht in dir selbst Frieden schaffst, kaum oder niemals einen anderen zum Frieden führen oder besänftigen kannst. Fang zuerst bei dir selbst an, dann wirst du leicht den andern bessern. Denn wer selbst aufgeregt einen Aufgeregten belehren will, von dem denkt man, dass er eher aus Ungeduld belehrt, um ihn zu treffen, nicht aus reiflicher Überlegung, um ihn brüderlich zu erziehen. Er empfängt mehr Auferbauung durch das Beispiel deiner Geduld als durch irgendwelche Gründe, die du ihm vorlegst. Die Tugend läßt sich nicht durch ein Laster beibringen, ebensowenig kannst du durch Ungeduld andere Menschen Geduld

lehren, oder Demut durch Überheblichkeit. Sei kameradschaftlich auf dem Weg, aber nicht ausgelassen, damit du nicht die innige Ausrichtung auf Gott durch die Gesellschaft auslöschst.

Kapitel 23: Gebet und Betrachtung auf Reisen

1. Nimm dir bestimmte Stunden zum Gebet und zur Betrachtung, sei es auf der Reise, sei es in der Herberge. Vernachlässige dich selbst nicht und denke nicht: ich will es aufschieben, bis ich daheim bin. Denn wenn du geistlich zu sehr auskühlst, wirst du die Innigkeit des Gebetes später nur mit größerer Mühe wiederfinden. [...]

2. Wenn du unter Leuten bist, dann meide, so gut es dir möglich ist, alles, was ein schlechtes Beispiel für sie sein könnte. Ein getreuer Knecht muss die Ehre seines Herrn zu fördern suchen, wo er nur kann, und ebenso vermeiden, ihm Unehre zu machen. Wir sind doch seine Familie! [...] Und was wir tun, das fällt auf unseren Vater zurück, so dass er gelobt oder verachtet wird. Und da uns unter den Menschen eine besondere Stellung gegeben ist, nämlich dass wir zu ihrer Auferbauung beitragen, werden unsere Worte nur wenig nützen, wenn wir die Auferbauung nicht auch mit dem Beispiel vollbringen. Und wenn wir schon nicht so vollkommen sind, Vorbilder großer Tugend zu sein, so wollen wir uns wenigstens in Acht nehmen, kein schlechtes Beispiel zu geben. Das heißt: nicht tun, was wir an anderen tadeln – Gerüchte und weltliches Gerede weitertragen oder gern solcherlei hören, oder uns gerne leckere und üppige Speisen auftischen lassen oder allzu weiches und aufwendiges Bettzeug. Wir wollen keine feurigen Pfeile des Zornes oder der Zwietracht abschießen, keine zweideutigen Reden führen und ausgelassene Witze reißen. Und vor allem: man soll uns nicht nachsagen können, wir seien erpicht auf Geschenke. Denn wenn die Leute sähen, dass wir auf materielle Gaben aus sind – wir, die wir in der Predigt die Leute zur Geringschätzung dieser

Dinge anhalten! – dann würden wir sogleich Verachtung auf uns ziehen.

Kapitel 24: Vertraulichkeiten mit Frauen meiden[a]

1. Nimm dich in Acht, wenn du mit Frauen sprichst, dass du ihr Gesicht nicht allzu eingehend betrachtest. Vermeide es, ihre Hände zu berühren, zu nahe bei ihnen zu sitzen oder ihnen zuzulächeln, gern mit ihnen zu wispern oder in Winkeln Gespräche zu führen. Selbst wenn all das für dich keine Anfechtung bedeutete, würdest du dir dennoch den Argwohn anderer zuziehen und könntest leicht den guten Ruf verlieren [...] Im Umgang mit einer Frau verhalte dich so, als wäre ihr Ehemann dabei oder dein Oberer, und sie hörten und sähen alles. Wer immer zu einem solchen Gespräch plötzlich dazukäme, es dürfte für dich keinen Grund geben zu erröten. Und niemand soll dir später einen Verdacht anhängen können.

Und wenn du meinen Rat hören möchtest: Pflege mit keiner Frau eine spezielle Vertraulichkeit, auch wenn es eine religiös lebende, heilige Frau wäre. Abgesehen von der Gefahr einer fleischlichen Anfechtung, die mit einer solchen Vertrautheit immer einhergeht – wenn man das Böse unter dem Anschein des Guten nicht fürchtet –, abgesehen auch von der Gefahr, den guten Ruf zu verlieren, weil andere oft argwöhnische Gedanken fassen, also abgesehen davon bringt eine solche Sonderfreundschaft große Unruhe des Herzens mit sich.[b] Denn du versuchst ständig, ihr die Wertschätzung und Sympathie zu zeigen, die du für sie hast, und wünschst, dass sie das wisse. Und wenn das einmal nicht geht, dann bist du betrübt und ängstlich, sie möchte vielleicht ungehalten sein, ihre Zuneigung zu dir könnte abkühlen und sie würde weniger für

a Vgl. dazu die Weisungen und das Verhalten des Ordensgründers: *Nicht bullierte Regel* 12; *Bullierte Regel* 11; *Legenda Maior* V, 5.

b Dass dies bei allen „Sonderfreundschaften" als Gefahr auftritt, und nicht nur in der Beziehung zu Frauen, erwähnt I, Kapitel 41.

dich beten. Sie wiederum gerät in Aufregung, wenn du eine andere freundlich grüßt, oder wenn es einige Zeit dauert, bis du sie wieder siehst oder einen Gruß sendest. Dann macht sie dir Vorwürfe, du würdest eine andere mehr mögen als sie und weniger für sie beten, und ist zornig. Vieles derartige ereignet sich dann, wirklich sinnlose Verwicklungen! Kein guter Mensch, auch nicht ein Mensch in der Welt, und noch viel weniger ein Ordenschrist darf sich in so etwas einlassen oder sein Herz davon in Beschlag nehmen lassen. Denn das Gebet von solchen Personen kann einem Menschen nicht so viel Nutzen bringen wie die Besetztheit seines Herzens ihm Schaden bringt, weil dadurch der geistliche Eifer behindert wird. Ein Gebet, das mit einer so fleischlichen Zuneigung verquickt ist, findet bei Gott wenig Gefallen.

2. Dass eine solche Zuneigung zum großen Teil fleischlich ist, kann man an folgendem sehen: Dass die andere Person dich lieber weniger vollkommen haben will, dafür aber in der Nähe, so dass sie dich gewissermaßen greifbar hat, als in größerer Vollkommenheit, aber entfernt von ihr. An welchen Kennzeichen eine geistliche Liebe von einer fleischlichen unterschieden werden kann, übergehe ich für jetzt; es würde uns zu sehr aufhalten.[a] Das soll für jetzt genügen: Willst du Frieden haben im Herzen mit Gott und einen guten Ruf unter den Brüdern, dann unterbinde alle spezielle Vertraulichkeit mit Frauen, habe Wertschätzung für alle guten und frommen Frauen insgesamt, und behandle keine von ihnen grob.[b] Diejenigen, die besser sind, ehre in deinem Herzen höher, weil die Gnade des Heiligen Geistes in ihnen reicher ist. Doch gib dich nur kurz mit ihnen ab, grüße sie freundlich, wenn es sich ergibt und du nicht ausweichen kannst, und empfiehl dich ernst und aufrichtig ihren Gebeten. Wenn sie die Unterscheidungsgabe besitzen, wirst du ihnen gerade dadurch gefallen. Wenn sie aber zudringliche Personen sind, dann ist es um so besser, wenn du dich mit ihnen nicht abgibst. [...]

a Sieben Kennzeichen werden aufgeführt in Buch III, Kapitel 35.

b oder: ziehe dir die Erbitterung von keiner zu.

Kapitel 25: Die Freiheit des Herzens hüten; sich den Oberen unterordnen

Sei also Hüter und Herr deiner selbst, und gib niemandem Macht über dein Herz außer Gott und deinem Oberen um Gottes willen. Du sollst so ungehindert und frei von allem sein, was dich in Beschlag nehmen oder deinen Willen fesseln könnte, dass du niemals deinem Oberen in den Ohren liegst um irgendwelche Erlaubnisse – etwas zu tun, oder auszugehen, oder etwas wegzugeben oder anzunehmen. Vertrau dich seinem Urteil in solcher Freiheit an[a], dass er dir ohne Sorgen sagen kann: Tu dies, lass das – und du dann ohne Murren im Herzen und ohne Widerstreben es tust oder unterläßt. [...] Wenn du ihm mit Ungeduld zusetzt, bis er dir willfahrt, hast du kein Verdienst des Gehorsams. In diesem Fall trittst du „nicht durch die Tür", die Christus ist, „in den Schafstall" des heiligen Ordenslebens! Denn Christus „kam nicht, seinen Willen zu tun, sondern den seines Vaters" (Joh 10,1.9) Du wärest „ein Dieb und Räuber": ein Dieb, weil du etwas, was dir nicht mehr gehört, nämlich deinen Eigenwillen, den du deinem Oberen übereignet hast, gegen seinen Willen wieder beanspruchst, und ein Räuber, weil du durch dein Beispiel andere einfache Brüder auf den schlimmen Weg mitziehst.

Kapitel 26: Zusammenfassung

Um alles vorher Gesagte zusammenzufassen: Sei stets innig zu Gott gewandt und halte dein Herz, so gut du kannst, in seiner Gegenwart. Sei in Demut gehorsam gegenüber deinen Vorgesetzten, hege keinen Groll gegen sie, verachte sie nicht, richte nicht über sie, murre nicht gegen sie. Sei friedenstiftend gegenüber deinen Brüdern, duldsam bei harten Worten oder

a *libere committas suo arbitrio:* Die Haltung des Gehorsams ist *frei.* Umgekehrt entwickelt die Verantwortung des Oberen ihre Fruchtbarkeit, wenn dieser *secure*, d.h. ohne Sorgen, wie es der Untergebene aufnehmen wird, einen Auftrag erteilen kann.

Tadel. Fälle kein schnelles Urteil über jemanden und sei nicht argwöhnisch. Sei willfährig vor allem gegenüber den Kranken und bei niedrigen Diensten. Bete möglichst oft. Wahre im Chor die Disziplin und richte deinen Sinn auf Gott. Was Speis und Trank und die Bedürfnisse des Leibes betrifft, verbinde Maß mit Unterscheidungsgabe. Sei gern in deiner Zelle. Fliehe müßige Worte. Sprich offen, bescheiden und freundlich, ganz wahrhaftig. Deine Worte seien wie ein Schwur. Schmähe niemanden und höre niemanden an, der andere schmäht. Hege gegen niemanden Hass. Sei nicht aufgeblasen in Wort oder Benehmen. Verabscheue Geld. Liebe die Armut. Suche keinesfalls die Nähe von Frauen. Habe Mitleid mit den Bedrängten, sei in allen Dingen keusch.

II. TEIL
Zwanzig Schritte des Tugendlebens[a]

Wenn du geistlich Fortschritte machen und das werden willst, wozu du in die Schule der Tugenden, das heißt: in den Orden eingetreten bist, dann gib acht, dass du nicht jenen Schülern ähnlich wirst, die lange Zeit in der Schule bleiben, viel Zeit und Geld nutzlos vertun und mitnichten etwas lernen. Du solltest vielmehr dieses Kompendium vor Augen haben; nach der darin gegebenen Richtschnur gestalte dein Leben und dein Verhalten, und setze Eifer und Zeit dafür ein.

Kapitel 27: Sieh zu, dass du stets einen guten Lehrmeister hast

Ganz besonders solltest du stets einen Führer oder Lehrer (Meister) haben, der dich das soeben Dargelegte mit Wort

a Der Teil II des 1. Buches bekam in manchen Codices eine eigene Überschrift: „Zwanzig Schritte *(Viginti passus)*, betreffend die Tugenden guter Ordensleute, gerichtet an Novizen". In einigen Codices fehlt dieser Teil. Vermutlich ist er eine spätere Zufügung.

und eigenem Beispiel lehrt – und wenn es dir nicht gegeben ist, einen solchen zu haben, dann sollst du dir selbst Lehrmeister sein. [...] „Ein Knabe, der seinem eigenen Willen überlassen wird", das heißt: dem kindischen Leichtsinn, „macht seiner Mutter Schande" (Spr 29,15), das heißt: dem Orden. Daher kommt diese schmachvolle Unordnung in so vielen Orden, dass noch unreife Geister sich selbst überlassen bleiben, ohne dass sie ein Zügel vom Schädlichen zurückhielte, ohne Rute, die sie zum Heilsamen antriebe. Der Grund liegt entweder in der Gleichgültigkeit der Älteren oder in einer Nachsichtigkeit, die Schaden anrichtet (jedoch mögen sich die Magister vorsehen, dass sie nicht zartere Seelen durch eine strenge Zurechtweisung brechen). Sie verhalten sich wie ein törichter Arzt, der es zuläßt, dass der Kranke, der ihm zur Heilung anvertraut ist, Schädliches isst, nur um ihn nicht zu betrüben, wodurch seine Krankheit noch schwerer und langwieriger wird. Und wenn man in einem Fall Übertretungen und Laster übersieht, dann wird er von anderen als Präzedenzfall benützt, so dass sie sich ebenfalls solche Dinge ungestraft erlauben dürften, die bei anderen augenscheinlich geduldet werden.

Kapitel 28: Warnung vor falscher Freizügigkeit[a]

Die falsche Freiheit zieht schließlich immer weitere Kreise; es kommt so weit, dass das, was augenscheinlich von den meisten praktiziert wird, wie Recht und Gesetz des Ordens verteidigt wird. Sollte einer das Gegenteil sagen oder sich gar unterstehen, seine Ansicht mit Argumenten zu vertreten, muss er sich den Vorwurf der Eigenbrötelei und der Übertreibung gefallen lassen. Er wird als Spinner verlacht, der gleichsam einen neuen Orden und ungewohnte Sitten ein-

a *Mala libertas.* Ein sehr aufschlussreiches Kapitel über die Parteienbildung in einem Konvent: ungeliebte Mahner, denen ihre (laxen) Gegner den Vorwurf der Übertreibung oder Eigenbrötelei machen; die Mehrheit ist zwar guten Willens, möchte aber am liebsten nicht behelligt werden.

führen wolle; von allen wird er als lästig empfunden und hat bittere Verfolgungen zu erdulden, als ob er aus Vermessenheit und ohne Überlegung die Handlungen der anderen beurteile. Die Leute mit verdrehten Anschauungen, welche die Wege Gottes verlassen, fürchten nämlich, dass diejenigen, die eifrig für die Ordenszucht und die Gerechtigkeit eintreten, viele andere auf ihre Seite ziehen könnten, wenn man sie gewähren ließe, und dass schließlich auch sie selbst allmählich zur Einhaltung der Regel gezwungen werden könnten. Deswegen suchen sie mit ganzem Einsatz zu verhindern, dass es so weit kommt; sie verjagen und unterdrücken diejenigen, die den Orden wieder in den rechten Zustand bringen wollen, unter dem Vorwand, Eigenbrötelei müsse ausgerottet werden. Wenn dies nun wieder andere mitbekommen, denen solches zwar missfällt, Leute, die einen Funken guten Willens haben, der aber schwächlich ist, dann verfallen sie in Schrecken und bemühen sich eher, denen gleichförmig zu werden, die offensichtlich die zahlenmäßig stärkere und einflussreichere Partei bilden, als dass sie mit den anderen zusammen Schwierigkeiten und üble Nachrede in Kauf nehmen wollten (Jes 59,15). Das haben wir alles schon erlebt beim Schwarzen Orden[a] und bei anderen. Ach möge es niemals geschehen, dass unser Orden in einen ähnlichen Zustand gerate!

Kapitel 29: Bist du schlechter geworden seit der Zeit deines Eintritts?

1. Wer mit dem Feuereifer in den Orden eingetreten ist, nicht für alles, was die Welt ihm hätte versprechen oder geben können, mit ihr verdammt werden zu wollen, wer nicht wegen Reichtum, Ehre oder Genuss, nicht wegen der Liebe zu Freunden noch der Liebe zu seinem eigenen Leib gezögert hat, sich um Gottes willen dem Kerker der Buße zu überantworten, der soll jetzt nicht weniger edel sein als er damals war, und nicht um des Geredes der Menschen willen

a Das heißt, den Benediktinern.

den Weg Gottes verlassen – den zu betreten ihn doch weder Drohungen noch Schmeicheleien abhalten konnten! Solltest du dich fürchten, als „besonders" aufzufallen und deswegen anderen verhasst zu sein, so sollst du wissen, dass keiner der Heiligen im Himmel einer besonderen Herrlichkeit teilhaftig wird, wenn er sich nicht auf Erden unter den Menschen um besondere Heiligkeit des Lebens bemüht hat. Ich meine damit die Besonderheit der Tugenden, nicht die Beobachtung von Ordnungsvorschriften,[a] die für die Tugend nur geringen oder gar keinen Nutzen haben. Streben nach Heiligkeit besteht in folgendem: Jede Sünde und jedes Ärgernis vermeiden, soweit es an einem selbst liegt, in Demut nach allen Tugenden zu streben und die Vertrautheit mit Gott in der Hingabe des Herzens zu suchen.

2. [...] Wir müssen ja für die Gerechtigkeit ebenso wie für den Glauben nicht nur Spott und Verachtung auf uns nehmen, sondern auch bestimmte Verfolgungen und den Tod (wie die Heiligen vor uns gelitten haben und die Heiligen der Endzeit sie erleiden werden), bevor wir den Glauben verleugnen oder die Gerechtigkeit durch Sünde verlassen dürften. So sollen wir jetzt an kleinen Dingen lernen – an den kleinwinzigen Verfolgungen durch Gerede und Spott –, Böses so zu ertragen, dass wir in Geduld siegen können, auch wenn schwerere Kämpfe für Christus auf uns warteten. Wer von einem leichten Hauch aus der Bahn geworfen wird, wie soll der fest stehen, wenn ein Gewittersturm losbricht? Das hab ich gesagt, um dein Herz schon vorweg zu festigen gegen Leute, die dich vom Tugendstreben wegziehen wollen; denn Leute, die solch ein Streben in sich selber nicht lieben, die können es bei anderen, die mit ihnen zusammen leben, kaum ertragen ohne sich aufzuregen. Ebensowenig wie die anderen ihre schlechten und schädlichen Gewohnheiten unseretwegen aufgeben, dürfen wir unsere guten und nützlichen Bemühungen ihretwegen wegwerfen. Denn wenn sie zum ewigen Le-

a *Caeremonialia.* S. u. III, Kapitel 29: Diese Regelungen sind nur „Mäntel" der Tugend, nicht diese selbst.

ben gelangen wollen, müssen sie mit uns auf dem Weg Gottes gehen, nicht auf dem ihren.

Kapitel 30: Meide Müßiggang, halte die Sinne in Zucht

Das Kapitel beinhaltet eine erneute Mahnung, sich nicht gedanklich mit Dingen zu beschäftigen oder aufzuhalten, die dem geistlichen Fortschritt nicht nützen, sondern nur Unruhe im Herzen verursachen.

Kapitel 31: Halte oft geistliche Lesung und Betrachtung, mehre deine guten Werke

Trage im Gedächtnis stets einen Gedanken mit dir, über den du betrachtend nachdenken kannst, und sei bestrebt, den Blick deines Geistes möglichst an Gott festzumachen, wie es der Prophet lehrt: „Ich habe den Herrn beständig vor Augen, er steht mir zur Rechten, ich wanke nicht“ (Ps 15,8). Dadurch bleibt das Herz bei sich und entfernt sich nicht von sich selbst, nämlich durch leere Lustigkeit oder unvernünftige Traurigkeit. Wir werden in dieser Welt gleichsam wie auf einem Meer von Stürmen und Unwetter hin und her geworfen; und wer nicht möchte, dass das Schiff seines Herzens birst, in den Fluten versinkt oder durch den Sturmwind strandet, der mache es sich zur Gewohnheit, sein Herz durch die Taue guter Gedanken an dem unwandelbaren Felsen zu befestigen: „der Fels aber ist Christus“ (1 Kor 10,4). Das Tau aber solltest du aus drei Seilen winden, damit es keinesfalls leicht reißt: lies andächtig die Heilige Schrift, bete häufig und aus tiefstem Herzen, und vollbringe in Demut gute Werke.[a] Die Lesung gibt dir den Stoff oder das Saatgut guter Gedanken; das Gebet gießt die Saat und kräftigt sie, es erleuchtet nämlich das Herz, damit es Einsicht gewinnt, und salbt die Willenskraft,

a Gewissermaßen ein Kommentar zum benediktinisch-monastischen Dreiklang *ora – lege – labora.*

damit sie zum Verkosten gelangt.[a] Das gute Werk, vor allem wenn es mit dem Fett der Liebe[b] und des Gehorsams oder einer anderen Tugend gewürzt ist, macht das Gewissen froh und verleiht zuversichtliche Hoffnung auf Gott. Und auch wenn die Aktivität für eine gewisse Dauer die ruhige Innigkeit unterbricht, so wird diesem Menschen doch später eine noch größere Innigkeit und die Gnade der Reinheit eingegossen werden.

[Kapitel 32: Verjage eitle und üble Gedanken[c]]

Kapitel 33: Zwei Dinge, die du im Blick auf dich selbst meiden musst

1. Hüte dich, etwas nur deswegen zu tun, damit du bei anderen Beachtung findest, das heißt, weil du Ehre suchst durch dein Gebaren, Stimme, Rede oder Taten; denn das ist Eitelkeit und Sünde. Und während du glaubst, den anderen zu gefallen, missfällst du ihnen womöglich; sie beurteilen dich als einen, der nach eitlem Ruhm giert. Oder aber sie nehmen vielleicht gar nicht wahr, was du machst, und all deine Bemühungen sind umsonst und eitel [...].

2. Auch soll deinen Geist nicht übertriebene Scheu lähmen, hinsichtlich der Dinge, die du vor den Menschen tun sollst: sprechen, singen, oder etwas anderes. Versuche, vor ihnen so frei zu sein, als wären sie nicht da. Und wenn du innerlich

a Diese Passage erinnert an die geistliche Theologie des 12. Jh.s., etwa Hugos von St. Victor, ebenso an Bonaventura: die Erkenntniskraft *(intellectus)* erhält durch Betrachtung und Gebet Einsicht, „Licht" *(intelligentia, lumen);* die Willenskraft oder das Strebevermögen *(affectus)* gelangt zum „Verkosten" *(gustare)* der eingesehenen Wahrheit. Wie die Erfahrung der Erkenntnis mit dem Symbol des „Lichtes" und häufig des Gesichtssinnes umschrieben wird, so die Erfahrung im Bereich der Liebe oder des Willens als „Wärme", „Geschmack" oder auch „Salbung" (des Hl. Geistes).

b *pinguedo:* „Wie an Fett und Mark wird satt meine Seele" (Ps 62,6).

c Siehe dazu unten II, Kapitel 49 n. 1; III, Kapitel 21 und öfter.

vor Scham glühst, unterdrücke dies nach außen hin; denn je mehr du durch deine Scham auffällst, desto mehr beachten sie dich, und desto mehr wirst du dich schämen. Es ist offensichtlich ein Zeichen von Hochmut, sich allzusehr zu schämen wegen Mängeln, die uns die Natur mitgegeben hat – zum Beispiel wegen einer unschönen körperlichen Gestalt oder wegen einer wenig wohlklingenden Stimme etc. Wegen des ärmlichen Gewandes oder der Akte des Gehorsams jedoch zu erröten, ist bei einem armen Ordenschristen ein ziemlich schwerer Fehler und ein Ärgernis.

Erröte vielmehr, wenn Gott beleidigt wird, oder wenn ein Mensch Ärgernis erleidet. Vor deinen eigenen Augen erröte wegen deiner Sünden: der Lauheit im Dienste Gottes, der Vernachlässigung des Guten, das du hättest tun können und sollen, dass die Zeit vergeht, und du keinen Fortschritt in der Tugend machst. Erröte über deine Heuchelei: dass du nach außen besser erscheinen willst als du vor deinen eigenen Augen bist; dass du deine Charakterschwächen verbirgst, nicht aus Furcht, anderen Schaden zuzufügen, sondern aus Furcht, ihr Gefallen und ihre Wertschätzung zu verlieren. Und schäme dich, dass du so gern das, was an dir gut ist, die Menschen sehen lassen willst, damit sie daraus schließen sollten, du habest im verborgenen noch viel mehr und größere Vorzüge, von denen nur ein bisschen etwas hervorleuchtet – natürlich sehr zu deinem Schmerz! Dass es fast niemanden gibt, mit dem du so ein Herz und eine Seele bist, dass du wirklich möchtest, er kenne dich so, wie du dich selbst kennst; dass es auch vorkommt, dass du zuweilen in der Beichte zwar nicht wagst, deine Sünden zu verschweigen, aber doch gerade diejenigen Verfehlungen, von denen du besonders fürchtest, sie könnten dich in ein schlechtes Licht rücken, so mit Worten verpackst und beschönigst, dass sie weniger beschämend erscheinen. Oder umgekehrt: Wenn du vielleicht offener bekennst, dass du dir dann etwas einbildest und in den Augen des Beichtvaters heiligmäßig erscheinen möchtest – als jemand, der sich vor lauter Demut im Bekenntnis mehr als notwendig anklagt. Erröten sollst du auch darüber, dass du Versuchungen, besonders fleischlichen, so halbherzig Widerstand leistest [...].

3. Das ist doch einfach verkehrt, wenn du derartige Versuchungen, die du wie schmutzige Fliegen leicht vertreiben könntest, aus lauter Nachlässigkeit wachsen und hitziger werden läßt, bis sie immer gefährlicher geworden sind, sich nur mehr schwer überwinden lassen und das Gewissen immer öfter durcheinanderbringen. Verkehrt ist es auch, dass du so halbherzig bist in dem, was Gott betrifft – die Tugenden und das Bemühen, innig an Gott zu denken. Die Scham vor Menschen presst dir mehr ab als die Liebe zu Gott! Verkehrt ist es, dass du so undankbar bist für seine Wohltaten. [...] Verkehrt ist, das, was deine Pflicht wäre, zum Beispiel das Stundengebet, so nachlässig und halbherzig zu vollziehen, dass du nicht zu hoffen brauchst, dir damit ein Verdienst zu erwerben, im Gegenteil: Strafe verdienst du. Denn selbst wenn du die Worte irgendwie aussprichst, ist dein Herz ganz woanders und dein Empfinden kalt, weder den Sinn der Worte bemerkst du, noch hast du die Empfindung der innigen Ausrichtung auf Gott. Man wird beim Beten immer schneller und die Worte rinnen dahin – man kann nur wünschen, dass nicht allzu viele auch noch ausgelassen und übersprungen werden – wenn du nicht achtgibst, was du sprichst, ob du es überhaupt ausgesprochen hast oder nicht, falls dir nicht gerade noch beim Nachklang am Schluss der Gedanke kommt, du müsstest das doch gerade gesprochen haben. Gott sieht zwar über unsere Nachlässigkeiten in Geduld hinweg, aber er verabscheut sie dennoch. [...] Verkehrt ist es, wenn du auf alles, was die Bequemlichkeit deines Leibes angeht, so eingehend bedacht bist, was aber deinen geistlichen Fortschritt, die mitbrüderliche Liebe, den Gehorsam gegenüber dem Oberen und die Einschränkung des Körpers angeht, so zögerlich bist. Und dazu kommt noch, dass du diese und ähnliche Fehler in dir bemerkst, aber weder erschrickst, noch dich schämst, dich nicht genau prüfst und nicht besserst. Als

ob Gott dich anders behandeln würde als alle anderen, und das Böse, was du an dir nicht bessern willst, nicht strafen, und dich für Unterlassung des Guten belohnen würde. Über solche Dinge also erröte innerlich! [...].

4. Dies und vieles andere erkenne ich in mir selbst ganz klar. Ich empfinde Scham und Schmerz, aber nicht so tief, wie ich sollte; und deswegen bessere ich mich auch nicht so, wie ich könnte und es gut für mich wäre. Aus der Erfahrung mit mir selbst erkenne ich, dass diese Dinge auch in meinem Mitmenschen möglich sind. Daher möge ein jeder sich selbst beurteilen: wie er ist, und wie er sein sollte. [...]

Kapitel 34: Zwei Dinge, die du im Hinblick auf andere meiden musst

1. Vermeide es, andere Menschen neugierig zu beobachten und auszuforschen: was sie für ein Gesicht zeigen, was sie für Eigenschaften haben, welches Benehmen sie an den Tag legen und welche Gestik, was sie tun und reden, welche Aufgaben sie haben. Wenn es nicht zu deinen Pflichten gehört, dich darum aus irgendeinem nützlichen Grund zu kümmern, dann übergehe solches, [...], und lass dir keinesfalls Auge oder Herz in Beschlag nehmen.

Urteile nicht über andere – wie sie sind oder sein könnten, wie ihr Geist beschaffen ist, was für Verdienste sie haben, welche Sitten etc. Denn solche Überlegungen sind sinnlos, oftmals falsch, ja vermessen.[a] Noch dazu machen sie das Herz unruhig und manchmal beflecken sie es; das Gewissen wird verletzt und gute Taten unterbleiben, weil man mit derartigem die Zeit vergeudet. Wenn du von jemandem etwas siehst oder hörst, was dir nicht gefällt, dann übergehe es und vergiss es möglichst rasch, überlass es ihm selbst und Gott. Das gilt vor allem, wenn du nicht sein Magister bist und nicht die Pflicht der Zurechtweisung hast, wenn du nicht in besonderer

a Siehe dazu unten II, Kapitel 1, n. 4.

menschlicher Nähe zu der Person stehst, und wenn es keine Notwendigkeit gibt, den Fehler aufzudecken.

2. Habe Mitleid mit denen, die sündigen, wie du Mitleid hättest mit Schiffbrüchigen im Seesturm – ist es doch weit schlimmer, in der Hölle zu versinken als auf dem Meeresgrund. Bete für sie und weine, wenn du Tränen hast; dadurch wird dir gewährt, vor einem ähnlichen Schiffbruch bewahrt zu bleiben. „Selig die Barmherzigen" (Mt 5,7), denn ihrer wird sich Gott erbarmen, so dass sie aus allem Elend befreit werden.

Schau auf die Bedrängnis der Elenden mit dem Blick herzlichen Mitleids [...] und wenn du ähnliches zu erleiden hast, wird es dir im Vergleich dazu leichter vorkommen. Denke bei dem, was du siehst, auch an die Leiden, Mühsal und Schmerzen und die vielfache Armut Jesu Christi: „Obwohl er reich war, wurde er für uns arm, damit wir durch seine Armut reich würden" (2 Kor 8,9) an himmlischen Gütern.

Kapitel 35: Drei unter Menschen häufige Fehler

Es gibt drei Unarten, die ziemlich verbreitet sind: Erstens die Neigung, alles zu tadeln, was man an anderen sieht und nicht nach dem eigenen Geschmack ist.

Zweitens die Schmeichelei, mit der man sich gegenseitig schöntut: Man lobt, lächelt, fragt, wie es dem andern geht – obwohl es einen nicht im geringsten kümmert, ob es dem andern gut geht –, man erweist überflüssige Ehren etc. Wobei in all dem kein Nutzen liegt, und man tut es auch nicht aus Zuneigung, sondern aus Konvention, und damit man Sympathie findet.

Drittens, Eigenlob. Denn das, was wir tun und sagen, empfinden und wissen, gefällt uns, und wir ziehen es den Taten anderer vor – wenigstens denken wir insgeheim so. Wir sind ungehalten, wenn jemand uns nicht bewundert, und denken, er habe kein gutes Urteil; und wir freuen uns, wenn wir gelobt werden. Und manchmal, wenn wir uns selbst anklagen und demütigen, tun wir das nicht ganz reinen Herzens; wir möchten vielmehr den anderen dadurch herausfordern, uns doch zu loben – denn er kann ja wohl hoffentlich nicht ertragen, dass wir uns selbst tadeln, was ja gerade lobenswert ist! Manchmal handeln wir so, um für demütig gehalten zu werden – damit wir wenigstens dadurch Gefallen finden, wenn wir schon sonst nichts Wohlgefälliges aufzuweisen haben. – Wer von diesen drei Lastern frei ist, der wird sich großer Reinheit und Ruhe erfreuen, wie ein Gedicht sagt:

„Sei weder jemand, der gern tadelt,
noch einer, der schmeichelt,
und liebe es nicht allzusehr, dein Lob zu hören:
Dann wird deine Seele lauter sein und ruhig."
„Esse reprehensor, adulator, laudis amator
Noli, sic pura tibi mens erit atque quieta."

Kapitel 36: Strebe nicht nach dem Besitz ausgefallener Dinge

Strebe nicht danach, seltene Gegenstände zu besitzen: Bilder, kleine Tafeln, Taschentüchlein, Paternoster und ähnliches. Du sollst derartige Dinge weder annehmen noch verschenken. Sie nehmen viel Platz in deinem Herzen ein; unseren Novizenmeistern gefällt das gar nicht; und sie geben dir ein besonderes Ansehen unter den Brüdern. Oft werden solche Dinge ohne Erlaubnis angenommen oder leichtsinnig verschenkt, weil man sich schämt, immer wieder deswegen zum Magister zu gehen. Wohlriechende Gewürze sollst du nicht besitzen, außer du kannst aus offenkundiger Notwendigkeit ohne sie nicht auskommen.[a] Wer all solche Besonderheiten nicht braucht, ist glücklicher, denn er ist befreit von Gelegenheiten zur Zerstreuung. Wenn du aber bestimmte Dinge, wie Bücher für das Studium und Schreibzeug, haben möchtest, dann sammle nichts Überflüssiges und auch nichts Ausgefallenes, sondern sei zufrieden mit dem Notwendigen, nach

a Gesundheitliche Gründe, vermutlich.

Anzahl und Wert. Dein Habit und deine Kleider seien schlicht und nicht geschniegelt. Auch der Leib, deine Gesten und alles, was man äußerlich sieht, sei einfach und sauber. [...]

Kapitel 37: Mach dir nicht zu viele Sorgen, wie Menschen dich beurteilen[a]

1. Strebe danach, dass das Urteil von Menschen dich nicht erschüttert; weder soll dich ihre Gunst entzücken, noch ihre Verachtung in Traurigkeit versenken. Denn das Urteil der Menschen ist oftmals blind, erkennt die Wahrheit nicht und täuscht sich gar oft. Du wirst nicht dadurch lobenswerter, dass dich ein Mensch lobt, noch wirst du dadurch weniger wert, dass jemand über dich schimpft. Töricht ist, wer sich abmüht, um einem Toren zu gefallen. Denn ebensowenig wie ein Blinder Farben unterscheiden kann oder ein Tauber Töne, kann ein Mensch ohne Weisheit den Wert von Verdiensten messen.

Falls du etwas Beachtliches zu tun hast – zum Beispiel zu predigen –, dann quäle dich nicht mit Befürchtungen, wie du das zum Wohlgefallen der Menschen erfüllen sollst, sondern rufe die Hilfe Gottes an, und dann tu das, worin du Gottes Wohlgefallen erkennst. Wenn die Sache gut gelingt, dann danke Gott, der dir beigestanden ist, und bilde dir nichts darauf ein, sondern denke: Gott habe dir diese Gnade nicht so sehr um deinetwillen zuteil werden lassen, als vielmehr wegen der Gebete und Verdienste deiner Mitmenschen[b]. Sollte es weniger gut gegangen sein, dann sollst du nicht in Aufregung geraten oder vor Scham vergehen, sondern ebenfalls Gott Dank sagen, dass er dich vor Überheblichkeit beschützt. Ob es gut oder weniger gut gegangen ist, nimm danach in-

a Thema ist speziell die Sorge, in der pastoralen Tätigkeit, sofern sie äußerlich sichtbar ist, nicht „anzukommen". Als einen Grund für diese Ängstlichkeit nennt David die innere Abhängigkeit von der Wertschätzung und Sympathie anderer.

b Ein Beispiel für die „Amtsgnade": sie wird demjenigen, der ein Amt oder eine Aufgabe zu erfüllen hat, im Hinblick auf die anvertrauten Menschen gegeben.

nerlich wie äußerlich sogleich eine Haltung ein, als habest du das gar nicht getan. Wer will, soll dich loben; und wenn dich jemand verachtet, was hat das mit dir zu tun? Schweige einfach; unsere ganzen Entschuldigungen und Verteidigungen, wenn wir etwas Größeres tun müssen, haben ja sehr oft das Ziel, der Verachtung oder dem Vorwurf, wir nähmen uns damit zu viel heraus, die Spitze zu nehmen.

2. Aufrichtiger und demütiger scheint es zu sein, wenn man einfach tut, was getan werden muss – sei es im Gehorsam, sei es, weil die Liebe dazu drängt. Wenn es anderen gefällt – gut. Wenn nicht – was verlierst du? Wenn du zu predigen hast, oder ähnlich ehrenvolle Aufgaben zu erfüllen, dann besteht dein Gewinn in der Frucht deiner Mühen, wenn es gut geht. Wenn es weniger gut geht, gewinnst du ein Verdienst aufgrund der Verdemütigung – wenn du sie annimmst. Und die Leute, denen du nicht gefallen hast, werden dich in Zukunft weniger drängen, solche Aufgaben zu übernehmen.

Wir sind alle, jeder einzelne, gewissermaßen dem Anderen ausgesetzt: zu Gefallen oder Missfallen. Es steht nicht in meiner Macht, dir zu gefallen, das liegt vielmehr in deiner Entscheidung und hängt von deiner Neigung ab; ich kann das nicht bewirken. Wenn ich mich noch so anstrenge, dir sympathisch zu sein, werde ich vielleicht gar nichts erreichen; denn sonst würde dein Urteil beeinflusst. So sehe ich in dieser Angelegenheit keine bessere Lösung, als dass man allein Gott zu gefallen trachtet, und sich bemüht, dem Mitmenschen kein Ärgernis zu geben oder ihn wissentlich grob zu behandeln. Ob man den Mitmenschen gefällt oder nicht, soll man in Demut und Geduld Gott anheimstellen: „Mir allerdings macht es nichts aus, wenn ich von euch beurteilt werde“ (1 Kor 4,3).

Wenn dich Menschen schätzen, dann schreibe es ihrer Güte zu, nicht deiner Bewährtheit. Wenn dich manche nicht schätzen, dann schreibe es dir zu, weil du nicht so gut bist, und denke: Wenn du ihnen schon wegen solch einer Kleinigkeit missfällst, die nur äußerlich sichtbar ist, was wäre, wenn sie dich durch und durch kennen würden, samt allen Lastern und Sünden und Schmachvollem? Ein Wunder, dass sie dich nicht hinaustreiben und steinigen...! – Ich spreche von mir. Niemals bin ich von den Gläubigen so verachtet worden, wie ich es in Wahrheit verdient hätte. Darum darf ich nicht empört sein, wenn ich ab und zu Verachtung erfahre. Ich sollte mich eher wundern und es für eine Wohltat Gottes halten, dass ich nicht allen zuwider bin.

Kapitel 38: Lass dich nicht erschüttern, wenn Menschen dich schmähen

Wenn du merkst, dass man schlecht von dir redet, dann lass dich nicht erschüttern. Wenn es wahr ist, dann ist es nicht so unpassend, dass die Leute von deinen Taten reden. Wenn es aber nicht wahr ist, dann schadet dir ihr Gerede nicht: Wenn du weiß bist, und jemand sagt, du seiest schwarz, was würde dir das ausmachen? Du wärest das, was du bist, und nichts anderes. [...] Wenn du dich aber spontan darüber aufregst und dich zornige Unduldsamkeit packt, dann dränge den Zorn zurück, halte ein wenig aus, wie jemand, der das Brenneisen oder das Messer des Chirurgen spürt. Denke, welchen Nutzen die Geduld bringt, und bald wirst du dich fangen und es wird dir besser gehen.[...][a]

a Hier wäre freilich anzumerken, dass der gute Ruf eines Menschen, auch der eigene, ein hohes Gut ist, und es nicht mit Gleichgültigkeit hingenommen werden kann, wenn dieser missachtet oder zerstört wird. Wäre das belanglos, so würde David nicht an anderer Stelle aktive üble Nachrede als schwere Sünde brandmarken. Auch kann man nicht einfach sagen, dass die irrige Meinung oder Verdacht anderer Menschen mit bloßem Gleichmut zu betrachten sei. Allerdings, und darum geht es David hier offensichtlich, gibt es Gerede, gegen das man selbst nichts unternehmen kann, wie Feindseligkeiten, die man nicht heilen kann (s. das folgende Kapitel 39). In diesem Fall muss man zu einer Haltung finden, die solches zu ertragen vermag, ohne den inneren Frieden zu verlieren.

Kapitel 39: Hege keinen Groll oder Hass in deinem Herzen

1. Hege gegen niemanden Groll im Herzen. Versuche, allen gegenüber ein gutgesinntes und friedfertiges Herz zu haben. Hasse niemanden deswegen, weil er dich beleidigt hat, oder wegen eines Lasters; denn sonst könntest du unter dem Mantel des Eifers für die Gerechtigkeit in ähnlicher Weise dem Laster verfallen. Wenn es aufgrund eines lasterhaften Lebenswandels unmöglich ist, mit einem Menschen Vertrautheit aufzubauen, so soll dir das Böse an ihm auf solche Weise missfallen, dass du das Gute nicht verabscheust, das in seiner menschlichen Natur liegt, und das Gute, das er durch die Gnade möglicherweise in der Zukunft besitzen wird. Viele Schlechte gibt es, die später gut werden. So muss man Hoffnung für alle Lebenden haben.

Jemanden, der dich hasst und schlecht über dich redet, und alles daran setzt, dich „fertig zu machen" und dir Schwierigkeiten zu bereiten, wirst du nicht dadurch überwinden, dass du zu den gleichen Mitteln greifst. Du wirst ihn nicht besänftigen, sondern herausfordern – wie man einen bellenden Hund durch Drohungen zum Beißen reizt, während er sich bald beruhigen und trollen würde, wenn man auf sein Gebell nicht achtete und weiterginge. Denn ein jeder Gegner beabsichtigt ja gerade dies: dass er dem anderen lästig sei und ihn herausfordere. Und wenn er sieht, dass du erbittert und beleidigt reagierst, hat er erreicht, was er wollte. Er wird dann um so mehr versuchen, dir eine Last zu sein, je mehr er den Erfolg seines Vorgehens sieht. Wenn er aber sieht, dass du es erträgst und vorbeigehst, als ob du es nicht merktest, wird er selbst zuschanden [...]; er sieht, dass er dich nicht aus der Fassung bringen kann, oder er geht sogar in sich und bessert sich aufgrund des Vorbildes, das deine Geduld ihm gibt.[a]

a Auch hier geht es offenkundig um das Verhalten von Mitmenschen, das man nicht aktiv beeinflussen kann. Denn es ist zu beachten, dass man nach der Regel der „brüderlichen Zurechtweisung" *(correctio fraterna)* verpflichtet ist, dem ungerechten Verhalten eines anderen auch gegen die eigene Person einen Riegel vorzuschieben. Ansonsten würde man sich, nach Augustinus, einer schweren

2. Sollte er derart verhärtet sein, dass er sich nicht bessert und nicht aufhört, dir zuzusetzen, lerne du, etwas für Gott zu ertragen. Der, welcher dir Schwierigkeiten macht, quält sich selbst mehr als dich: Er beißt und zerfleischt sich selbst im Hass gegen dich. [...] Habe Frieden in dir selbst, und die Bosheit eines anderen wird dir nicht schaden. Wenn er dir böse Worte entgegenschleudert, dann lerne, diese Worte als vorübergehenden Schall aufzufassen, wenn du nicht irgendeinen Gedanken der Auferbauung daraus ziehen kannst. Wenn sie aber nur Aufregung oder Entsetzen in dir auslösen sollen, dann seien sie für dich wie das Zwitschern der Vögel oder das Gebell der Hunde.

Gleich dich nicht demjenigen an, der dich schmäht, indem auch du über ihn schlecht redest: Gleichermaßen abscheulich ist das Laster der üblen Nachrede in ihm und in dir. Niemand schneidet sich selbst die Nase ab oder reißt sich die Augen heraus aus Hass gegen einen anderen. So begibt sich auch der weise Mensch nicht selbst seiner Würde, indem er Rache nimmt an seinem Gegner. [...] In der Profess auf die Regel des Ordens hast du versprochen, der Knecht Jesu Christi, unseres Meisters und Herrn, zu sein. Seine Lehre lautet: „die Feinde zu lieben, und die zu segnen, die uns hassen" (Mt 5,44). Wir sollen ihre Bosheit mit unserer Güte überwinden [....], wie auch er Böse zu Guten macht, indem er ihre Umkehr geduldig erwartet und sie mit Wohltaten zu sich zieht.

Sünde schuldig machen: Man würde nämlich die Sünde des anderen und damit die geistliche Gefahr für ihn verachten, was gegen die *caritas* ist. – Auch ist nicht von der Hand zu weisen, dass gerade Duldsamkeit zu immer größerer Unverschämtheit provozieren kann, und es mitunter ratsam ist, beizeiten eine Grenze zu ziehen, vgl. Thomas von Aquin, *In epistolam ad Ephesios* 2, l.2 n.87. David will jedoch vor allem darauf hinaus, dass das feindselige Verhalten eines anderen – vielleicht denkt er auch an pathologische Verhaltensweisen – im eigenen Herzen keinen Widerhall finden darf.

Kapitel 40: Bessere zuerst in dir selbst, was du an dem anderen tadelst

1. Verbessere in dir, was du an anderen tadelst, und bringe dir selbst bei, was du als nützlich für jedermann erkennst. Dein Feuereifer sei zuerst auf dich selbst gerichtet, dann erwärme auch die anderen. Das Feuer erwärmt ja auch zuerst die unmittelbare Nachbarschaft und dann die entfernteren Gegenstände. Sei dir selbst der Nächste, wenn es um die Besserung geht. [...] Manche verstehen viel davon, andere zu bessern und deren Leben in Ordnung zu bringen; aber in sich selbst lassen sie vieles unverbessert und geben sich auch nicht die geringste Mühe im Hinblick auf einen Fortschritt in der Tugend. Zuweilen träumen sie von einem anderen Lebensstand, von diesem oder jenem Amt oder einer besonderen Stellung: wie gut sie das dann machen würden. Den Stand und Zustand jedoch, in dem sie sind, nehmen sie nicht unter die Lupe und geben sich keine Mühe, ihn zu bessern. Manchmal gehen sie in sich – weil sie jemand mahnt oder aufgrund eines Vorfalles – und denken daran, sich bessere Ziele zu stecken. Aber sie machen sich dann keinen richtigen Plan, wie sie das bewerkstelligen wollen, oder sie halten ihr Vorhaben nicht durch, weil sie in die eingewurzelte Zerstreutheit und Lauheit zurückfallen.

2. Du sollst deiner selbst mächtig sein: Auf einen einzigen Wink der Vernunft hin solltest du die Gedanken deines Herzens ebenso wie die Bewegungen und Sinnesempfindungen deines Leibes von allem Schadenbringenden zurückziehen können und sie guten Beschäftigungen zuwenden. Augen, Hände, Zunge, Ohr und Gedanken halte gleichsam am Zügel, damit sie nicht unbekümmert frech herumstreunen und die Ordenszucht vergessen [...]. Menschen, die *verkehrte* Sitten angenommen haben, sind schwerer zu bessern als solche, die sich *noch gar nicht bekehrt* haben. [...].

Kapitel 41: Gewissenserforschung: Prüfe häufig deinen Zustand.

Prüfe dich oftmals selbst und überdenke deinen Zustand, dem Leibe und dem Geiste nach: Was noch fehlt, ob du zurückgeblieben bist oder Fortschritte gemacht hast, was deinen Fortschritt hindert, und welche Maßnahmen angebracht sind: Ob man einer Sache aus dem Weg gehen oder ihr Widerstand leisten muss, ob man etwas in die richtigen Bahnen lenken oder einfach ertragen muss. Sünden muss man von sich fern halten und sie fliehen, den Lastern muss man Widerstand leisten, eine Aufgabe oder eine Tätigkeit, die einem zuweilen hinderlich ist, muss man mit Unterscheidungsgabe so regeln, dass sie fruchtbar ist, Widrigkeiten muss man ertragen. [...]

2. Verlange nicht so sehr danach, geliebt zu werden; denn das bringt eine unruhige Zerstreutheit des Herzens mit sich. Die Person, von der du geliebt werden willst, der willst du auch gefallen; so mischt sich Schmeichelei und oft sogar Heuchelei mit hinein, damit du nur ja nicht in Ungnade fällst und weniger geliebt wirst, als du ersehnst und erhofft hast. Und durch diesen Verdacht kommt große Unruhe. Wenige Menschen sind ja in ihrem Empfinden, ihren Neigungen und ihren Sitten untereinander so harmonisch, dass es nicht irgendwann einmal einen Anlass zu einer Meinungsverschiedenheit gibt – was dann die Zuneigung gefährdet. [...] Vertraue dich Gott an, und sei voll Glauben um seine Liebe bemüht. Ob die anderen dich mögen oder nicht, überlasse ihrer Entscheidung und dem Willen Gottes. [...].

Der zweite Widmungsbrief des Autors

Bruder David grüßt die in Christus geliebten Brüder Berthold und alle Novizen in Regensburg und wünscht ihnen guten Fortschritt auf dem Weg Gottes, stetes Wachstum in der Tugend und in der besonderen Gnade.

Ich bin zwar dem Leibe nach fern von Euch, dem Herzen nach aber bin ich bei Euch. Ich wünsche sehr, dass Ihr die Anfänge des heiligen Lebens so fest gegründet habt, dass ich sichere Hoffnung haben darf, Ihr werdet es auch zur Vollendung bringen. Vor allem möchte ich, dass die Glut des Willens in Euch fortdauere, durch die Ihr bewegt wurdet, Euch von der weltlichen Welt zur Schule des Ordenslebens zu bekehren. Wenn jemand lange Zeit sich mit mancherlei Aufwendungen zum Hausbau gerüstet hat, und dann zur passenden Zeit sich vor Trägheit nicht aufraffen kann, Zeit und bereits Investiertes vergeudet, macht er sich in nicht geringem Maß der Nachlässigkeit schuldig, und es ist auch ein Anzeichen, dass jemand nicht mehr recht bei Verstand ist. Ebenso steht es mit jemandem, der den Vorsatz hatte, ein gutes Leben zu führen, bald aber im Ordensleben träge wird, die Bequemlichkeit des Leibes sucht und so manche Schlupfwinkel für den eigenen Willen, die man doch um Christi willen aufgegeben hatte, wieder beginnt aufzusuchen:[a] Das ist verkehrt, eine Schmach und ein nicht wieder gut zu machender Schaden. – Alles wahre Ordensleben ist auf zwei Dinge besonders ausgerichtet, die Übung der Tugenden und die innige Hingabe an Gott. Das eine bezieht sich auf die *vita activa*, das zweite auf die *vita contemplativa*. Das sind die beiden Frauen Jakobs: Lea war fruchtbarer, Rachel schöner. So sind die Taten der Tugend viele, die Erfahrung der innigen Gottesliebe aber ist süßer.

Die sechs Söhne, die Lea gebar, bezeichnen sechs Stufen des Tuns, in denen sich ein guter Ordensmann ständig üben

a *Loculi:* eigentlich „Geldbeutel"; die Schlupfwinkel für den Eigenwillen, die trotz des Gehorsamsversprechens wieder gesucht werden, sind vergleichbar einem geheimen, privaten Beutel bei jemandem, der Armut gelobt hat.

muss. Die erste Stufe sind Werke der *Buße,* wodurch der Leib dazu gebracht wird, dem Geist zu dienen – zum Beispiel Enthaltung von bestimmten Speisen, Nachtwachen, die körperliche Züchtigung und Ähnliches.

Auf der zweiten Stufe heißt es, die Regungen der *Laster zurückzudrängen:* beispielsweise den Stolz niederzuschlagen, den Zorn zu ersticken, den Neid aus dem Herzen zu verbannen, Wünsche zu vertreiben, die Habsucht hinauszujagen, die Genusssucht zu zähmen, die Unzucht zu verabscheuen, die Zunge zu zügeln. Diese Regungen werden dann am kräftigsten unterjocht, wenn sie am härtesten toben. Je stärkere Kräfte der Feind zusammengezogen hat, desto mehr wird er geschwächt, wenn er dann hinausgeworfen wird; und je heftiger eine Versuchung, desto glorreicher der Triumph.

Die dritte Stufe ist die *Übung der Tugenden* – der Ordenschrist ist dann gerne gehorsam aus Demut, er leistet dem Nächsten den einen oder anderen Dienst, den die Liebe fordert, er bleibt beharrlich im Gehorchen, im bescheidenen und sanftmütigen Sprechen, und er läßt nicht davon ab, in vielfältiger Hinsicht ein gutes Beispiel zu geben. Durch die Ausübung der Tugenden wurzeln nämlich die entsprechenden sittlichen Haltungen selbst tiefer in den Geist ein.

Die vierte Stufe besteht darin, allerhand *Widerwärtiges ertragen* zu lernen: Tadel, selbst wenn er ungerecht ist, Mangel an Speise, Kleidung, Unterkunft oder Büchern, Krankheit, Verspottung, Verachtung, Schmähung, üble Nachrede, Mühsal, Versuchungen, die verdrehten Sitten anderer Leute, Schmutz, Verfolgung, Kerker, Tod. Das sind die Würdezeichen der Geduld, und wer sie zu tragen sich weigert, zeigt, dass er kein Kämpfer Christi ist. Und am Tage des Gerichts, wenn jeder einzelne Heilige mit seinen Triumphzeichen zu sehen sein wird, wird jener ohne Ruhm dastehen und erröten müssen.

Die fünfte Stufe ist erreicht, wenn jemand *alle Gedanken, Herzensregungen und Absichten so in Ordnung* bringt, wie es der Maßgabe der rechten Einsicht entspricht, und alles Streben seines Willens auf die Tugenden ausrichtet. Das heißt: dass er nur das liebt, was Liebe verdient, und dass er es liebt in dem Maß, wie es jeweils Liebe verdient, dass er nur das fürchtet, was wirklich zu fürchten ist, was hassenswert ist, Hasst, was zu betrauern ist, betrauert, sich freut, worüber man zu Recht Freude empfinden soll; also in allen Dingen unter der Führung der Vernunft gleichsam eine natürliche und ruhige Bewegung vollzieht. Das ist eine Eigenschaft der Vollkommenen, oder derer, die wirkliche Fortschritte machen.

Die sechste Stufe besteht im *Eifer für die Seelen* und in der recht geordneten Glut für die Gerechtigkeit: In dieser Haltung wünscht der Mensch sehnlich, dass alle Menschen gerettet werden, und er setzt seine Kräfte dafür ein, den Mitmenschen zu Hilfe zu kommen, sie aus dem Schiffbruch zu retten, zu lehren, zu raten, zu ermahnen, zu trösten, Beichte zu hören, Leitung zu geben, zu überzeugen, durch ein gutes Beispiel zu ermutigen und auf verschiedene Weise „aufzubauen", aus Liebe zu Gott und um des Heils der Seelen willen. Nicht aber um des Lobes der Menschen willen, nicht wegen Ehrungen oder Geschenken, nicht, um in den Genuss der ein oder anderen Freizügigkeit im Ausgang oder im Verhalten zu kommen, nicht um der körperlichen Bequemlichkeit willen, und nicht um der Förderung von Freunden willen oder ähnlichem. Wer ein Amt, das mit irgendeiner Erhöhung verbunden ist, aus solchen Gründen erstrebt, ist des Amtes unwürdig, ja auch des Namens. Er sammelt keine Verdienste sondern Strafe, er wird keine Frucht bringen in anderen Menschen und ist kein Verkünder Christi, sondern seiner eigenen Person. „Wir aber verkündigen nicht uns selbst, sondern Jesus Christus unseren Herrn, uns aber als seine Knechte" (2 Kor 4,5)

Zweites Buch:
Regeln zur Neugestaltung des inneren Menschen – an die Fortgeschrittenen gerichtet.

Prolog

Ich habe die Vorträge, die ich über einen längeren Zeitraum für unsere Novizen und auch zuweilen für andere Ordensleute hielt, zum Teil zusammengestellt und zu einem zusammenhängenden Stoff geordnet: als „Regeln des geistlichen Fortschritts". Ich habe das aus drei Gründen getan: Erstens wollte ich den gleichen Novizen, für die ich bereits die „Regeln zur Formung des äußeren Menschen", nämlich hinsichtlich des Verhaltens im Haus und außer Hauses, geschrieben hatte, zu ihrem Fortschritt auch einige Kenntnisse über die Formung des inneren Menschen vermitteln. Diese innerliche Neugestaltung besteht darin, Laster loszuwerden und Tugenden einwurzeln zu lassen, so dass das sittliche Verhalten ebenso wie alle Neigungen und inneren Empfindungen soweit wie möglich Gott zu entsprechen beginnen und ihm ähnlich werden.

Zweitens wollte ich die Themen, die ich vor Ordensleuten gewöhnlich zu predigen habe, als Sammlung leicht greifbar haben, um im Fall des Falles rasch zu finden, was ich brauche. Daher habe ich das Buch in mehrere Teile gegliedert und diese nochmals in Kapitel unterteilt.

Drittens wollte ich beim Lesen und Schreiben dieser Dinge die Zeit gut nützen: mein Gedächtnis mit geistlichen Gedanken beschäftigen, meinen Verstand weiten, damit er klarer die Geheimnisse des geistlichen Lebens erkenne, mein Wollen und Streben anfeuern zum Fortschritt in der Tugend und in der innigen Liebe zu Gott, meinen Leib am nutzlosen Herumvagabundieren hindern, durch diese Arbeit meine Nachlässigkeiten und Sünden tilgen. Auch wollte ich niederschreiben, was ich beim Nachsinnen gefunden habe, damit es nicht in Vergessenheit gerate.

Weil ich aber diese Sammlung nicht in Ruhe und Freizeit fertigstellen konnte, sondern ständig unterwegs war in verschiedenen Ländern und wegen meiner vielen Beschäftigungen kaum einmal die Gelegenheit hatte, ein paar Zeilen zu schreiben, steht hier vieles nicht so auf dem Papier, wie ich es eigentlich wollte. Denn der Geist, der sich ständig mit Verschiedenem beschäftigen muss, kann sich nicht sofort gänzlich auf eine einzige Sache konzentrieren. Und kaum hat er begonnen sich ein wenig zu sammeln, so ist er schon wieder gezwungen, nach draußen zu gehen und sich anderen Dingen zuzuwenden. Er muss sich verlassen, und so entgleitet ihm, was er gerade angefangen hatte zu erkennen. Es ist wie mit einem Menschen, der von außen kommend die innere Zelle betritt: Wenn er länger dort bleibt, beginnt er zu sehen, was er vorher nicht sah; wenn er aber rasch wieder hinausgeht, entschwindet es seinem Blick.

Was also in diesem Werk zu bemängeln ist, das sehe man meiner geringen Erfahrung nach. Man lege es mir nicht als Vermessenheit aus, denn ich habe das ja nicht im Hinblick auf andere unternommen, sondern hauptsächlich für mich selbst und für unsere Novizen, und für Menschen, die auf dem Weg Gottes noch am Anfang stehen, für Leute wie mich.

I. Teil

Vorbemerkung

Im vorhergehenden Teil, einer „formula novitiorum“ habe ich für einige meiner Novizen eine Art Richtschnur zur äußeren Formung zusammengestellt, eine Regel, nach der sie sich im Konvent und außer Hauses richten können. Jetzt will ich von der Neu-Formung des inneren Menschen, das heißt: des Geistes, etwas weitergeben, worin ja das Ziel eines jeden wahren

Ordens besteht. Ich hatte dies zugesagt, freilich wird der Stoff in ungelehrten Worten und ohne rechte Ordnung dargeboten werden. Es gibt einen guten Grund, warum die Einübung des Leibes der des Geistes vorausgeht. Der Mensch, der durch die Sünde aus dem Zentrum und von der höchsten Höhe fiel, stürzte in das Äußere und Sichtbare und versteht nur mehr das Körperhafte. Deswegen geht seine Bemühung dahin, aufzustehen, wo er liegt, und sich allmählich zum Geistlichen und Göttlichen aufzurichten, zu dem hin er erschaffen wurde. Solange also ein Ordenschrist noch nicht versteht und „verkostet, was des Geistes Gottes ist“ (Röm 8,5), sondern meint, in den äußeren Vollzügen bestünde das ganze Ordensleben, so lange steht er noch in den Anfängen, auch wenn er schon mehrere Jahre das Ordenskleid trägt. Nach den Worten des Apostels ist derjenige ein „animalis homo“, d.h. ein nur natürlich denkender Mensch, wer „nicht aufnimmt, was des Geistes Gottes ist. Torheit ist es ihm, er kann es nicht verstehen, denn es wird nur geistlich beurteilt“ (1 Kor 2,14).

Begreife wohl, dass es im Ordensleben zweierlei Noviziat gibt: das eine nimmt ein Ende, wenn nach Ablauf der Probezeit der Novize durch seine Worte verspricht, gehorsam zu sein und im Orden zu verharren;[a]; das andere Noviziat dauert so lange, bis der Ordenschrist den „Stand des sittlich guten Lebens“ sich als innere Gewohnheit angeeignet hat. Das ist dann der Fall, wenn er nicht mit Worten, sondern mit Taten erkennen läßt, dass er im Ordensleben und im Streben nach geistlichem Fortschritt verharren will. So lange er im Geist noch hin und her schwankt, und noch nicht entschieden den Weg des geistlichen Strebens eingeschlagen hat, sondern bald dies, bald jenes will, ohne zu wissen, was er eher wählen soll, so lange ist er ein Anfänger, nicht ein Fortgeschrittener. Er soll beharrlich in seinem guten Willen bleiben und bedenken, warum und wozu er gekommen ist, er soll sein Tun mit sei-

a David spielt mit den Worten „stabilitas“ – dem Versprechen, im Orden bzw. an einem Ort auszuharren – und „status“: das Ziel ist die eingewurzelte Haltung, „Stand“ oder Zustand.

nem Wollen verbinden, und bald wird er den Weg erkennen, auf dem er zu Gott gelangt.

Kapitel 1: Vier Dinge, die vom Anfänger besondere Wachsamkeit verlangen

1. Es gibt vier Dinge, die vom Anfänger besondere Aufmerksamkeit verlangen, wenn er Fortschritte machen will:

Erstens, dass sein anfänglicher Eifer, der Wille, mit dem er in den Orden eingetreten ist, nicht abkühlt. Diesbezüglich wird ja in der Apokalypse (2,4f.) gesagt: „Ich habe aber gegen dich vorzubringen, dass du in der ersten Liebe nachgelassen hast, tu also Buße und vollbringe die Taten von früher." „Die erste Liebe verlassen" Menschen, die zwar zuerst eifrig und hingebungsvoll zu allem bereit sind, später aber lau und träge werden, sich mit Nichtigkeiten beschäftigen und zulassen, dass eben diese Fehlhaltungen sie beherrschen, zu deren Überwindung sie ins Kloster gekommen waren. Sie wollen Gott nach ihrem eigenen Geschmack dienen, nicht nach Seinem Wohlgefallen. Darum hat der Herr den Söhnen Israels geboten: „Gedenkt des Tages, an dem ihr aus Ägypten gezogen seid" (Ex 13,3). Der Tag unseres Auszugs aus Ägypten ist der gute Wille, aufgrund dessen wir aus der Welt geführt wurden.[a] Daran sollen wir stets denken, damit wir vom ersten Eifer niemals zurückfallen. Jemand, der die Welt zu verlassen und das Ordensleben zu wählen beabsichtigte, wollte von einem heiligmäßigen Vater wissen, wie er leben solle. Dieser antwortete ihm: Schau darauf, wie du am ersten Tag warst, und so lebe immer.[b] Das heißt, überlege, wie dein Wille an jenem ersten Tag war, als du dich entschlossen hattest einzutreten: wie demütig, wie bereit zum Gehorsam, ob es sich nun

a David spricht hier in mehrfacher Schattierung von *bona voluntas*: Es ist zum einen der gute Wille des Novizen, aber auch der Wille Gottes, sein Wohlgefallen und seine Gnade, aufgrund derer überhaupt der Mensch „guten Willens" ist *(pax hominibus bonae voluntatis).*

b Abbas Agathon: Vitas Patrum VII, 42.

um harte Dinge oder um niedrige Tätigkeiten handelte, wie geduldig gegenüber Zurechtweisung, Bußen und Mühen, wie zurückhaltend und scheu, wie eifrig besorgt, dein Leben zu bessern und die bislang in der Welt vergeudeten Tage wieder gut zu machen. Überlege, wie wenig du dich um das Geschwätz der Welt gekümmert hast – du hattest kein Interesse daran, es zu hören, noch es weiterzutragen –, dass du nicht interessiert warst an üblem Gerede über andere, und nicht voll von irgendwelchen belanglosen Neuigkeiten. Wie du allen fleischlichen Neigungen den Abschied gegeben und dich als lebendiges Ganzopfer dem Herrn übergeben hast, damit in Zukunft nichts mehr vom alten Leben der Sünde in dir lebe, sondern all das geschlachtet und geopfert werde durch das Messer des Gehorsams, durch den Dienst des Priesters, das heißt, deines Oberen, damit Christus in dir, dem ganz Erneuerten, auferstehe. [...]

2. So sollst du stets zu leben dich bemühen. Andernfalls könnte es scheinen, du würdest in der Schule des Ordenslebens eher verdummen und zurückfallen als Fortschritte machen. So gibt es Leute, die zum Studium fortgehen und dort ihre Zeit sinnlos vertun; und wenn sie nach Hause zurückkehren, kann man nur die Kosten aufrechnen, denn Fortschritte sind keine sichtbar. So wäre es auch bei uns, wenn wir zusammenzählen, wie viel Zeit wir im Orden schon verbracht haben, der Fortschritt an Tugenden aber gering ist, während wir vielleicht während des Noviziats mehr Glut und Hingabe hatten als viele Jahre später. Davor sollten wir uns fürchten; denn es ist ein großer Schaden. [...]

3. *Zweitens.* Der Anfänger soll sich hüten, sich durch das schlechte Vorbild Laugewordener zur Nachahmung verleiten zu lassen. Manche etwa, die im Geiste schwächlich sind, sagen sich beim Anblick von Trägen, Müßigen, Geschwätzigen, Eingebildeten und Aufmüpfigen in ihrer Nähe: Wenn das anderen durchgeht, warum nicht auch mir? Und wenn sie eine stärkere Neigung zum Schlechten haben, nehmen sie sich diejenigen zum Vorbild, die in ihren Augen noch schlech-

ter sind, und freuen sich, Gefährten ihrer Laster gefunden zu haben, damit sie sich nicht alleine schämen müssen [...]. Dagegen muss ein Mann, der Gott von Herzen dienen will, bei sich sprechen: Ich bin nur wegen Gott gekommen, nicht wegen jemand anderem. Also will ich auch niemand anderem in einer Weise folgen, dass ich mich dabei von Gott entfernen würde. Denn hätte ich nur diese üblen Gesellen gekannt, hätte ich mich ihrer Gesellschaft niemals angeschlossen. Daher darf ich nur diejenigen nachahmen, die mich im Hinblick auf das Ziel meines Ordenseintritts formen können: Gott zu gewinnen, für meine Sünden Genugtuung zu geben, und zur ewigen Herrlichkeit zu gelangen.

Ein Maler oder Künstler, der ein besonders edles Werk schaffen will, schaut sich nicht nach wertlosen, sondern nach den besten Vorbildern um, die er bekommen kann. Und ein Wanderer erkundigt sich über den Weg nicht bei Leuten, die ihn nicht kennen, sondern bei denen, die ihn kennen und ihn schon oft gegangen sind. Und Johannes schreibt: „Ahmt nicht das Schlechte nach, sondern das Gute" (3 Joh 11).

4. *Drittens.* Die Anfänger sollen sich hüten, das Tun anderer leichthin zu beurteilen – vor allem, wenn sie gar nicht wissen, aus welchem Grund oder mit welcher Absicht etwas getan wurde. Wir sehen die Absichten anderer Menschen ebensowenig wie ihre Gedanken. Wenn also etwas irgendwie entschuldigt werden kann, dann sollen wir stets zum Besseren interpretieren, wenn wir in unserem Herzen und mit anderen Frieden haben wollen, andere nicht in Aufregung versetzen und Gott nicht beleidigen wollen. Denn oft urteilen wir, etwas sei schlecht, was in sich nicht schlecht ist, und so begehen wir die Sünde des vermessenen Urteils, da wir uns das Urteil Gottes über die verborgenen Gedanken des Herzens anmaßen. Unsere Novizen-Meister, insofern sie Gottes Stelle vertreten, können zuweilen ein Urteil abgeben, das sich auf begründete Vermutung stützt[a]. Für andere Personen ist es

a *per coniecturas:* Klassische Auffassung ist, dass eine geschaffene Person über „die Gedanken des Herzens" einer anderen Person (wie auch über den eige-

schädlich, wenn sie zum Urteilen neigen. Erst wenn sie durch die Gabe der Unterscheidung der Geister in allen Dingen vollständig unterwiesen und wirklich geistliche Menschen geworden sind, mögen sie alles beurteilen, sie selbst aber werden von niemandem beurteilt (1 Kor 2, 15). [...] Oftmals wird zugelassen, dass solch vermessene Richter über andere in ähnliche oder noch schlimmere Fehler verfallen, damit sie aus ihrer Schwäche Mitleid mit anderen lernen. Lk 6,37: „Richtet nicht, dann werdet auch ihr nicht gerichtet werden."

5. Es gibt jedoch einen Unterschied zwischen der „Furcht" (es könne etwas eintreten), dem „Verdacht", dem „vermessenen Urteil" und dem „gerechten Urteil". „Furcht" heißt in diesem Fall, dass ich zwar keinen Argwohn hege hinsichtlich einer Person, aber fürchte, es könnte etwas Schlimmes, das noch nicht eingetreten ist, eintreten, wenn man sich nicht in Acht nimmt. So werden zum Beispiel Klöster mit Mauern umgeben und jungen Männern werden unvorsichtige Vertraulichkeiten untersagt – nicht weil man unterstellt, sie wollten das Schlechte tun, sondern weil man die Gelegenheit zum Bösen fürchtet und sich davor in Acht nehmen will. „Argwohn" oder „Verdacht" ist es, wenn ich ohne vernünftigen Grund annehme, es sei etwas Böses getan worden oder jemand wolle etwas Böses tun, und es ist nicht so. Diese lasterhafte Neigung ist oft Sünde. „Vermessenes Urteil" ist es, wenn ich glaube, etwas sei mit schlechter Absicht getan worden, was auch aus guter Absicht getan sein könnte – wenn nämlich die Handlung selbst für beide Möglichkeiten offen ist. Das ist ein Laster, denn hier wird die Absicht des Herzens beurteilt, die allein Gott offenbar ist. „Ich bin der Herr, der Herz und Nieren prüft und durchforscht" (Jer 17,10). Ein „gerechtes Urteil" ist, wenn aufgrund von unabweislichen Anzeichen geschlossen werden muss, etwas sei böse, oder wenn die Tat selbst in sich

nen Gnadenstand) sicheres Wissen nur aufgrund einer besonderen Offenbarung haben kann *(revelatio)*; aufgrund bestimmter Kriterien oder Anzeichen ist es möglich, eine Folgerung zu ziehen, die den Status der „begründeten Vermutung" hat.

schlecht und verboten ist – etwa wenn ich sehe, dass jemand einen Menschen ungerecht tötet – oder auch derartige Versuche, eine Sünde zu begehen; auch sie sind immer unerlaubt.

6. *Viertens.* Die Anfänger müssen auch wachsam sein, dass sie sich nicht zermürben lassen durch Widerstände oder Versuchungen. Sie sollen bedenken, dass sie dazu gekommen sind, alles, was ihnen in diesem Leben zustoßen kann, um Gottes willen zu ertragen. Wer in den Krieg zieht, weiß, dass er nicht Ruhe und Wonne, sondern Mühen und Wunden zu erwarten hat. So schreibt Sirach (Sir 2,1 Vg.): „Mein Sohn, wenn du in den Dienst des Herrn trittst, steh fest in der Gerechtigkeit und der Furcht und bereite Deine Seele auf Anfechtung vor; neige dein Herz und halte aus". Und in der Apostelgeschichte (Apg 14,21) steht: „Wir müssen durch viel Trübsal in das Reich Gottes gelangen." Widerstände sind der Weg ins Reich Gottes, und wer den Weg nicht will, will auch nicht ins Reich Gottes gelangen. Lk 24,26: „Christus musste leiden und so in seine Herrlichkeit eingehen" – das heißt: dies war der angemessenere Weg. Und 2 Tim (2,5): „Es wird nicht gekrönt, wer nicht nach den Regeln gekämpft hat".

Kapitel 2: Vierfache Versuchung bzw. Prüfung[a]

1. Vierfach kann der Mensch in eine Prüfung geraten – gleichsam durch vier Stürme, die auf dem Meere dieser Welt Unwetter heraufführen, so dass Fluten das Schiff des Herzens hin- und herwerfen. Solche Prüfungen können ihren Ausgang von der fleischlichen Natur des Menschen, von der Welt, vom Widersacher oder von Gott haben.

2. Vom *Fleisch* werden wir versucht, wenn wir durch *Laster,* die mit der Natur verbunden sind, zum Sündigen ange-

a Das lateinische Wort *tentatio* enthält wie das griechische *peirasmos* beide Dimensionen, die im heutigen Deutsch unterschieden sind: die der „Versuchung" bzw. Anfechtung, die zum Bösen verleitet, und die der „Erprobung" oder Prüfung, die zur Selbsterkenntnis und Läuterung führen soll. So „stellte Gott Abraham auf die Probe".

reizt werden, etwa zur Unzucht oder zur Völlerei. So heißt es im Jakobusbrief (Jak 1,14): „Ein jeder wird versucht, weil ihn seine eigene Begierde lockt und verführt." Es handelt sich ebenfalls um eine Versuchung vom Fleisch her, wenn wir aus Weichlichkeit vor geistlichen Bemühungen und entsprechenden Anstrengungen im tugendhaften Leben zurückschrecken. So erfahren wir das Widerstreben des Fleisches auf zwei Weisen: im Verlangen nach Bösem und im Widerstand gegen das Gute.

Selbst wenn Zorn, Neid und eitle Ruhmsucht anscheinend nicht im Fleisch, sondern im Geist ihren Sitz haben, so leitet sich dennoch die Verderbnis der geistigen Neigungen und Bestrebungen von der Verderbnis des Fleisches her. Und selbst wenn es heißt, dass die Dämonen derartige Laster den Menschen einflüstern, so haben wir doch den Ansatzpunkt bzw. das Material dieser Versuchungen in uns selbst. Auch wenn es keine Dämonen gäbe, würde unsere Begierde – sofern man ihr zustimmte – die Sünde gebären. In uns ist alles, wodurch wir sündigen. Unsere Gedanken, Neigungen, Wünsche und Vorhaben, und die Glieder unseres Leibes: das sind die Instrumente, mit denen wir uns Verdienste oder das Gegenteil sammeln. Der Schöpfer gab sie uns als Werkzeuge für die Tugenden; wir sollten Gutes wirken, uns eine Wohnung im Himmel erbauen, unserem Schöpfer damit dienen, und unseren Feind, den Teufel, mit diesen Waffen bekämpfen. Der Teufel ist uns gegenüber waffenlos, er kann uns nur mit schlauen Einflüsterungen angreifen, er kann uns nur raten, zu sündigen, nicht aber uns zwingen. Unser Schöpfer in seiner Güte hat dem Feind keine Macht gegeben, uns mit Gewalt zum Sündigen zu bringen; denn sonst wäre er allzu stark im Verhältnis zu uns gebrechlichen Wesen, und wir könnten kaum ohne zu sündigen standhalten. Gott gestattete ihm nur den üblen Rat. In unserem freien Willen liegt es, ob wir zustimmen wollen. [...]

3. Die *Welt* setzt uns auf zwei Weisen zu: Indem sie uns anbietet, was uns zu ihr hinzieht – Ehre, Reichtum, Vergnügen,

ausgefallene Dinge, Schmeichelei etc. – oder indem sie uns vor Augen stellt, was uns Schrecken einjagt – verfolgt, geschmäht, beraubt zu werden und ähnliches. Auf diese Weise, durch falsche *Eigenliebe* oder durch *verkehrte Furcht*, hält sie viele Menschen von Gott ab, und hält sie in der Sünde fest.

Anfechtungen gegen den Glauben, Verführung unter dem Anschein des Guten

4. Der *Teufel* jedoch, auch wenn er gewöhnlich bei allen Arten von Versuchungen mitwirkt, greift uns besonders durch zwei Anfechtungen an – und zwar vor allem Menschen, die bereits im Dienst Gottes mehr als andere erprobt sind. Der Widersacher versucht entweder, uns den wahren Glauben zu entreißen und mit dem Geist der Lästerung alles zu verkehren; in diesem Fall gibt er uns Gedanken ein, vor denen wir gleichsam von Natur aus Grauen empfinden: Gedanken der Verzweiflung oder des Selbstmordes oder dergleichen[a] – wenngleich derartige Gedanken manchmal auch aus anderen Ursachen kommen. Oder der Widersacher versucht uns unter dem Anschein des Guten. Auf diese Weise will er Menschen heimtückisch zu Fall bringen und vom Guten abspenstig machen, denen es an Wachsamkeit mangelt, und denen er auf andere Weise nicht beikommen kann. Das ist der im Psalm bezeichnete „Mittagsdämon“ (Ps 90,6), oder mit den Worten des Apostels Paulus „der Engel Satans“, der sich „in einen Engel des Lichtes verkleidet“ (2 Kor 12,7; 11,14). Denn obwohl er der Fürst der Finsternis ist und der Urheber alles Bösen, gibt er vor, guten Rat zu wissen und gleichsam das Licht zu zeigen, um in Wirklichkeit schlau zu täuschen und in die Finsternis der Sünde zu führen.

5. *Gott* aber versucht niemals zum Bösen; denn er hat keine Freude an unserem Verderben (Weish 1,13); vielmehr will er, „dass alle Menschen gerettet werden“ (1 Tim 2,4). Doch heißt es verschiedentlich von ihm, dass er Menschen erprobe, wenn

a Vgl. die Erfahrungen des Ignatius von Loyola, *Bericht des Pilgers*, 24.

er sie in diesem Leben schlägt, zu ihrem eigenen und anderer Menschen Fortschritt, wie etwa Ijob und Tobit. Oder wenn er sie auf die Probe stellt, indem er von ihnen ganz außergewöhnliche Akte der Tugend fordert – wie er etwa Abraham erprobte, als er ihm befahl, seinen einzigen Sohn, den Erben der Verheißung, zu opfern (Gen 22,2ff.). So sollte die Gesinnung Abrahams offenbar werden: sein großer Gehorsam und Glauben gegenüber Gott; denn er zögerte und zweifelte nicht, dass Gott die Verheißung, die er ihm zugesagt hatte, selbst an dem getöteten Sohn erfüllen werde (Hebr 11,17ff.; Röm 4,3ff.).

Widerstand durch Kampf, Flucht oder Geduld

6. Unter diesen Versuchungen gibt es einige, die wir in der Hauptsache durch Widerstand besiegen müssen, nämlich die geistlichen Laster: Zorn, Acedia, Hochmut, Neid. Anderen entgehen wir besser durch Flucht als durch Kampf: Unkeuschheit, Völlerei, Habsucht. Mag auch der Kampf gegen diese notwendig sein, so ist es doch kein sicheres Leben, wenn man mit einer Schlange zusammen haust. Ebenso ist auch die Keuschheit sicherer, wenn es keinen häufigen Umgang mit Frauen gibt, als mitten unter Frauen. Wir sind leichter enthaltsam von feinen Speisen und Getränken, wie auch von der Gefahr des Übermaßes darin, wenn wir derlei weder sehen noch besitzen, als wenn das im Überfluss vorhanden ist. Und wer alles um Christi willen verlassen und die freiwillige Armut gewählt hat, wird von den Sorgen der Habgier weniger gequält als jemand, der Besitz behält und ständig in Sorgen ist, wie er ihn bewahrt und vermehrt.

7. Bei den Lastern des Geistes verhält es sich anders: Selbst wenn man sie flieht und sie einem deswegen scheinbar weniger hart und weniger oft zu schaffen machen, weil die Gelegenheit fehlt, so können sie später, wenn sich eine Gelegenheit ergibt, eine noch schlimmere Gewalt entwickeln – wie ein Löwe, der lange angekettet war, schrecklicher wütet, sobald man ihn losläßt.

8. Die Versuchungen gegen den Glauben, zur Gotteslästerung und ähnliche können wir weder durch Flucht noch durch Kampf besiegen; denn je mehr wir uns über uns selbst empören und je mehr wir mit diesen Gedanken streiten, desto mehr steigert sich ihre Wildheit zu einem Brand. Man soll sich nicht zu viele Sorgen darum machen und sie auch nicht fürchten, solange man nur nicht zustimmt; man soll das Andrängen solcher Gedanken geduldig ertragen, wie ein Geflüster des Teufels, das man anders nicht abstellen kann. Solche Versuchungen sind gewöhnlich für gute Menschen nicht wirklich gefahrvoll, sondern sie sind oft Vorzeichen einer größeren Gnade und Tröstung, und sie bewirken Reinigung von Lastern und verhelfen zu großem Verdienst.[a]

9. Die Züchtigungen durch Gott sollen wir mit Demut und Geduld tragen und seinen Forderungen mit liebender Hingabe gehorchen, damit wir stark seien im Glauben und von seinen Geboten niemals abweichen.

Warnung vor Leichtsinn und Einbildungen

10. Gelehrte Leute können noch weitere Arten von Versuchungen auflisten, doch fürs erste soll dies genügen. – Es gibt übrigens auch Menschen, die sich selbst die Fallstricke knüpfen, noch bevor ein Versucher naht. Sie sorgen gewissermaßen für den Anlass ihrer Versuchung. Das ist äußerst leichtsinnig. Zum Beispiel, schlechte Gedanken im Herzen zu tragen und hin- und herzuwenden, mit dem Ergebnis, dass diese sich dann, wenn man schon Gefallen daran gefunden hat und sie Wurzeln geschlagen haben, nur mehr schwer vertreiben lassen. Das gilt auch für Leute, die für leichtsinnige Vertraulichkeiten mit Frauen offen sind, so dass die leidenschaftliche Zuneigung im Herzen Fuß faßt und kaum mehr auszureißen ist. Und ähnliches mehr. Manche besorgen sich sozusagen selbst den Gegenstand, der ihnen später zum An-

a Dazu auch Buch III, Kapitel 9.

lass für Verwirrung oder Aufregung und gefährliche Anfechtung wird.

Andere wiederum, die gar keinen echten Anlass haben für derartige Verwirrung, bilden sich einen Sturm von Kämpfen und Versuchungen ein, lediglich aufgrund von Vermutungen ohne Kern. Das kommt zuweilen bei Menschen vor, die zwar gut sind, aber noch nicht vollkommen. Sie geraten in Verwirrung und Streit, wobei nicht Bosheit die Ursache bildet, sondern bloß grundlose Verdächtigungen: Jeder ist sich bewusst, keine Abneigung gegen den andern zu hegen, keiner der beiden beabsichtigt, den anderen irgendwie zu verletzen – aber jeder argwöhnt, der andere sei vom Neid angetrieben und habe nur den Gedanken, wie er ihn verletzen und ihm hinterrücks schaden könne, obwohl er sich nicht entsinnen kann, dies irgendwie verdient zu haben. Der andere dagegen, der gar keine solchen Gedanken hegt, beklagt sich, dass jener ihm ohne Grund Unrecht tue, und beginnt seinerseits, das Handeln des anderen als Taten seines Feindes einzuschätzen. Und so flammt Abneigung auf beiden Seiten auf, obwohl doch keiner die Absicht hatte, den anderen zu verletzen, sondern bloß fälschlich argwöhnte, der andere wolle ihm ohne Grund schaden. So entsteht oft eine große Aufregung und Verwirrung aus einem kleinen Funken, den der Teufel zu einem gewaltigen Feuer von Zank und Hass entfacht. Man nennt diese Menschen „unvollkommen gut“, weil sie einerseits gut sind, da sie ihrem Nächsten nichts Böses tun wollen, andererseits aber nicht ganz gut sind, da sie allzusehr geneigt sind, vom anderen Böses zu vermuten – ohne zureichenden Grund. Und gerade in diesem Punkt werden sie zu Menschen, die gar nicht gut sind, da jeder x-beliebige Grund in ihnen den Hass gegen den Bruder und Mitmenschen hervorruft.

Kapitel 3: Drei Arten von Ordensleuten

Es gibt drei Arten von Ordensleuten: die ersten sind gut, die zweiten besser, die dritten am besten. Diese drei werden im

Alten Testament durch die drei Großfamilien der Leviten bezeichnet: die Söhne Gerschons, Kehats und Meraris (Num 3,17). Aus allen Israeliten waren sie zum Dienst am Heiligtum bestimmt. Ebenso sind die Ordensleute vor allen Christen ganz besonders für den Gottesdienst bestimmt, doch haben sie verschiedene Gaben, je nachdem wie die Gnade es ihnen zuteilt (Röm 12,6), und wie ein jeder sich Mühe gibt, in der Tugend Fortschritte zu machen. [....]

3. Die erste Art Ordensleute sind diejenigen, die vor harten und schwierigen Mühen um die Heiligkeit zurückschrecken, doch leichte Übungen nehmen sie auf sich. Sie führen, was die Bequemlichkeit des Leibes angeht, ein recht gemächliches Leben, soweit es möglich ist, ohne ihr Heil zu gefährden. Ihnen genügt es, wenn sie sich vor tödlichen Sünden hüten. Sie sind freilich eher gefährdet, in Sünde zu fallen, weil „nur jene nicht in Unerlaubtes fallen, die sich auch von Erlaubtem zurückhalten", wie Gregor sagt.[a] Eng ist der Weg, der zum Leben führt (Mt 7,14), und steil, und wer unvorsichtig und allzu sorglos auf ihm geht, könnte schnell stürzen. Damit sie aber doch als rechte Ordensleute angesehen werden, pflegen diese Leute zuweilen sehr viel Nachdruck und Mühe auf äußere Übungen zu verwenden, auf Überlieferungen von Menschen, auf würdevolles Benehmen, das nach außen sichtbar ist, auf Verneigungen, an die Brust schlagen, auf weite Chormäntel und Ärmel[b] und derartiges, was die äußere Erscheinungsform des religiösen Lebens ausmacht. [...]

4. Die zweite Art hat ihr Vorausbild in den Söhnen Meraris, was so viel heißt wie „die Bitteren" [...].[c] Das sind die, welche ein körperlich hartes Leben führen, ihren Leib mit Fasten, Nachtwachen und anderen leiblichen Strapazen in Zucht nehmen. Sie glauben, in der Beobachtung des Ordenslebens sei dies das Höchste; doch sie kennen nicht die innere Süße und kümmern sich wenig um die wahren Mühen, nämlich

a Gregor d. Gr., *Moralia* V, XI, 17 (CCSL 143, 230).

b Der lat. Text hat *inanicis*, offenkundige Verschreibung statt *manicis*

c Num 3,33ff.; 4,31f.

um die Tugenden, die in Geist und Seele ihren Sitz haben. Sie sind in sich selbst trocken, und gewöhnlich urteilen sie über andere recht streng. So heißen sie zu Recht „bitter".

5. Die dritte und beste Art der Ordensleute kann man unter den Söhnen Kehats versinnbildet sehen: Sie trugen das Heiligtum selbst, das heißt, die Lade und den Altar, den Tisch mit den Schaubroten und seinen Gefäßen, jedoch eingewickelt und bedeckt. Das sind diejenigen, die ihren inneren Menschen, in dem Christus durch den Glauben wohnt, in Ordnung bringen wollen: Sie wollen sich in den wirklichen Tugenden üben und alle Laster des Fleisches und des Geistes austilgen; sie wollen Zorn, Neid, Habsucht, Akedia, Hochmut, Völlerei, Unkeuschheit austreiben und in ihr Herz die gegenteiligen Tugenden einsenken: Demut, Liebe, Sanftmut, den Geist des Gebetes, Freigebigkeit, Nüchternheit und Keuschheit. Diese Tugenden sind das wahre Heiligtum, und wer sie besitzt, ist heilig. Darum heißen die Söhne Kehats „geduldig" oder „ordnend"; denn die Geduld bringt ein vollendetes Werk zustande, wie es im Jakobusbrief (1,4) heißt. Sie bringen sich selbst in Ordnung und richten sich durch Tugenden auf Gott und auf den Nächsten hin aus, so wie es sein soll. [...]

6. [...] Verhüllt trugen die Söhne Kehats die heiligen Gefäße: Denn solange wir hier im Glauben, nicht im Schauen wandeln (2 Kor 5,7), sehen wir den Glanz der Tugenden nicht so wie er ist, in seiner Reinheit, und wir müssen die Tugenden in äußere Übungen einkleiden. Dadurch üben wir uns in den Tugenden und geben anderen ein Beispiel; denn sie können ja unsere innere Gesinnung nicht sehen, außer an den Spuren unserer äußeren Taten und unseres Verhaltens.

7. [...] Schau also, zu welcher Familie du gehören willst und wes Geistes du bist; und dementsprechend nimm die dir zugeteilte Last auf dich. Das heißt, halte die Regel und geh auf dem Weg, der dich zur Vollkommenheit dieses Standes führt. Unmöglich kann nämlich jemand eine Kunst vollkommen erlernen, wenn er nicht gewillt ist, deren Regeln zu beachten

und zu halten. Niemand kann „geistlich" werden, wenn er nicht „dem Geist entsprechend wandeln" (Gal 5,16) will.

Nach dieser grundsätzlichen Einleitung, die verschiedene Gedanken aus Buch I nochmals unter anderer Perspektive in Erinnerung gerufen hat, beginnt mit Kapitel 4 das Thema des II. Buches: die innere Erneuerung des Menschen. Diese besteht in der rechten Ausrichtung der drei seelischen Kräfte (potentiae animae), in denen der Mensch – gemäß der augustinischen Anthropologie – das Ebenbild Gottes ist. Die durch die Sünde eingetretene „Deformation" von Erkenntniskraft (intelligentia), Gedächtnis bzw. Bewusstsein (memoria) und vor allem des Wollens und Strebens (voluntas, affectus) soll auf dem geistlichen Weg behoben und die von Gott intendierte rechte Ausrichtung dieser Kräfte Schritt für Schritt gewonnen werden.

Kapitel 4: Drei Phasen des Ordenslebens: Anfang, Fortschritt, Vollendung

Im seinem *Brief an die Brüder vom Gottesberg* beschreibt der hl. Bernhard[a] drei Stufen im Ordensleben: den Zustand der Anfänger, der Fortschreitenden und der Vollendeten. Den ersten nennt er den „sinnenhaften" *(animalis);* da fehlt dem Menschen sozusagen noch das feine Gespür für das „was des Geistes Gottes ist" (1 Kor 2,14) und er muss sich hauptsächlich damit befassen, seinen Leib in die rechte Verfassung zu bringen – ihn also in Zucht zu nehmen, dass er nicht wider den Geist streitet, wie im früheren, der Sünde verpflichteten Leben, wo das Fleisch den Geist unterjochte.

a In Wirklichkeit Wilhelm von St. Thierry, dessen Werke zum Teil unter dem Namen seines Freundes Bernhard von Clairvaux verbreitet waren, so auch die *Epistola ad Fratres de Monte Dei,* besser bekannt als *Epistola aurea:* lat. SC 223, Paris 1975; dt.: Wilhelm von St. Thierry, *Goldener Brief. Brief an die Brüder vom Berge Gottes,* übers. von Bernhard Kohout-Berghammer (Texte der Zisterzienserväter 5), Eschenbach 1992. Die Beschreibung von Anfang – Fortschritt – Vollendung findet sich in *Ep. Aur.* I, n. 43 (Zisterzienserväter 5, 33). Davids Durchführung dieses Gedankens ist jedoch originell.

Den zweiten Zustand nennt er „vernunftmäßig“ *(rationalis)*. Wenn nun das Fleisch unterworfen und dem Geist dienstbar geworden ist, ist die Vernunft – des Menschen edlerer Teil, wodurch er sich von den unvernünftigen Lebewesen unterscheidet, alle übrigen Geschöpfe an Adel übertrifft und über sie herrscht – mit allem Eifer bestrebt, sich selbst zu erkennen, rein und neu zu werden, das heißt: die Würde und Schönheit wiederzugewinnen, die durch die Sünde entstellt worden war.

Den dritten Zustand nennt er „geistlich“ *(spiritualis)*. Hier erhebt sich der Geist des Menschen, der nach dem Bilde Gottes erschaffen ist, mit Hilfe der Gnade des Heiligen Geistes über sich selbst hinaus; er strebt zu Dem, dessen Bild er ist, damit ihm dieses Bild eingedrückt werde und er dem Urbild ähnlich werde *(conformetur)*, durch Erkenntnis, durch Liebe und durch Freude.[a]

Durch den ersten Zustand gelangt man zum zweiten, und durch den zweiten zum dritten. […].

Kapitel 5: Die drei Fähigkeiten der Seele, wodurch sie Gottes fähig ist: Erkenntnis, Bewusstsein (memoria) und Wille.

1. Das vernunftbegabte geistige Geschöpf ist Abbild der Höchsten Dreifaltigkeit. Wie Gott dreifaltig-einer ist, so hat auch die Seele, obwohl sie eine ist, drei Fähigkeiten, durch die sie „Gottes fähig“ ist: Erkenntniskraft, Gedächtnis bzw. Bewusstsein und Wille. Durch die Erkenntniskraft vermag sie die Weisheit Gottes aufzunehmen, durch das Gedächtnis die machtvolle Ewigkeit Gottes, so dass sie in Ewigkeit nicht mehr von ihm getrennt werden kann, durch den Willen kann sie die Gutheit Gottes aufnehmen. Damit eine solche Ähnlichkeit zu Gott und Aufnahmefähigkeit in der Seele nicht

a Im Lateinischen jeweils ein Paar-Ausdruck: *per cognitionem intellectus, per affectum amoris, per fruitionis iucunditatem*, der sich auf die drei Seelenkräfte bezieht. Die Freude ist die Vollendung der *memoria*, denn sie tritt ein, wenn man unverlierbar besitzt, was die Liebe ersehnt.

nutzlos und unfruchtbar sei, sollte sie sich mit allen Kräften bemühen, ihn zu erfassen, um ihn festzuhalten und darin selig zu werden. Denn nichts, was weniger ist als Gott, kann der Seele genügen; und wenn sie ihn hat, verlangt sie nach nichts anderem mehr: sie hat alles, was zur ewigen Seligkeit gehört, worüber hinaus nichts besser sein kann, in dem keinerlei Mangel an irgendeinem Gut ist.

2. Wenn es also die höchste Würde der Seele ist, des Höchsten Gutes fähig zu sein, und wenn es ihre höchste Erfüllung ist, Gott in sich zu haben und mit ihm alles Gute, dann sucht sie keine höhere Würde und findet nichts Erfüllenderes. Sie soll also mit allen Kräften, mit allem Einsatz und Verlangen ihn suchen; und sie soll alles tun, was sie darin fördert, ihn zu finden, und alles fliehen, was sie von Gott entfernt, selbst wenn es Dinge sind, die für gut gelten. Ein Beispiel: Wenn jemand einen Garten besitzt, in dem Balsam wächst, so wäre er ein Tor, wenn er sich darum nicht kümmerte und statt dessen Minze und Kümmel anbaute. Gewiss sind das auch gute Gewürze, aber im Vergleich zu Balsam sind sie kaum von Wert. Noch unendlich törichter wäre jemand, der das höchste Gut ergreifen könnte, sich aber darum nicht kümmerte, sondern sich mit Hinfälligem, Billigem, ja Schmutzigem und Bitterem beschäftigte. Verstehe das im Hinblick auf weltlich gesinnte Menschen, die irdische Güter den himmlischen und vergängliche den ewigen vorziehen. Ein anderes Beispiel: Wenn jemand einen kurzen Weg, der ihn innerhalb von zwei oder drei Tagen zum Ziel führte, verläßt und statt dessen nach einem Umweg Ausschau hält, der drei Jahre oder noch länger in Anspruch nimmt und dazu schwierig und gefahrenreich ist, wäre er recht dumm. So scheinen auch manche Ordensleute nicht gerade mit Weisheit ihres Weges zu gehen: Sie könnten innerhalb von wenigen Jahren zu großer Gotteserkenntnis und zu vertrauter Gottesfreundschaft gelangen, wenn sie sich entschieden, umfassend und gradlinig um Tugend, innige Ausrichtung auf Gott und Reinheit bemühten. Statt dessen beschäftigen sie sich mit Dingen, die viel weniger frucht

bar und zielführend sind. [...] Sie befassen sich mit Dingen von geringem Nutzen, mit ausgefallenen Sachen, und „kümmern sich um vieles“ (Lk 10,41), während doch nur Eines das höchste Gut ist, nach dem man suchen und fragen muss. Dieses Gut ist zu allem nützlich: „Die körperliche Übung hat nur geringen Wert, die Frömmigkeit aber ist zu allem nützlich, sie hat die Verheißung des Lebens, des jetzigen und des künftigen“ (1 Tim 4,8). „Frömmigkeit“ ist die Verehrung Gottes, wodurch wir ihn zu erkennen, zu lieben, zu besitzen und ihm zu gefallen suchen. Die leibliche Askese hat zwar ihren Nutzen, doch nur in geringem Maß; denn man erstrebt sie nicht um ihrer selbst willen, sondern im Hinblick auf die genannte Frömmigkeit, welche durch eine geordnete Askese gewonnen wird. Ein Künstler übt seine Kunst durch ein Werkzeug oder Instrument aus; ebenso wird die Tugend durch Übung oder Askese des Leibes eingeübt und zur Haltung ausgeformt. Je geeigneter die Instrumente sind, desto rascher und besser wird das beabsichtigte Werk vollendet – vorausgesetzt, jemand gebraucht die Instrumente richtig. Alles, was wir an äußeren Observanzen des Ordenslebens sehen, ist auf die innere Neugestaltung des Menschen durch den Hauch des Heiligen Geistes hingeordnet. Wer das noch nicht begreift, der verwechselt die Instrumente mit der Kunst.

Kapitel 6: Die innere Erneuerung

Die innere Erneuerung besteht in der Erneuerung des Geistes; denn der „innere Mensch“ ist das Abbild Gottes, die vernunftbegabte Seele. Der „äußere Mensch“ ist der Körper. Dieser ist in Folge der Verderbnis, die aus der Erbsünde kommt, der Krankheit und dem Tod verfallen und wird zu Asche. Der innere Mensch aber wird im Guten „von Tag zu Tag erneuert“ (2 Kor 4,16) und gewinnt an Ähnlichkeit mit Dem, als dessen Abbild er erschaffen ist.

Wie gesagt hat die Seele drei Fähigkeiten, Vernunft und Willen, sowie Gedächtnis bzw. Bewusstsein. Die Vernunft war ihr gegeben, um Gott zu erkennen, der Wille, um ihn zu lieben, das Gedächtnis, um in ihm zu ruhen. Doch durch die Sünde erblindete die Vernunft, der Wille verkrümmte sich und wurde hässlich, das Bewusstsein verlor seine Mitte und wurde unstet. Nun nimmt die Vernunft oft etwas Falsches für wahr, der Wille das Schlechtere anstelle des Guten, das Gedächtnis beschäftigt sich mit Dingen, die es in ständige Unruhe versetzen; denn es hat das Eine Höchste Gut verlassen, in dem es alle Güter hätte besitzen können. Bekehrt sich der Mensch zu Gott, so beginnt er danach zu suchen, was er verloren hat. Er beginnt zu sehen, dass seine vom Schöpfer gegebene Gestalt entstellt ist, und er müht sich, den ursprünglichen Zustand und die verlorene Schönheit wiederzugewinnen; denn der Zustand der Unähnlichkeit hindert den Zugang zu Gott. Freilich kann der Mensch nicht sofort und auf einmal zum Höchsten gelangen, darum bemüht er sich um eine schrittweise Annäherung, vom Untersten zum Mittleren und vom Mittleren zum Höchsten.

Kapitel 7: Erneuerung der Vernunft in drei Schritten: Glauben – Glaubenseinsicht – kontemplative Schau

Die Erneuerung der Vernunft bzw. Erkenntniskraft beginnt mit dem festen Glauben des katholischen Bekenntnisses. Denn da unsere Vernunft durch die Sünde triefäugig und unser Intellekt verdunkelt wurde, so dass wir die Wahrheit aus eigenen Kräften nicht finden können, neigte sich Gott zu uns: Damit wir nicht im Irrtum blieben, gab er uns in den heiligen Schriften die Erkenntnis der Wahrheit [...].

Die Erneuerung der Erkenntniskraft schreitet fort, wenn wir vom göttlichen Licht dazu erleuchtet werden, Gründe des Glaubens in etwa einzusehen. Obwohl der Glaube über der Vernunft steht, so dass diese ihn nicht von sich aus begreifen kann, so vermag doch die von Gott erleuchtete Vernunft einzusehen, dass nichts vernünftiger ist als der christliche Glaube [...].

Die Erneuerung der Erkenntniskraft erreicht ihre Vollendung in diesem Leben, wenn sie in der Entrückung über sich selbst hinausgetragen wird, und nicht mehr „im Rätsel" körperlicher Bilder und Gleichnisse, noch mittels vernünftiger Beweisführung erkennt, sondern in ganz reiner geistiger Erkenntnis Gott in der Contemplatio schaut.

Kapitel 8: Erneuerung des Willens in drei Schritten: Bekehrung – Tugenden – „eines Geistes mit Gott Sein"

Der erste Schritt der Erneuerung des *Willens* besteht in einem Akt der Zustimmung: Mit gutem Willen ist der Mensch bereit, allen Lastern Widerstand zu leisten und sich um Gottes willen zuversichtlich und beharrlich den Werken der Tugend zu widmen. Da nämlich der von Gott abgekehrte Wille verkrümmt und verdreht ist, muss er bei seiner Umkehr sich dazu bringen, mit Gott in Gleichklang zu kommen und alle widerstrebenden Regungen durch Eifer in guten Werken auf den Willen Gottes hin auszurichten.

Der Fortschritt in der Erneuerung des Willens besteht darin, dass alle Gefühle bzw. Neigungen recht geordnet und zu Tugenden geworden sind. Das Streben des Willens ist nicht widerspenstig und muss nicht mit Gewalt beherrscht werden, sondern es gefällt ihm nur mehr das, was dem Willen Gottes entspricht.

Die Vollendung des Willens liegt darin, durch die Liebe „eines Geistes mit Gott zu sein" (1 Kor 6,17), so dass der Wille gar nichts mehr anderes wünschen kann als Gott [zu besitzen] und von der Süße Seiner Liebe berauscht zu sein.

Kapitel 9: Erneuerung der memoria in drei Schritten: Aktive Sammlung – Gesammelt-Sein – Ruhen in Gott

Der erste Schritt zur Erneuerung der *memoria* besteht darin, den herumstreunenden Geist zurückzuholen, was zunächst Mühe kostet; er soll zur Erinnerung an Gott geführt werden, indem man betet, geistliche Lesung hält, sich Gott immer wieder vor Augen führt oder wenigstens oberflächlich an ihn denkt. Auf der Stufe des Fortschritts ist man in der Lage, ohne Behinderung durch Abschweifung beim Gebet und der Betrachtung zu bleiben und seinen Weg mit Gott zu gehen, der einem das Herz weit macht (Ps 118, 32) . Die Vollendung aber besteht darin, in der Entrücktheit so in Gott aufzugehen, dass man auf sich selbst und auf alles andere, was es noch gibt, vergisst, und allein in Gott süße Ruhe hat, ohne den Lärm flüchtiger Gedanken und Vorstellungsbilder.

2. Darin besteht also das Ziel der Vollkommenheit, bzw. die Grade des Forschritts und die anfänglichen Schritte; darauf hin sind alle geistlichen Bemühungen auszurichten. [...] Der erste Schritt der Vervollkommnung der Seelenkräfte ist für alle Menschen im Stand des Heiles gleich; ohne diesen Schritt kein Heil. Die Vollendung aber erlangen nur die Vollkommenen, wenn sie sich in der höchsten Vollkommenheit befinden, nämlich in der Entrückung der Kontemplation. Der mittlere Zustand aber ist der Stand derjenigen, die sehr gute Fortschritte machen, insbesondere der rechtschaffenen Ordensleute. [...]

Genau darüber müssen wir jetzt ein wenig weiter ausholen. Zuerst schauen wir uns die Erneuerung des Willens an; denn von ihm hängen Tugend, Laster und Verdienstlichkeit ab, ebenso die Neigungen, die sowohl zu Lastern wie zu Tugenden tendieren können. Danach kommen wir auf das Bewusstsein bzw. Gedächtnis und dann auf das Erkenntnisvermögen zu sprechen. Der Wille ist in der Seele gleichsam Befehlshaber, die Erkenntnis gleichsam Lehrer, das Gedächtnis stellt beiden den Inhalt der Lehre oder des Befehls zur Verfügung.

Kapitel 10: Ursprüngliches Streben des Menschen nach wahrer Ehre und unvergänglicher Freude

1. Nun will ich dir in aller Kürze zeigen, wie die natürlichen Kräfte der Seele und die Regungen des Affekts zu Lastern

deformiert sind, dann aber auch, wozu sie dem Menschen gegeben sind; schließlich will ich noch einige Heilmittel gegen die verschiedenen Laster anfügen und dir die Ordnung der Tugenden aufweisen.

Der Wille hätte niemandem untertan sein sollen außer Gott allein, und zwar nicht gezwungenermaßen, sondern ganz von selbst, freiwillig, damit es ihm auch zum Verdienst angerechnet werden könnte. So war er in der Lage, sowohl Sünden begehen zu können, als auch sie nicht zu begehen. Dieses Vermögen war ihm nicht gegeben, damit er sündige, weil er es vermochte, sondern damit er bei Gott Lob und Lohn empfange, wenn er nicht sündigte, obwohl er diese Möglichkeit hatte. Andernfalls, wenn er freiwillig und wissentlich sündigte, obwohl er die Sünde vermeiden konnte, würde er zu Recht der Schmach und Strafe verfallen.

Da die Seele zu dem Ziel erschaffen wurde, die höchste Seligkeit zu empfangen – und damit höchste Ehre bei Gott und höchste Freude an Ihm, der die wahre höchste Seligkeit ist –, ward der Seele von Natur aus ein zweifaches Verlangen gegeben, mit dem sie sich voll Sehnsucht nach diesem Ziel ausstrecken sollte. Und wenn sie es erreicht hätte, würde sie an seinem Besitz um so mehr Freude empfinden, je glühender sie es ersehnt hätte. Es wurde also der Seele ein Verlangen nach Ehre gegeben, auf dass ihr außerhalb der höchsten Ehre nichts genügen sollte; und ein Verlangen nach Wonne bzw. Freude, auf dass sie ungestillt bliebe in allem außer der höchsten Wonne. Beides ist nur in Gott zu finden; und darum genügt der Seele nichts außer Gott. – Dieses Verlangen nennt man „begehrendes (Seelen-)Vermögen".

Damit steht ein weiteres Vermögen, eine weitere Kraft der Seele, in unmittelbarem Zusammenhang. Sobald nämlich jemand, entsprechend dem Urteil der Vernunft, das höchste Gut begehrt, das ihn selig werden läßt, hat er einen natürlichen Schrecken und Abscheu vor allem, was dem entgegengesetzt ist. Er wehrt sich dagegen, und umgekehrt ergreift und hält er kraftvoll alles fest, was ihm zur Erlangung oder zum Besitz dieses Gutes nützen kann. Dieses Seelenvermögen nennt man „kämpferisches Vermögen“; denn es hat eine gewisse Ähnlichkeit zum Zorn, dessen Eigenart es ist, sich energisch gegen Zuwideres zu wehren und entschieden festzuhalten, was er begehrt.

Kapitel 11: Die Pervertierung des Strebens nach Ehre: Hochmut – das Haupthindernis, von Gott größere Güter zu erlangen

1. Drei Arten von Hochmut kann man nennen: Erstens, man gefällt sich selbst über die Maßen gut und hält sich für größer als man in Wahrheit ist. Das ist der Anfang jeder Sünde (Sir 10,15). Zweitens, man verlangt danach und ist bestrebt, anderen zu gefallen und von ihnen höher geschätzt zu werden als es recht ist. Das ist eitle Ruhmsucht. Drittens, man setzt alles daran, anderen zuvorzukommen, und wünscht sich, sie unter sich zu haben. Der Hochmütige ist der Täuschung verfallen und will, dass auch andere getäuscht seien: denn er will ja für größer gehalten werden als er ist. Gerade so wie ein Zauberkünstler einen Bauernbuben täuscht, wenn er ihn glauben läßt, er sitze auf einem Pferd, während es doch nur ein Bündel Stroh ist. Der Hochmut ist Gott entgegengesetzt; denn er will sich selbst Maßstab sein, obwohl doch alles Gott untertan ist, und er beraubt – sofern er das könnte – Gott der ihm gebührenden Ehre, nämlich seiner allumfassenden Herrschaft. Der Hochmut dankt Gott nicht für die empfangenen Wohltaten, vielmehr sucht er damit seine eigene Ehre, nicht die Gottes, von dem er doch jedes Gut empfangen hat.

2. Über die anderen Verzweigungen des Hochmuts schreibe ich jetzt nichts; denn wer will, kann sie samt Definitionen und Beschreibungen woanders finden, vor allem in den „Lehrbüchern über die Laster“. Derjenige Hochmut, der sich auf Gnadengaben etwas einbildet, ist gefährlicher als die Überheblichkeit wegen Gaben der Natur oder eines glücklichen Geschicks. Zu den natürlichen Gaben zählen Adel, Schönheit, Tapferkeit, gute Begabung und ähnliches. Zu den Gütern, die

einem Menschen gewissermaßen durch glückliches Geschick zufallen, zählen Reichtum, Würdestellung, Ehre und derartiges. Oftmals fallen diese Güter Menschen zu, die an natürlichen Gaben oder an charakterlichen Vorzügen geringer sind; doch geschieht dies nicht ohne Gottes Vorsehung. Je nach sittlichem Verdienst des Betreffenden schlagen solche Güter freilich oft nicht zum Guten aus. Auch verblendet der Hochmut derart, dass jemand desto undankbarer ist, je mehr er hat.

3. Dieses Laster ist das Haupthindernis für uns, größere Gaben von Gott zu empfangen – denn er ist über alle Maßen freigebig und sehnt sich sehr danach, uns an seinen Gütern Anteil zu geben, da er uns liebt! Entweder macht uns der Hochmut der Gnade unwürdig, oder wir würden, wenn Gott uns mehr schenkte, noch überheblicher und undankbar, oder wir würden nicht mit der Gnade mitwirken, und uns daher einer noch größeren Sünde schuldig machen. Es ist weniger der Zorn Gottes als vielmehr seine barmherzige Schonung, dass er uns höhere Gnadengaben versagt. „Gott widersteht den Hochmütigen" – denn diese widersetzen sich seiner Macht – „den Demütigen aber gibt er seine Gnade" (Jak 4,6). Wer aufgeblasen ist von Überheblichkeit, in den kann nicht einströmen, was Gott eingießen will. [...]

Kapitel 12: Dass man zuweilen das, was an einem gut oder schlecht ist, anderen Menschen zeigen, zuweilen aber auch verbergen muss[a]

1. Merke dir, dass wir zuweilen das Gute an uns die Menschen sehen lassen müssen, zuweilen es ihnen verbergen müssen. Und desgleichen müssen wir manchmal unsere Übel anderen eröffnen, ein anderes Mal aber vor den Menschen verhüllen. Zu den Gütern, die wir offen zeigen müssen, gehört das, wozu

a Im Zusammenhang mit dem „Hochmut" wird auch der „eitle Ruhm" behandelt, dessen Kehrseite die Ängstlichkeit hinsichtlich des Urteils anderer Menschen ist.

wir aufgrund der Gebote Gottes oder der Kirche verpflichtet sind, oder was wir öffentlich gelobt haben: Glauben, Liebe, Gerechtigkeit, Wahrhaftigkeit, Keuschheit, Gehorsam und Verachtung weltlicher Güter. Wenn die Leute wissen, dass wir dazu verpflichtet sind, und dieses an uns nicht sähen, würden sie Ärgernis nehmen und meinen, wir überträten unsere Gelübde. In diesem Sinn wird gesagt: „Lasst euer Licht leuchten vor den Menschen, damit sie eure guten Taten sehen und euren Vater im Himmel verherrlichen." (Mt 5,16). Zuweilen müssen wir das Gute an uns verbergen: nämlich die Güter, die uns ganz besonders geschenkt wurden, wie die Gnade des innigen Gebetes, oder Gutes, das uns besonders lobwürdig erscheinen läßt, wie besondere Enthaltsamkeit, nächtliches Wachen und Beten und Almosengeben, also Dinge, wozu wir nicht verpflichtet sind. Auch darüber gibt der Herr in der Bergpredigt eine Belehrung (Mt 6,1ff.).

2. Ähnlich müssen wir das Böse an uns zuweilen verbergen, damit wir nicht jemand zum Ärgernis werden, oder jemand sich uns als schlechtes Beispiel nimmt. Wer öffentlich sündigt, sündigt doppelt; denn dadurch beleidigt er Gott und gräbt durch sein schlechtes Beispiel seinem Nächsten eine Grube. Wenn aber jemand ohne unsere Schuld, und ohne dass wir einen bösen Anschein erweckt haben, uns bloß aus bösem Argwohn etwas Schlechtes unterstellt und keine Rechtfertigung von uns annehmen will, dann sollen wir Geduld haben, wie auch Christus in seinem Leiden geschwiegen hat, als er von vielen aus Neid angeklagt wurde. Er sagte: „Wenn ich es euch sage, glaubt ihr mir nicht" (Lk 22,67). Manchmal aber müssen wir das Böse an uns ganz aufdecken, nämlich im persönlichen Bekenntnis die persönlichen Sünden, die offenkundig bösen Dinge aber bei Visitationen oder Verfahren.

3. Wir sollten uns nicht schämen, unsere Unvollkommenheiten zu bekennen und unseren Mangel an Tugenden, damit uns nicht jemand über das hinaus schätzt, was er an uns sieht (vgl. 2 Kor 12,6). Wenn uns aber bei einem guten Werk die Anfechtung des eitlen Ruhmes zu schaffen macht, sollen

wir ihr nicht nachgeben, d.h. nicht deswegen das gute Werk unterlassen, vor allem nicht, wenn es fruchtbar und notwendig ist. Oft glauben wir, dass man uns wegen eines Wortes oder einer Tat loben wird, während die anderen Leute das vielleicht gar nicht wahrnehmen. Wir denken ja auch nicht über alles nach, was die Menschen um uns herum tun, und ebensowenig merken diese alles, was wir tun. Manchmal verachten sie uns eher als dass sie uns loben – vor allem, wenn sie auch nur einen leichten Anhauch feststellen, dass wir gern für etwas gelobt werden möchten. Es kann dabei durchaus sein, dass sie uns ins Gesicht hinein schmeicheln und uns zu Gefallen reden, wie es leichtfertige Menschen häufig tun. Gegen solche Pfeile des eitlen Ruhmes ist es nicht so sehr nötig, verbissen zu kämpfen, als vielmehr solche Gedanken mit der „Hand der Besonnenheit" wegzuscheuchen, wie man Fliegen mit einem Fächer verscheucht!

Kapitel 13: Das Verlangen nach Freude und Wonne

Das Verlangen, es gut und angenehm zu haben, das Verlangen nach Wonne, war dem Menschen gegeben, damit er sich sehne nach der höchsten Wonne, die in Gott ist, nach der höchsten Seligkeit und Ruhe und dem Zustand, in dem es kein Leiden mehr gibt. Er sollte sich an dem, was er hatte, erfreuen, damit er in der Seligkeit wachse; denn Dinge, die Wonne schenken sollen, sind eine Last, wenn man keine Freude daran hat; und je mehr Sehnsucht, desto freudvoller die ersehnten Güter.

Kapitel 14: Die Verkehrung des geistlichen Verlangens

1. Nun aber hat sich die Sehnsucht nach geistlichen Wonnen in das Verlangen nach fleischlichen Ergötzungen gewandelt, aufgrund der Sünde. Man verlangt nach dem, was die Sinne erfreut, in der „Begierde des Fleisches und der Augen" (1 Joh 2,16). Das Begehren des Fleisches richtet sich auf *Unkeusch-*

heit, auf weiche Kleider, auf ein bequemes, träges Leben – all das betrifft den Tastsinn. Zum Begehren des Fleisches gehören auch *Ess- und Trunksucht,* die dem Geschmackssinn korrespondieren, sowie auch alle anderen Annehmlichkeiten, die sich auf die Sinne beziehen [...]. Das „Begehren der Augen“ aber verlangt danach, Schönes zu sehen und kostbare Dinge zu besitzen. Die *Habsucht* entsteht aus all diesen Arten der Begierde: Aus dem „Hochmut des Lebens“, weil man reich sein möchte, um mehr geehrt zu sein. Aus der „Begierde des Fleisches“, weil man reich sein möchte, um in jeder Hinsicht üppiger leben zu können und sich nicht mehr sorgen zu müssen, es gehe einem etwas ab. Aus der „Begierde der Augen“, weil man zum Besitz dessen, an dem man sich ergötzt, nach Gold, Silber, Edelsteinen, Kleidern, Äckern etc. [...] verlangt.

2. Gott aber gab dem Menschen den Leib im Hinblick auf die geistige Seele, und er erlaubte ihm, sich an den äußeren Gütern zu erfreuen – jedoch in der rechten Ordnung, mit Maß und Ehrbarkeit. Der Mensch sollte durch die Ergötzung seiner Sinne nach oben gezogen werden, er sollte gefördert werden in der Erkenntnis der geistigen Güter, in der Freude und Wonne an diesen. Die leibliche Vereinigung von Mann und Frau sollten sie in aller Ehrbarkeit und ohne verkehrte Begier erstreben, zur rechten Zeit, um Kinder zu zeugen, die der ewigen Seligkeit teilhaftig werden können. Sie sollten nach Speise und Trank – und allem anderen, was man braucht – begehren, um das leibliche Leben zu erhalten. Aber die Ordnung der von Gott erschaffenen Natur ist in Unordnung gekommen, alles dreht sich um die Ergötzung der Sinne. Und wenn der Mensch fürchtet, diese zu verlieren, dann gerät er in *Trauer und Zorn;* und wenn sie ihm nicht nach seinem Wunsch und Willen zuteil wird, verfällt er in üble Laune, und beginnt diejenigen zu hassen, die ihn – seiner Auffassung nach – daran hindern, zu bekommen, was will, oder die etwa dazu beitragen könnten, dass er verliert, woran er hängt. Und wenn er sieht, dass jemand anderer hat,

was er selbst begehrt, dann beneidet er diesen, weil er sieht, dass er selbst das nicht haben kann, solange es der andere besitzt. So kommt es zum Laster des *Neides,* mit dem der *Hass* verbunden ist; so auch zum Laster des *Zornes* wie auch der *Acedia,* die auf der einen Seite mit der Traurigkeit verknüpft ist, auf der anderen Seite mit einer Kraftlosigkeit, die sowohl aus unbeherrschter Ausgelassenheit wie aus Trägheit stammen kann.

Kapitel 15: Quelle aller Laster und Sünden: der Hochmut

Alle Laster und Sünden entstehen aus einer einzigen Quelle: dem Hochmut; sie verzweigen sich in zwei Rinnsalen: verkehrter Liebe und verkehrter Furcht; und ein dreifacher Zündstoff facht sie an: die Begierde des Fleisches, die Begierde der Augen und der Hochmut des Lebens.[a] Das ist sozusagen der „Stoff", die Gelegenheiten zur Versuchung, die uns die Welt vor Augen stellt: Ehre, Reichtum und üppiges Leben.

Kapitel 16: Die vierfache Beeinträchtigung des gefallenen Menschen; die Entstehung der sieben Hauptlaster

1. In Folge der Erbsünde leiden wir unter einer vierfachen Beeinträchtigung, wodurch wir eine Neigung zum Bösen haben: Unwissenheit, Begierde, böser Wille, Schwäche. Die Unwissenheit macht uns blind für die Erkenntnis der Wahrheit, so dass wir in unserem Urteil über Gut und Böse irren. Die Begierde verweichlicht uns, so dass wir das Sichtbare und körperlich Angenehme lieben und erstreben. Die Bosheit macht das Herz bitter und hart: in Zorn, Traurigkeit, Neid und Hass. Die Schwäche nimmt uns die Kraft, dem Bösen Widerstand zu leisten und am Guten festzuhalten. Diese vier Beeinträchtigungen haben wir uns als Strafe der Erbsünde zugezogen. [...]

2. Daraus entstehen die sieben Wurzel-Sünden oder Haupt-Laster, aus denen die übrigen Laster gleichsam wie Zweige

a Vgl. Bonaventura, *Breviloquium* III, 9 n. 1 (dt.: Einsiedeln 2. Aufl. 2006, 138f.).

sprießen. Das sind die sieben Häupter des Drachen in der Apokalypse (Offb 12,3), die sieben Dämonen, die Christus aus Maria von Magdala ausgetrieben hat, wie Markus berichtet (Mk 16,9), oder die sieben Fremdvölker, welche das Land der Verheißung besetzt hielten, so dass die Israeliten dort nicht in Frieden leben konnten (Ri 3,3.5). Denn diese Laster hindern uns daran, ins Himmelreich einzugehen, wenn wir uns nicht bemühen, sie zu vertreiben und zu unterwerfen. [...] Da der Herr den Kindern Israels befahl, die Kanaanäer zu vertreiben und ihr Land in Besitz zu nehmen, war das offenbar nicht eine gewaltsame Aneignung fremden Landes, sondern sie handelten im Gehorsam gegenüber dem Herrn der ganzen Welt: sie nahmen sein Land in Besitz, nachdem sie diejenigen vertrieben hatten, die es zu Unrecht innehatten. Das ist geschehen, damit wir darin unser Bild erkennen: Wir sollen unsere seelischen Kräfte, Streben und Empfindungen, die vom Schöpfer als gut erschaffen und uns zu gutem Gebrauch gegeben sind [...], dann aber in Folge der Sünde lasterhaft geworden sind, zurückerobern, sie in Tugenden verwandeln, die Verderbnis beseitigen.

3. *Hochmut* ist Liebe zur eigenen Vorrangstellung; der Hochmütige begehrt hoch hinaus, er hält sich selbst für erhaben, will von anderen auch so geschätzt werden und er will andere überragen.

Neid ist der Hass auf das Wohlergehen des Anderen. Der neidische Mensch empfindet es als Schmerz, dass ein anderer ihm gleich oder höher gestellt wird, er wünscht ihm Böses und bedauert das Gute des anderen.

Zorn ist eine heftige Bewegung aus empörtem Widerwillen. Der Zornige tobt und glüht, wenn ihm etwas begegnet, was seinem Willen entgegengesetzt ist.

Acedia ist Überdruss am Guten, der aus einer Erstarrung des Geistes kommt. Es kann sein, dass dann eine grundlose *Traurigkeit* den Geist niederdrückt, oder aber die *Unstete* des Herzens zu irgendwelchen Nichtigkeiten antreibt.

Habgier ist das Verlangen, mehr zeitliche Güter zu besitzen als nötig.

Das *Laster der Kehle und des Magens* ist ein ungeordneter oder zügelloser Appetit.

Unkeuschheit ist die unerlaubte Glut der Begierde oder die unerlaubte Ausübung geschlechtlicher Lust, sei es in der Tat, sei es im Verweilen der Gedanken.

Auf diese Weise verwirklicht, handelt es sich um Laster und Sünden. Doch sind die Strebungen, insofern sie natürlich sind, von Gott gegeben. Sie sind gegeben als Regungen des Verlangens zum Guten hin, als Antrieb zur Tugend. Denn Gott erschafft nichts Schlechtes, vielmehr ist „alles sehr gut" (Gen 1,31).[a]

Kapitel 17: Was das bedeutet: „Laster austreiben"; nochmals über den Hochmut

Die Austreibung der Laster ist nichts anderes als die Wiederherstellung der Strebungen, wie sie von Natur aus gegeben waren, und des Zustands der Regungen, wie sie vom Schöpfer eingerichtet waren. So haben wir oben geschrieben, dass das Streben nach erhabener Stellung dem Menschen gegeben ist, damit er die himmlischen, göttlichen Güter erstrebe und die bloß irdischen und minderwertigen geringschätze, in der Erkenntnis, dass sie seiner unwürdig sind. Von diesem Zustand ist er aber bald tief abgestürzt: Jetzt erstrebt er irdische, falsche und leere Ehre.

a Vgl. Wilhelm von St. Thierry, *Ep. aur.* II, n. 219 (Zisterzienserväter 5, 87): Kein Laster ist natürlich, während die Tugend natürlich ist. „Dennoch pflegt die Gewohnheit eines verdorbenen Willens oder einer eingewurzelten Nachlässigkeit sehr viele Laster in einem vernachlässigten Gewissen gleichsam natürlich zu machen. Denn die Gewohnheit ist, wie die Philosophen sagen, eine zweite Natur." Ebenso findet man bei Wilhelm den Gedanken, dass das Laster „das Fehlen der Tugend" sei: n. 221 (Zisterzienserväter 5, 88).

Kapitel 18: Warum dem Menschen die Regung[a] des Neides gegeben ist

Die Regung des Neides ist dem Menschen nicht gegeben, damit er den Nächsten wegen des ihm gegebenen Gutes missgünstig betrachte, auch nicht, damit er einem anderen Böses wünsche oder sogar antue. Sondern damit er in sich selbst und in seinen Mitmenschen die Fehlhaltungen und Sünden verabscheue und dem Teufel missgönne, dass dieser so viele Seelen von Gott abzieht. Auch soll er durchaus den Helfershelfern des Widersachers, seinen Statthaltern, den Irrlehrern und denen, die Seelen ins Verderben ziehen, nichts gönnen; denn diese berauben – sofern sie das könnten –, den Himmel einer größeren Freude: Größer ist die Freude im Himmel, je mehr dorthin gelangen, da jeder einzelne, der dort ist, allen anderen Bürgern des Himmels eine große Freude bereitet. – Das darf man freilich nicht so denken, dass man argwöhne, im Himmel könnte es irgendeinen Mangel geben; denn das läßt sich mit dem ewigen Ratschluss der göttlichen Erwählung nicht vereinbaren. – Das sind unsere Feinde, die zu hassen sind, insofern sie uns ins ewige Verderben stürzen wollen – nicht jene Menschen, von denen wir hoffen, dass sie in der Herrlichkeit des Himmels unsere Mitbürger sein werden, auch wenn sie jetzt Gegner zu sein scheinen.

Kapitel 19: Warum dem Menschen die Regung des Zornes gegeben ist

Die Regung des Zornes ist dem Menschen gegeben, damit er seinen Lastern mit Zorn begegne und böse Einflüsterungen mit Empörung abweise und nicht zulasse, dass sie in ihm Zustimmung finden; damit er schlimme Regungen in sich selbst und in anderen – soweit es möglich ist – zurückdränge, Be-

a *affectus* wird im folgenden als „Neigung" oder „Regung" übersetzt; denn der Begriff umfaßt sowohl die habituelle „Geneigtheit", wie die momentane tatsächliche Empfindung.

leidigungen Gottes und Missachtung der Gerechtigkeit ahnde. Das nennt man Eifer für die Gerechtigkeit; wie man von Christus liest, dass er voll Zorn war gegenüber den Pharisäern und anderen Personen, die nicht recht handelten. Und auch von anderen heiligen Menschen ist solcher Zorn bekannt.

Jetzt aber ist der Zorn zum Laster verkommen, zu einem Wüten wider die Vernunft und einer Art Wahnsinn. Wie ein Irrer tobt der Mensch gegen den Mitmenschen, gegen seinen Freund und Nächsten, gegen sich selbst, manchmal gegen Gott und die Heiligen, manchmal auch gegen Dinge, die selbst keinen Verstand oder Empfindungsvermögen haben, die nicht gut oder böse handeln können, sondern sich verhalten wie sie die Natur treibt. Und selbst wenn wir wissen, dass wir uns nicht der Gerechtigkeit entsprechend verhalten, können wir manchmal den Zornesausbruch nicht zurückhalten.

Kapitel 20: Warum dem Menschen die Regung der Traurigkeit gegeben ist

Die Regung der Trauer ist dem Menschen gegeben, damit er über seine Sünden und die des Mitmenschen Schmerz empfinde, damit er betrübt sei darüber, dass die Heimat noch fern ist, damit er die Strafen der Hölle fürchte, es ihm leid ist, dass er so unvollkommen ist, damit er mitleide mit den Gebrechen und Nöten seiner Mitmenschen. Der reife Ernst dieser Trauer bewirkt, dass leichtfertiger Unernst verscheucht wird. Das wäre die gute „gottgemäße“ Traurigkeit (2 Kor 7,10). Aber jetzt ist die Trauer ganz verkehrt: Sie hat sich verwandelt in „die Traurigkeit dieser Welt, die tödlich wirkt“, in Verzweiflung, misstrauische Verzagtheit und grundlose Niedergedrücktheit.

Kapitel 21: Warum dem Menschen die Regung der Freude gegeben ist

Die Regung der Freude ist dem Menschen gegeben, damit er sich in Gott freue, in der Hoffnung auf die ewigen Güter, in der Betrachtung der Wohltaten Gottes, und damit er sich freue mit seinem Mitmenschen über dessen Güter. Er sollte Freude haben am Lob Gottes und an guten Werken, und Widerwillen empfinden gegen alles, was sinnlos, hohl und unnütz ist [...]. Und seine Freude an den Werken Gottes hätte ihn stets frohgemut und rasch bereit gemacht zum Dienste Gottes. – Doch diese Freude hat sich verkehrt in Ausgelassenheit und hohlen Zeitvertreib: der Mensch hat seine Freude an Unvernünftigem und Unechtem[a], auch an Überfluss zeitlicher Güter, an Ehren und Vergnügungen, am Lachen und Auslachen, an irgendwelchen Geschichtchen und geschmacklosen Spielen. Dagegen ist ihm alles langweilig, was mit Gott zu tun hat; es schmeckt ihm nicht, er hat Widerwillen, sich darin zu engagieren. Träge ist er, wenn es um das Bemühen um den Geist des Gebetes oder die Tugenden geht, sein Herz ist ständig „unterwegs“ und beschäftigt sich mit unnützen, sinnlosen, unsauberen Dingen. Ja, er würde für alle anderen Geschäfte und Beschäftigungen gern härtere körperliche Mühen auf sich nehmen als bei einer geistlichen Aufgabe zu bleiben. Er hat es eilig, von diesen Dingen frei zu sein, so schnell er kann; und was er tut, tut er nachlässig – außer er erhofft sich einen Gewinn oder ein Lob oder irgendeinen äußeren Vorteil davon. – Aus der ungeordneten Traurigkeit wird der Widerwille gegen das Gute geboren [...]. Ähnlich gebiert auch die unbeherrschte Zerstreuung oder Ausgelassenheit Widerwillen gegen das Gute: wenn wir uns nämlich leichtgewichtigen Beschäftigungen derart intensiv zuwenden, dass wir zu geistlichen Dingen keine Lust mehr haben und gerade zu bedrückt sind, wenn wir uns vom Müssiggang und nicht ganz unschuldigen Scherzen losreißen und zu ernsthaftem Tun zurückkehren sollen. Wie ein am Pflock angebundener Hund ist unser Geist nur widerstrebend beim Gottesdienst dabei. Das ist das Laster der Acedia, der Widerwille gegen das Gute. Daran leiden viele, auch Ordensleute, und nur wenige besiegen dieses Laster.

a *falsis insaniis:* vgl. Ps. 39,5 (Vg.)

Kapitel 22: Warum dem Menschen die Regung der Habsucht gegeben ist

Die Neigung der Habsucht ward dem Menschen gegeben, damit er begierig danach strebe, sich vor Gott Verdienste zu erwerben, reich zu werden an großen Tugenden und vielen guten Werken; und damit er auch viele andere Menschen für Gott zu gewinnen strebe: durch sein Wort und sein Gebet, durch sein gutes Beispiel und jede Hilfe zum geistlichen Fortschritt. Und er sollte nicht einfach satt und zufrieden sein mit dem Guten, das er besaß, sondern sich noch weiter mühen, dass in ihm die Gnade und die Werke der Tugenden zunähmen. –

Jetzt aber ist dieses Streben abgeglitten zu einer Gier nach zeitlichen Gütern: Geld, Besitz, alle möglichen Sachen, selbst solche von geringem Wert sammelt man. Als ob der Mensch ewig leben müsste und die Welt vor dem Untergang stünde, so dass man zusammenrafft, was man nur kann, damit man nicht beim Weltuntergang am Ende nichts mehr fände, wovon man leben kann! So tat Noach, als die Flut nahte; er trug das Eßbare zusammen, das er hatte, als alles in der Flut untergegangen war. Und je näher ein Mensch dem Tode ist, desto eifriger häuft er und hütet den Besitz! So soll offenbar werden, wie irrational die Habsucht ist, da man desto mehr sammelt, je weniger man braucht – wie ein Mensch, der für eine kurze Reise einen riesigen Proviant mitnimmt, oder jemand, der für eine einzige Übernachtung ein aufwendiges Haus baut. Das ist der Grund, warum Gott wollte, dass wir über die Stunde unseres Todes keine Gewissheit haben: Wir sollen uns wenig kümmern um die zeitlichen Dinge, die wir ja jeden Augenblick fürchten müssen zu verlieren. Wir sollen aber viel an die Ewigkeit denken, der wir ununterbrochen jeden Augenblick näher kommen.

Kapitel 23: Warum dem Menschen das Verlangen nach Essen und Trinken gegeben ist

Dieses Verlangen ist uns gegeben zur Erhaltung des Leibes und unseres natürlichen Lebens, damit wir im Dienste Gottes durchhalten und Verdienste erwerben können. Eine maßvolle, karge und einfache Kost erhält die Natur längere Zeit gesund, denn sie belastet deren Kräfte nicht, sondern erquickt sie. Eine einförmige Ernährung bewahrt die Gesundheit, weil die Natur sich auf diese einstellt und nicht ständig durcheinandergebracht wird durch neue und ungewohnte Speisen. Daher leben Menschen im Kloster oft sehr lange bei guter Gesundheit. –

Doch das natürliche Verlangen nach Speise ist ausufernd geworden: man ist auf Delikatessen und Überflüssiges aus. Wir sind nicht mit dem zufrieden, was die Natur aufrecht erhält, sondern was dem Gaumen gefällt. Und wenn wir uns dann an solche Dinge gewöhnt haben und die Natur sich darauf eingestellt hat, lehnt sie sich auf, wenn man ganz ungewohnt einmal mit geringerer Kost zufrieden sein muss. Dann glauben wir gleich, wir seien so schwach und krank, dass wir mit ärmlicher Kost nicht leben können; wir fangen an, unter dem Vorwand weiser Unterscheidung ganz ohne Scham nach Leckerbissen zu verlangen. Wir wollen gar nicht erfahren, dass die Natur genauso, wie sie durch Gewöhnung an feine Speisen gesunken ist, durch gegenteilige Gewöhnung auch wieder zum rechten Maß einer einfachen Ernährung zurückgeführt werden kann. Wir sehen das doch in den meisten Regionen der Erde: Mit wie wenig Heiden, Juden, arme Christen leben, von denen manche, die verarmt sind, ebenso gesund sind wie vorher in ihrem Wohlleben.

Kapitel 24: Die Geringschätzung geistlicher Wonne und innerer Süße

Die geistlichen Freuden und das Verkosten innerer Süße, die alle Leckereien dieser Welt unvergleichlich übertreffen, wie Honig im Vergleich zu Dreck, werden kaum jemals erwähnt, noch ist ein wirksames Verlangen danach oder eine Bemühung darum verbreitet – ja, nicht einmal unter den Ordensleuten, die sich schon für weit fortgeschritten halten. Im Gegenteil: Man betrachtet diese Dinge mit Geringschätzung und belächelt sie, als sei das dumm und abzulehnen. Und wer solche Dinge erfährt, hat von anderen Ordensleuten Verfolgung zu ertragen, wird für besessen gehalten oder Häretiker genannt. Wie „geistlich" aber diejenigen sind, die die Gnade des innigen Gebetes derart verachten und verfolgen, das mögen sie aus den Worten des Apostels Paulus lernen (1 Kor 2,14): Er nennt solche Leute, die nicht verstehen, was „vom Geiste Gottes kommt", weil es „für sie Torheit ist", „irdisch gesinnt". – Das heißt aber nicht, dass ich Personen lobe und billige, die andere oder sich selbst täuschen, indem sie ihren eigenen Geist oder einen fremden Geist für Gottes Geist halten und so in die Irre geführt werden. Man muss die Geister prüfen und unterscheiden (vgl. 1 Joh 4,1).

Kapitel 25: Warum dem Menschen die Regung der Liebe gegeben ist

Die Regung der Liebe ist dem Menschen gegeben, damit er Gott über alles liebe, sich selbst und seinen Mitmenschen wegen Gott und so wie Gott es will, und alle Werke Gottes wegen ihres Schöpfers, ein jedes nach seiner Würde. Der Mensch sollte den Dienst der Schöpfung in Anspruch nehmen, um Gottes Willen zu tun und sein ewiges Heil zu wirken. Und durch die Freude an den Geschöpfen und ihren Gebrauch sollte er sich zu tieferer Liebe und Erkenntnis des Schöpfers führen lassen, bis er zu Ihm selbst gelangt, in dem alles ist und lebt, gemäß des ewigen Schöpfungsplanes. – Doch diese

Regung ist geradezu erloschen, sie ist abgeglitten zu fleischlicher „Liebe“ und schändlichen „Freuden“. […].[a]

Kapitel 26: Warum dem Menschen die Regung der Hoffnung gegeben ist

Die Hoffnung ist dem Menschen gegeben, damit er auf die Güte Gottes baue. Er sollte hoffen, von Gott in diesem Leben Gnade zu erlangen, im künftigen Leben die ewige Herrlichkeit; er sollte erhoffen, dass ihm die Sünden vergeben werden, wenn er Buße tut, dass sein irdisches Leben erhalten werde, so wie es ihm nützt, dass er vom Bösen erlöst und im Guten gefestigt werde. – Doch diese Hoffnung geriet in Unordnung: Die Menschen hoffen weniger als sie sollten, oder mehr als es der Gerechtigkeit entspricht. Manche sind so zuversichtlich, dass sie hoffen, Gott werde sie aufgrund seiner Güte auch trotz ihrer Sünden retten – gegen seine Wahrheit und Gerechtigkeit –, so dass er selbst ungeläuterte Menschen in den Himmel zu seinen ganz lauteren Engeln gesellen werde. Andere wiederum misstrauen Gott: er wolle ihnen, selbst wenn sie sich bekehren, ihrer Seele die Gnade der Beharrlichkeit nicht geben, oder ihrem Leib nicht das Notwendige zum Leben – gerade so als ob Gott seinen Feinden gnädig sei, solange sie noch in Sünden sind, seinen Freunden gegenüber, die gerecht sind, Buße tun und sich zu ihm hinkehren, aber ungnädig. Als ob Gott die Sünder zwar freigebig nährte und rettete, diejenigen, die sich bekehrt haben, jedoch verließe und vor Hunger zugrunde gehen ließe!

Kapitel 27: Warum dem Menschen die Regung der Furcht gegeben ist

Die Furcht ist dem Menschen gegeben, damit er Gott fürchte, fürchte, von ihm getrennt zu werden, ihn zu beleidigen

a Im folgenden beklagt David, dass selbst der Kinderwunsch oft gar nicht aus Liebe zu den Kindern als Personen kommt, sondern aus Eigennutz: um Erben zu haben, um Ehre zu gewinnen und den Einfluss der Sippe zu stärken.

oder von ihm gestraft und verworfen zu werden. – Jetzt aber fürchtet man zeitliches Ungemach, Unannehmlichkeiten für den Leib, Einbuße an Ehre; die künftigen und ewigen Übel aber fürchtet man nicht – als ob sie entweder nie kämen, als ob die Worte vom Gericht und der ewigen Strafe nur leere Drohungen seien, oder als ob man ihnen leichter entgehen könne, als hier gesagt wird. Der Mensch fürchtet sich mehr vor einem Tier oder einer Sache ohne Verstand und Empfinden als davor, den allmächtigen Gott zu beleidigen.

Kapitel 28: Warum dem Menschen die Regung der Scham gegeben ist

1. Die Scham ist dem Menschen gegeben, damit er sich schäme, seiner Unwürdiges zu tun oder getan zu haben, das heißt: gesündigt zu haben, ein Sklave der Sünde zu sein (vgl. Röm 6,20), eine Beute des Widersachers, aller Schändlichkeit und Unehrbarkeit, der Trägheit und Nichtswürdigkeit. – Jetzt aber schämen wir uns, Knechte Gottes zu sein, dem doch alles dient (Ps 118,91), sei es aus freiem Willen oder aus Notwendigkeit. Wir schämen uns, den Herrn nachzuahmen in Demut, Geduld, Armut, in unserem Ordensleben, in Gehorsam und ohne beachtet zu werden, ja in Schmach und Scheitern. Und doch ist keiner des Herrn würdig, der sich schämt, ihn vor den Menschen zu bekennen (Lk 9,26) oder ihm nachzufolgen; denn es ist eine große Ehre für den Knecht, dem Herrn zu folgen.

[Zusammenfassung]

2. In gleicher Weise müssen wir von allen Gaben denken, die wir von Gott erhalten haben: unsere Erkenntniskraft und geistige Begabung, unser Leib und seine Glieder, die irdischen Güter, Ehre und Macht, die Zeit, in der wir leben, und alles, was dem Menschen in dieser Welt zu Diensten steht. All das ist uns gegeben, damit wir damit unserem Schöpfer dienen,

damit wir das ewige Leben gewinnen und damit wir unsere Mitmenschen mit uns zum Leben ziehen. – Doch statt dessen „verdrehen wir alles, was uns zu diesem Leben oder zum Gewinn der ewigen Herrlichkeit gegeben ist, zu einem Anlass, schuldig zu werden. Aber alle Dinge, die wir missbrauchen, nehmen gewissermaßen auch Rache.“[a] [...]

II. Teil
Beschreibung der einzelnen Laster und der Heilmittel dagegen

Nun werden wir einige Überlegungen anstellen über das Wesen der Laster und ihre Erscheinungsgestalt, wie auch über die Heilmittel; denn die Tugend ist unter diesem Gesichtspunkt nichts anderes als die vollständige Ausheilung der Fehlhaltung. Wenn das Laster eine ungeordnete Bewegung oder die Verderbnis eines natürlichen Strebens bezeichnet, dann ist die Tugend dessen Gegenteil, also ein Streben oder Verlangen, das in der rechten Ordnung steht, das heißt: auf das Ziel hingeordnet ist, zu dem es vom Schöpfer gegeben war.

Kapitel 29: Die dreifache Gestalt des Hochmuts

[siehe Kapitel 11 und 17]

Kapitel 30: Gottes Gnade, eigenes Bemühen, äußere Umstände

1. Drei Dinge vertreiben die Laster und wirken die Tugend: Die Gnade Gottes, unser eigenes Bemühen, und unausweichliche äußere Umstände *(necessitas)*. Die Gnade Gottes gießt uns die Tugenden ein, das Bemühen des freien Willens wirkt mit der Gnade mit, und macht aus der Not eine Tugend. Man kann eine Tugend oft auch unabhängig von bestimmten nö-

a Gregor d. Gr., *Hom. in Evang. – Evangelienhomilien* II, 35, n. 1 (FC 28/2, 688)

tigenden Umständen gewinnen – ohne Gnade und ohne die Zustimmung des freien Willens aber niemals. Manchen Menschen gießt die Gnade die Tugenden ein, ohne dass sie sich sehr viel abmühen müssen, freilich niemals ohne ihre Zustimmung; denn ohne Willenszustimmung gibt es kein Verdienst. Das sind die Menschen, denen „Gott mit seinen Segnungen voll Süße zuvorkommt“ (vgl. Ps 20,4 Vg), oder jener Weise, von dem es in Weish 6,15 heißt, dass „er gewacht habe von Tagesanbruch“ – das heißt, als sein Verstand zu erwachen begann im frühesten Kindesalter – „und dass es ihm nicht hart war; auf ihren Türschwellen sitzend fand er sie“, das heißt: die Gnade der Weisheit und Tugend. Von den Aposteln und andern Personen besonders der Urkirche lesen wir, dass sie plötzlich vom Heiligen Geist erfüllt wurden und Tugenden, Gaben und verschiedene Charismen empfingen. [...]

2. Äußere Umstände, die uns veranlassen, uns um die Tugend zu mühen, sind zum einen solche, die der Mensch freiwillig auf sich nimmt – zum Beispiel durch die Gelübde von Gehorsam, Keuschheit, Armut und dergleichen, oder wenn jemand gelobt, unter Ungläubigen zu verkündigen. Wenn solche Menschen später etwas erleiden oder tun müssen, dem sie ausweichen könnten, hat es den Anschein, als wären sie durch die Umstände gezwungen. Doch ist diese „Notwendigkeit“ eine freiwillig genommene; denn sie haben sich ja freiwillig dazu verpflichtet und würden lieber leiden als von ihrem Vorsatz Abstand nehmen.

Es gibt eine andere Notwendigkeit, wenn der Mensch gegen seinen Willen etwas ertragen muss und nicht ausweichen kann: unfreiwillige Armut, körperliche Krankheit, Geringschätzung, Verfolgung, bestimmte Versuchungen und anderes, was ihm zu schaffen macht. Das nimmt er zuerst nur mit Widerwillen und Auflehnung an, wenn er aber später sieht, dass er dagegen nichts ausrichten kann, beginnt er seinen Willen zu beugen und aus dieser Not eine Tugend zu machen. Damit beginnt er, Verdienste zu sammeln; die Umstände müssen ihm dazu dienen, in der Tugend große Fortschritte zu machen, die er kaum auf andere Weise erreicht hätte. [...]

Das ist der Sinn jenes Gebetes der Kirche: „In deiner Gnade, o Gott, dränge selbst unseren widerstrebenden Willen zu dir hin“.[a] Das heißt: Mache aus Unwilligen Willige – willig zu dem, was uns in Wahrheit nützt; und wenn wir dir im Glück nicht folgen wollen, dann ziehe uns durch Unglück.

3. Unser eigenes Bemühen bezieht sich auf drei Dinge: dass wir umsichtig überlegen, alles versuchen, was wir können, und stets treu und gewissenhaft bleiben.

Kapitel 31: Unterschiedlich scheinende Gnadenhilfe

Warum haben es manche Menschen anscheinend „leichter“ als andere?

1. Die Gnade kommt manchen Menschen in einer Weise zuvor, dass diese mit großer Leichtigkeit, ja mit viel Freude das Gute tun und sich vom Bösen zurückhalten; sie gibt manchen Menschen ein solches Feuer im Wollen, dass sie mit großer Begeisterung alles, was sie tun sollen, sogleich in Angriff nehmen, sei es noch so hart und schwierig. Andere dagegen scheint die Gnade sich selbst zu überlassen: zu allem, was sie tun sollen, brauchen sie einen zusätzlichen Antrieb, gewissermaßen Sporen wie ein träges Tier; es fällt ihnen schwerer, die Schwerfälligkeit ihres Herzens zu überwinden als die Last einer Arbeit auszuhalten. Aber auch wenn diese Menschen nicht die glühende Sehnsucht haben, dem Herrn nachzueilen (vgl. Hld 1,3), so haben sie doch die Sehnsucht nach der Sehnsucht, sie beten darum, mit der Braut „gezogen zu werden“, weil ihnen gleichsam zum raschen Lauf die Beweglichkeit fehlt: „Meine Seele verlangte danach, sich zu sehnen nach deiner Gerechtigkeit zu aller Zeit“ (Ps 118, 20 Vg). [...] Das erste ist seliger, das zweite mühevoller.

2. Was von beiden verdienstvoller ist, kann – glaube ich – niemand letztlich beurteilen, nur „der Herr, der den Geist auf

a *Missale Romanum,* Samstag nach dem 4. Fastensonntag und 4. Sonntag nach Pfingsten, Gabengebet (sog. „Secreta“).

die Waage legt" (Spr 16,2). Wenn die Leute von der zweiten Art getreulich ringen, besiegen sie sich selbst und werden durch Einübung ihrer Herr; und das ist eine große Tugend. Die Leute von der ersten Art brauchen mehr Vorsicht, damit sie sich nicht täuschen; denn Reichtum, den man mühelos gewonnen hat, gibt man oft achtloser aus als wenn man ihn langsam und mit viel Mühe erworben hat. Die Leute der zweiten Art geben oft die Hoffnung auf Sieg auf, bevor sie ihre Schwierigkeiten vollständig überwunden haben, gleichsam aus Erschöpfung und weil ihnen vor der Anstrengung graut; sie verzweifeln daran, ihr Ziel zu erreichen, geben das Streben nach der Vollkommenheit auf und wenden sich anderen Beschäftigungen zu. Sie haben gleichsam kein Vertrauen in Gott, dass er sie in das „Land der Verheißung" führen will – was ja ein Bild für die vollkommene Lauterkeit darstellt. [...]

Kapitel 32: Unterschiedliche Heilmittel gegen die Laster

David bemerkt hier nur, dass es allgemein wirksame Heilmittel und besondere gegen bestimmte Laster gibt, rasch wirkende Heilmittel und solche, die langsamer wirken.

Kapitel 33: Sieben besonders wirksame Heilmittel gegen alle Laster

David nennt hier die Armut, das Gering-geschätzt-Sein bei Menschen, eine feste Leitung, Abstand von weltlichen Menschen, häufiges Gebet, leidvolle Widerfahrnisse (Mühsal, Krankheit, Verfolgung, Versuchungen, üble Nachrede u.a.) und die beständige Erinnerung an den Tod und das gerechte Gericht.

Kapitel 34: Spezifische Heilmittel

Sehen wir uns also spezifische Heilmittel gegen die Laster an. Wir können sie nicht allesamt beschreiben, sondern einige wenige aus der Vielzahl wollen wir vorstellen. Wir sind wie arme Leute, die nicht viele verschiedene und in der Wirkung differenzierte Heilmittel besitzen, sondern sich aus wohlfeilen Kräutern Salben bereiten, um ihre Schmerzen zu lindern.

Kapitel 35: Gegen Hochmut

1. Erstens: Betrachte die Schwäche in deiner eigenen körperlichen und seelischen Konstitution. [...] Bedenke, dass äußere Ehre und Reichtum uns nicht von Natur mitgegeben sind. Reichtum ist Erde, von der Erde ist er genommen, in Form von Geld oder Besitzungen. Und Ehrungen erweist man einem Menschen nicht um seiner selbst willen, sondern um eines erhofften Gewinnes willen. Wie die Geier und Hunde sich um einen Kadaver scharen, solange sie hoffen können, sich an ihm zu sättigen. Wenn sie ihn ganz abgenagt haben, so dass nur noch die trockenen Knochen übrig sind, machen sie sich davon.

Bedenke auch, dass die geistigen Güter nicht unser Eigentum sind, sondern Gaben Gottes, und dass wir darüber gewissenhaft Rechenschaft ablegen müssen, zum Beispiel über Wissen, Begabung und Tugenden. [...] Was wir Gutes haben, ist auch nicht einfach durch und durch gut[a], sondern leidet unter vielfacher Unvollkommenheit: Faulheit, Trägheit, Ruhmsucht, Heuchelei, Lustlosigkeit, törichte Gedanken, Unbeständigkeit und die übrigen Fehlhaltungen infizieren oft das Gute, das wir tun, sie beschmutzen die Opfergabe unserer Gebete und Taten [...].

Und schließlich: Wir sind so vielen Gefahren ausgesetzt [...]. Was gäbe es für einen Grund, dass „Lehm und Staub sich überhebt" (Sir 10,9), der schwache Mensch!

2. Das zweite Mittel besteht darin, sich in Werken der Demut zu üben: Dienste zu übernehmen, die nicht viel gelten und missachtet sind, oder Bauernarbeit. In einem unauffälligen Gewand gehen, bescheiden in Wort und Verhalten, den letzten Platz wählen, nichts aus Prahlerei tun oder um gesehen zu werden. Wenn solches Verhalten zur Gewohnheit

a vgl. Gregor d. Gr., *Moralia* XXXV, XX n.49 (CCSL 143B, 1810f.)

wird, macht es auch den Geist zur Demut geneigt. Wenn aber den Menschen Ruhmsucht oder Hochmut gerade *wegen seiner Verdemütigung* anfällt, dann kommt das daher, dass solches Verhalten neu und selten ist. Wenn man es aber lange praktiziert, dann verflüchtigt sich die Eitelkeit. „In Gott werden wir Tugenden vollbringen, er selbst wird unsere Feinde zunichte machen" (Ps 59,14).

3. Das dritte Mittel: Betrachte Personen, die besser sind als du und dich überragen: andere Menschen [seien sie unsere Vorgänger oder Zeitgenossen] und den Herrn Jesus Christus, der Gott und Mensch ist. Wenn du glaubst, etwas zu sein, wirst du dir im Vergleich zu diesen gering vorkommen [...], sowohl im Hinblick auf ihre gute Taten wie im Hinblick auf das, was sie durchgemacht haben.

Kapitel 36: Drei Grade des Neides

1. Der Neid hat drei Grade. Erstens, sich weder zu freuen über das Gut des Mitmenschen noch traurig zu sein über seinen Schaden. Das steht im Gegensatz zur Nächstenliebe, mit der wir den Mitmenschen lieben sollen wie uns selbst; und es gibt niemanden, der sich nicht über das Gute, das ihm zuteil wird, freut, oder nicht über das Böse, das ihm zustößt, Schmerz empfindet.

2. Zweitens, sich gepeinigt zu fühlen wegen des Gutes eines Mitmenschen, und sich zu freuen über sein Unglück, ja ihm Übles zu wünschen – und zwar aus Abneigung gegenüber der Person. Denn wenn jemand das zeitliche Wohlergehen eines Andern bedauert oder sich über das Scheitern seiner Absichten freut, weil er sieht, dass das für diese Person selbst oder für eine größere Gemeinschaft nützlich ist, diese Haltung also nicht aus Abneigung gegenüber der Person stammt, dann ist sie nicht als Neid zu betrachten. [...]

3. Drittens, zum Schaden eines anderen durch Wort oder Tat beizutragen oder sein Gut zu hindern und zu schmälern. [...] Es ist schlimm, jemanden an seinem Besitz oder an seiner

gesellschaftlichen Stellung zu schädigen, schlimmer, jemandem leiblich zu schaden, am schlimmsten, wahrhaft teuflisch, seine Seele zu verletzen oder seinem ewigen Heil zu schaden. Es ist eine Sünde, jemandem eine Wohltat zu verweigern, der sie braucht, selbst wenn es ein Feind wäre. Schlimmere Sünde ist es, ein ihm drohendes Übel nicht zu verhindern, wenn es in deiner Macht steht. Ein Zeichen von Vollkommenheit jedoch ist es, das Gut auch des Gegners zu fördern und ihn auch mit dem Herzen zu lieben. Manche glauben, sie seien ohne Schuld, wenn sie denen, die sie nicht leiden können, ihren Gruß verweigern. Sie sollten sich einmal fragen, wie sie es wohl zustandebrächten, ihrem Feind, wenn er Hunger hat, zu essen zu geben (Spr 25,21; Röm 12,20); denn das würde von ihnen ja verlangen, sich selbst eine Einschränkung zuzumuten! Wenn sie schon einen Gruß, der sie nichts kostet, verweigern, vor allem, wenn der andere ihn sehr ersehnt und gerne annähme.

Neid und Abneigung sind Gott zuwider *(contraria);* denn stehen im Gegensatz zur „caritas, die Gott ist“ (vgl. 1 Joh 4,8).

Kapitel 37: Zwei Heilmittel gegen Neid

1. Das erste und wichtigste Mittel gegen den Neid besteht darin, nichts zu begehren oder zu lieben, was die Welt liebt: Ehrungen, Reichtum, Vergnügen. Der Anteil an den zeitlichen Gütern wird desto geringer, unter je mehr Teilhaber sie aufgeteilt werden. Wer also diese Dinge begehrt, beneidet andere, die sie besitzen; denn es ist unausweichlich, dass das, was der eine besitzt, der andere eben nicht besitzt. Die himmlischen Güter aber und alles, was mit Gott zu tun hat, werden größer und mehren sich, je mehr daran teilnehmen. Tugenden, Weisheit, die Gaben des Heiligen Geistes: diese Güter werden nicht gemindert, wenn viele an ihnen teilhaben.

2. Das zweite Heilmittel besteht darin, sich vor Augen zu führen, dass auch dann, wenn der andere das nicht besäße, was du ihm neidest, du es deswegen noch nicht besäßest. [...]

Kapitel 38: Drei Heilmittel gegen Hass bzw. Abneigung

1. Das erste Mittel gegen den Hass ist die Furcht vor der Vergeltung Gottes: Denn Gott läßt die Sünden einem Menschen nicht nach, solange dieser im Hass gegen seinen Nächsten verharrt.

2. Zweitens: Denke daran, dass es irgendwann notwendig sein wird, sich zu versöhnen, wenn man gerettet werden will. Und dass es daher besser rasch als zu spät geschieht, damit man nicht in die Gefahr der Verdammnis gerät und des Guten verlustig geht, das man erwirkt hat. Die künftigen Familienangehörigen des Hauses des himmlischen Vaters müssen bereits hier auf Erden den Bund des ewigen Friedens schließen; denn je inniger hier die Liebe, desto herrlicher und seliger wird man sich dort am ewigen Frieden erfreuen.

3. Drittens: Wenn dir ein Mensch besondere Schwierigkeiten bereitet, dann bemühe dich, ihm besonders zuvorkommend und freundlich zu begegnen. Du wirst dadurch sein Herz besänftigen, sofern er bei Verstand ist; zumindest wirst du damit *dein* Herz sanft behandeln! „Lass dich nicht vom Bösen besiegen, sondern besiege das Böse mit dem Guten" (Röm 12,21). [...]

Was nützt es denn dem Menschen, lange Zeit sich immer wieder an erlittenes Unrecht zu erinnern – außer, dass er sich immer wieder von neuem aufregt und seinen Schmerz aufrührt. „Hat doch jeder Tag genug der eigenen Plage" (Mt 6,34). Es gibt so vieles, was uns schwer fällt, wie sehr wir uns auch innerlich um Friedfertigkeit bemühen. Wenn wir uns darüber hinaus noch Lasten aufladen durch Groll und hartnäckiges Festhalten am Streit, dann werden wir eher zusammenbrechen als allem standzuhalten und zu siegen. [...] Wenn wir alle niederhalten wollen, die wir als Gegner auszuhalten haben, dann werden wieder andere aufstehen; und wir werden eher zu Boden gehen als allen Herr zu werden. Wer sich selbst durch die Geduld besiegt, hat alle Gegner überwunden: „Mögen sie gegen dich kämpfen, sie werden dich nicht überwältigen“ (Jer 1,19). Das sieht man an den heiligen Märtyrern.

Manchmal entsteht Hass aus Neid, manchmal aus lange gehegtem Zorn.

Kapitel 39: Die drei Erscheinungsweisen des Zornes

1. Es gibt drei Arten von Zorn: Die erste besteht darin, sich sofort und aus belanglosem Grund aufzuregen – wegen eines leichthin gesprochenen Wortes oder einer geringfügigen Handlung oder auch nur auf Verdacht hin. Manchmal zürnen wir sogar unvernünftigen Wesen, Tieren, oder einem Stein oder einem Stück Holz oder dem Schreibgriffel! –

2. Die zweite Art ist der glühende, heftige Zorn. Manchmal entsteht er nur im Herzen, manchmal rötet sich auch das Gesicht und verzerrt sich, manchmal folgen wilde Gesten, in denen sich die innere Erregung widerspiegelt: man schnaubt durch die Nase, das Gesicht wird bald blass, bald rot, die Augenbrauen ziehen sich zusammen, die Lippen beben, der ganze Körper ist unruhig. Manchmal bricht der Zornige in Worte aus, schreit, stößt Schmähungen und Schimpfworte aus, Flüche, Drohungen, Verwünschungen und Lästerungen. Manchmal zittert der Leib, als durchliefen ihn Fieberschauer, oder es ergreife ein Anfall von Wahnsinn den Geist. Manchmal erhebt sich die Hand, um einen anderen oder sich selbst zu verletzen, so dass jemand Hand an sich legt; oder dass er wegwirft oder zerstört, woran er gearbeitet hat. Manchmal läßt der Zornige nichts zu, was ihm gut täte, zum Beispiel Speise oder sonst etwas Nützliches. Der Zorn hat viele derartige Wirkungen; er bringt das Herz um den Frieden, vernebelt den Verstand und verwirrt das Gedächtnis bzw. das Bewusstsein seiner selbst. Und ebenso wie Rauch einen Gast aus dem Haus vertreibt, so vertreibt Zorn den Heiligen Geist, der nach einem ruhigen Herzen als seiner Wohnung verlangt, wie es im Psalm (75,3) heißt: „Im Frieden ist sein Wohnsitz.“

3. Die dritte Art von Zorn ist eine lang andauernde Erregung, die innerlich den Groll hegt und pflegt.

Manche haben mehr den Zorn der ersten Art, weniger den der zweiten und dritten. Andere neigen mehr zum zweiten, wieder andere zum dritten. Wieder andere haben zwei Arten des Zornes oder sogar alle drei. Das sind die schlimmsten. Der Zorn ist der Sanftmut entgegengesetzt, der Milde und der Geduld; er entehrt das Verhalten des Menschen, das doch zuchtvoll sein soll, und er bewirkt, dass der Mensch unüberlegt handelt [...] Der Zorn „kennt kein Erbarmen" (Spr 27,4) und keine Demut, er macht den Intellekt blind. Wie Rauch den Augen, so schadet der Zorn dem Herzen.[a]

Kapitel 40: Fünf Heilmittel gegen den Zorn

1. Die Heilmittel gegen den Zorn sind folgende: Man überlege, was einem an Worten oder Taten Zuwideres begegnen kann, und wappne sich im Vorfeld mit Geduld. Man sei gefaßt, dass der Feind gewissermaßen im Hinterhalt lauert, „dann werden dich Ereignisse um so weniger durcheinanderbringen je klarer du sie vorausgesehen hast."[b] Wer sich einem Kampf stellen muss, der pflegt die Kampfkunst durch Training zu erlernen, um die Schläge des Gegners durch den Schild abzufangen und nicht unversehens verletzt zuwerden. Wenn sich jemand erst dann bewaffnen will, wenn der Feind schon über ihm ist, wird er keine Zeit mehr dazu haben, noch wird er, derart überrumpelt, einen klaren Gedanken fassen können, wie er entkommen kann.

2. Zweitens: den Mund halten und den aufflammenden Zorn im Herzen ersticken. Läßt man ihn ausbrechen, so könn-

a Diese Beobachtung findet sich ausführlich dargestellt bei Evagrius Pontikus: Zorn bzw. Groll ist das Haupthindernis für das Gebet und die Gotteserkenntnis: *Über die acht Gedanken*, 4. Kapitel; *Praktikos* 23-25. Vgl. dazu Gabriel Bunge, *Drachenwein und Engelsbrot. Die Lehre des Evagrios Pontikos von Zorn und Sanftmut*, Würzburg 1999.

b Vgl. Gregor d. Gr., *Evangelienhomilien* II, 35, n. 1 (FC 28/2 684).

te er noch anwachsen und andere mitreißen – wie man es beim Feuer oft sieht. Dazu hat uns Gott zwei Tore für die Zunge gegeben, die Lippen und die Zähne [...].

3. Drittens: Man wende sich anderen Beschäftigungen zu, die das Herz ablenken, man spreche oder tue andere Dinge, um die Aufregung zu vergessen. So macht man es auch, wenn man ein Feuer löschen will: man zieht die brennenden Holzscheite weg, so dass das Feuer durch die Teilung schwächer wird [...]

4. Das vierte Heilmittel ist die Scham, die Beherrschung zu verlieren und anderen zum Anstoß zu werden [...]

5. Das fünfte Heilmittel: Versuche dich daran zu gewöhnen, bei aufkommender Erregung vernünftige Gedanken zu fassen: wie viel Schaden der Zorn bringt, wie er das Gewissen befleckt, den guten Ruf verdirbt, anderen Ärgernis gibt, den Heiligen Geist vertreibt [...].

Bedenken wir, dass niemand auf dieser Welt allen Widerwärtigkeiten entgehen kann, auch nicht die Menschen, die der Welt dienen: sie haben oft noch Ärgeres zu ertragen. Denken wir daran, wie viel die Heiligen ertragen haben, und mehr als alle unser Herr Jesus Christus. Und wenn er so viel für uns ertragen hat, dann sollten wir es doch nicht ablehnen, auch etwas für ihn zu ertragen [...].

Kapitel 41: Die drei Phänomene der Acedia[a]

1. Die Acedia tritt in drei Formen auf: Erstens als eine Art Bitterkeit im Geist: Der Mensch mag nichts Frohes oder ihm Heilsames leiden, er nährt sich von Missmut, lehnt die Gesellschaft von Menschen ab. Das ist die Traurigkeit der Welt, von

a Aufgrund der vielfältigen Phänomene der Acedia, die im folgenden deutlich werden, ist das Wort nicht übersetzbar: Es handelt sich im Grund um eine innere Haltlosigkeit oder geistliche Antriebsschwäche, die verschiedene Ursachen – auch physische – haben kann. Sie äußert sich als „Trägheit" *(pigritia)*, „Traurigkeit ohne zureichenden Grund" *(irrationabilis moeror)*, „Langeweile" *(taedium)*, ebenso wie in Ersatzbefriedigungen (*dissolutio* – unbeherrschtes „Zerfließen"). Der Verlust von Begeisterung für das Gute führt nicht nur zu einer Vermeidung

der der Apostel spricht (2 Kor 7,10), „welche den Tod wirkt". Denn diese Traurigkeit kann abstürzen in Verzweiflung und völlige Verzagtheit, und sie neigt zu argwöhnischen Gedanken. Zuweilen treibt sie den, der an ihr leidet, zum Selbstmord, wenn ihn irrationale Trostlosigkeit überwältigt.

Diese bittere Art der Acedia kommt manchmal aus einer vorhergehenden Ungeduld; manchmal ist sie die Reaktion auf die Hinauszögerung oder Verhinderung einer sehr ersehnten Angelegenheit. Manchmal entsteht sie auch, weil die melancholischen Körpersäfte über das Maß dominieren; in diesem Fall ist es eher die Aufgabe der Ärzte, nach Heilmitteln zu suchen, als die der Theologen oder Ordensleute.

2. Die zweite Art der Acedia ist eine Art Erstarrung in Trägheit. Ein solcher Mensch liebt den Schlaf und alle Bequemlichkeiten des Leibes, hat einen Abscheu vor jeder Anstrengung, ergreift vor unangenehmen und schwierigen Dingen die Flucht, ist ohne Begeisterung bei seiner Tätigkeit und genießt das Nichtstun. Das ist Faulheit im eigentlichen Sinn.

3. Die dritte Art ist ein Missvergnügen nur an den Dingen, die mit Gott zu tun haben; zu allen andern Dingen ist ein solcher Mensch jedoch sogleich munter und bereit. Das Gebet ist ihm langweilig, im Gotteslob ist er abstinent und fehlt, sobald er es einrichten kann und sich traut. Die verpflichtenden Gebete erledigt er rasch, und um dabei nicht allzu sehr an Überdruss zu leiden, beschäftigt er sich noch anderweitig in Gedanken oder mit seinen Vorhaben, bis er mit dem Stundengebet oder den gewöhnlichen Gebeten fertig ist. Er nährt sich von Gerüchten, hat sein Vergnügen an Spielen, denkt sich Geschäfte aus, die ihn in Anspruch nehmen. Nichts ist für ihn eine größere Last als die Gedanken auf Gott zu richten und

von Anstrengungen, sondern dazu, dass das Gute „heruntergemacht" wird. – Es ist daher nicht verwunderlich, dass in der „geistlichen Psychologie" des Mittelalters, welche die sieben Laster mit den sieben Tugenden, den Geistesgaben (Jes 11) und Seligpreisungen, sowie mit den Vaterunserbitten parallel setzte, der Acedia die Geistesgabe der Tapferkeit *(fortitudo)* entgegengesetzt ist, sodann die Seligpreisung derer, „die hungern und dürsten nach der Gerechtigkeit", und die Vaterunserbitte um „das tägliche Brot", welches „das Menschenherz stärkt".

auf das, was mit geistlichem Eifer und Fortschritt zu tun hat. Die Zelle ist für ihn ein Gefängnis, er möchte außerhalb des Klosters herumstreifen, körperlich und geistig, und sucht sich aller Art Gelegenheiten dazu. Jede feste geistliche Ordnung ist ihm beschwerlich, er murrt dagegen und beschwert sich über die Härte der Vorgesetzten und die Zucht der Eifrigen.

Diese Art von Acedia ist ein Zeichen von Undankbarkeit gegenüber dem Herrn, der uns so viele Wohltaten erwiesen hat und täglich erweist, so dass sein getreuer Knecht niemals aufhören sollte, ihn zu loben, und niemals seines Dienstes überdrüssig werden dürfte.[a]

Kapitel 42: Heilmittel gegen Acedia

1. Es gibt viele Heilmittel gegen die Acedia. Das erste und wirksamste besteht darin, sich zu den geistlichen Tätigkeiten zu zwingen, die einem widerstehen, vor allem zu Gebet und zur Feier des Gottesdienstes, so lange, bis sich der Widerwille durch Gottes Gnade in Freude wandelt. Sollte diese Gnade länger auf sich warten lassen, so wird trotzdem der anstrengende Kampf das Verdienst des Menschen mehren, die Tugendkraft wird stärker und der Widerwille wird durch Gewöhnung mit der Zeit geringer. Gott fordert von uns ja nicht, was er uns nicht gegeben hat, das heißt: die Gnade der fühlbaren Hingabe; aber er will, dass wir diese Gabe erbitten, und sie in Dankbarkeit bewahren, wenn wir sie erhalten haben. Es ist gut möglich, dass jemand mehr Verdienste erwirbt, indem er sich um die Innigkeit bemüht und darum kämpft, selbst wenn er nicht vorwärtskommt, als wenn er viel Innigkeit besäße ohne alle Mühe. Denn über Letzteres könnte er vielleicht hochmütig werden und das Verdienst schmälern; im andern Fall aber wird das Herz demütig und das Verdienst bleibt bewahrt.

a David schließt noch eine Warnung an: Man bedenke den Zeitverlust, den man durch das Verharren in der Acedia riskiert.

2. Gegen die Acedia in der Form der Traurigkeit hilft am meisten das häufige Gedenken an die Güte Gottes und die Betrachtung seiner Wohltaten: Sind doch im Vergleich zu seiner Güte all unsere Sünden wie ein Tropfen im Vergleich zum Meer. Auch soll ein derart niedergedrückter Mensch gute Gesellschaft suchen, vor allem Leute, die oft und mit Liebe von Gott sprechen. Noch ein anderes Heilmittel findest du in der Schrift: Als David das Psalterium schlug, wich der böse Geist von Saul (1 Sam 16,23); oder lies im Jakobus-Brief (5,13): „Ist einer von euch betrübt, dann soll er beten. Ist er heiteren Gemüts? Dann soll er Psalmen singen." Dadurch hellt sich das Herz auf, und der Geist der Traurigkeit entflieht. – Auch Beschäftigung nützt den Traurigen, damit sie auf ihre Trauer vergessen.

3. Gegen die dritte Art der Acedia, die Faulheit, ist nützlich das Verrichten von Arbeit, sowie sich an Arbeiten zu gewöhnen, die der eigenen Bequemlichkeit entgegengesetzt sind. Ein strenger Magister soll das einfordern, damit man nicht aus Widerwillen gegen die Arbeit nachlässig arbeitet. Eine Ausnahme ist, wenn jemand von schwacher Konstitution ist. – Gegen die Unlust vom Herzen her hilft die Abwechslung in den Tätigkeiten; man gehe von einer Arbeit zu einer anderen über.

Kapitel 43: Vier gute Übungen[a]

Der Knecht Gottes soll seine Gedanken auf Gott richten: in Gebet, Psalmengesang, Betrachtung und dem Bemühen um innige Hingabe. Oder er soll Gott zum Inhalt seines geistigen Tuns machen: über ihn lesen, sein Wissen erweitern, Vorträge halten, lernen und lehren. Oder er soll für Gott sich abmühen: arbeiten, dienen, seinen Leib in Zucht nehmen, sich um Tugenden bemühen. Und er soll seinem Leib maßvolle Erquickung zuteil werden lassen: ruhen, schlafen, essen und trinken, damit der Leib dem Geist dienen kann. [...]

a Dieser Abschnitt gehört noch zu den Heilmitteln gegen die Acedia.

Es gibt drei Schwere-Grade von Acedia: Erstens, wenn man seine Pflichten nur nachlässig erfüllt; zweitens, schlimmer, wenn man sie aus Widerwillen unterläßt; drittens, am schlimmsten, wenn man auch noch andere Personen behindert und vom Guten abhält und es nicht mit ruhigem Sinn ertragen kann, dass andere eifrig im Guten sind!

Kapitel 44: Die drei Arten der Habsucht

1. Die erste Art der Habsucht ist eine ängstliche Gier nach dem Besitz oder dem Erwerb von zeitlichen Gütern. Es ist dabei nicht entscheidend, ob der Erfolg eintritt oder nicht. Habgierig kann auch ein Armer sein, der nur wenig oder gar nichts besitzt. Die zweite Art besteht darin, verbissen am Besitz festzuhalten. Ein solcher Mensch kann nichts hergeben, weder für wohltätige Zwecke, noch im Hinblick auf notwendige Ausgaben, ohne dass es ihn innerlich schmerzt. Die dritte Art von Habgier besteht darin, dass jemand seinen Reichtum mehren will, egal aus welchen Quellen: auch aus ungerecht und schandbar erworbenem Gut, aus Diebstahl, Raub, Betrug, Wucher oder mit anderen unehrenhaften Mitteln. Manche leiden an der ersten Art, manche an der zweiten, andere an der dritten. Manche leiden an zwei Arten zugleich und manche an allen dreien.

2. Dieses Laster scheint in besonderer Weise gegen die Natur zu sein; es ist offenbar nur aus übler Gewohnheit und aus verdorbenem Willen eingewurzelt. Ein Beweis dafür ist, dass die Welt eine Zeitlang ohne dieses Laster bestand, und dass manche Stämme bis heute als immun dagegen gelten, wie zum Beispiel die (indischen) Gymnosophisten. Ein zweiter Beweis ist, dass viele Menschen, die der Welt völlig entsagen, zwar noch von anderen Lastern öfter angegriffen werden, niemals aber von diesem, außer sie unterwerfen sich ihm jämmerlich aus eigenem Willen. Wer sich allerdings einmal von den Stricken der Habsucht hat fangen lassen, der wird von dieser Fessel kaum mehr frei kommen. Daher müssen wir auch sehen,

dass Ordensleute noch nach ihrem Abschied von der Welt, durch den sie doch der Fessel der Habgier entrissen wurden, sich erneut in ihre Netze verwickeln und einen unstillbaren Durst entwickeln nach Dingen, die anderen gehören – sie, die vorher ihren Besitz um Gottes willen aufgegeben hatten!

Es war Judas, der all seinen Besitz verlassen hatte, und der später ein Dieb wurde und die Kasse veruntreute, der den Herrn der Herrlichkeit verkaufte, und der sich mit einem Strick erhängte.

Kapitel 45: Drei Heilmittel gegen die Habsucht

1. Erstens: Alles verlassen um Christi willen, unter der Leitung und Fürsorge eines anderen leben; und wenn man etwas besitzt, ganz darauf verzichten, und in keiner Sache sein eigener Herr sein wollen. So waren in der Urkirche die Gläubigen den Aposteln untertan und so ist es in den Klöstern, in denen eine gute Ordnung herrscht. Das ist das wirksamste Mittel, wie auch die Lehre des Herrn sagt: „Wer nicht auf alles verzichtet, was er besitzt, kann mein Jünger nicht sein" (Lk 14,33) und: „Wenn du vollkommen sein willst, so gehe hin, verkaufe alles, was du hast, und gib es den Armen." (Mt 19,21).

2. Zweitens: Überlege, was für Verwicklungen und Verstrickungen Reichtum und Habgier mit sich bringen, und welche Freiheit und Nutzen die Armut. Reichtum wird unter Gefahren erworben und nur mit Mühe und vielen Sorgen bewahrt[a], vielerlei Missgunst lauert: Diebe, Räuber, Machthaber, Betrüger. Wo viel Besitz ist, da sind auch viele Esser (vgl. Koh 5,10), solche die ihn aufzehren oder die ihn wegtragen. Ein Reicher ist vor niemandem sicher, weder vor Fremden noch vor Nahestehenden. Den Reichen ergeht es inmitten von Gierigen wie einem Fleischverkäufer inmitten hungriger Hunde. Über lange Zeit wird der Reichtum gesammelt, schnell wird er verloren. Und die Mehrung des Besitzes mindert nicht

a Bernhard von Clairvaux, *Sermones de diversis 42*, n. 3 (BAC 497, 316).

den Durst danach, genausowenig wie Wasser den Durst des Wassersüchtigen. Warum verlangst du nach etwas, was dich immer mehr martert? Denn Marter bedeutet der Besitz als begehrter, als besessener und als verlorener! Und wir haben doch nur so wenig wirklich nötig. Der Tod reißt uns rasch von allem weg. Und wer den Reichtum liebt, erwirbt sich ewige Strafen. Von all dem ist die Armut frei. „Verlasst euch nicht auf Raub; wenn der Reichtum wächst, hängt nicht euer Herz daran!“ (Ps 61,11). Die Früchte des Reichtums bestehen in freigebigen Almosen; ohne das ist Reichtum unfruchtbar und verderblich. „Reichtum, ängstlich gehütet, wird seinem Herrn zum Unglück“ (Koh 5,12). Saatgut, das aufgehäuft wird, verfault, gesät bringt es Frucht.

3. Drittens, Vertrauen auf Gott, der diejenigen nicht verläßt, die sich auf ihn verlassen. Er selbst verheißt: „Seid nicht ängstlich besorgt, was sollen wir essen und trinken, womit sollen wir uns bekleiden? Um all das geht es den Heiden. Euer Vater im Himmel weiß, dass ihr das alles braucht“ (Mt 6,31f.). Er hat den Menschen als der Nahrung bedürftig erschaffen; er wird nicht zulassen, dass er an Mangel am Notwendigen zugrunde geht, wenn er sich ihm anvertraut. „Sucht zuerst das Reich Gottes und seine Gerechtigkeit; dann wird euch alles andere – das heißt: was der Leib braucht – dazugegeben werden.“ (Mt 6,33). Er will doch den Menschen bereitwillig Großes, Himmlisches geben, da verweigert er ihm nicht das Geringe, Irdische. Und wenn schon böse und grausame Menschen, ja auch Tiere und vernunftlose Wesen ihre Jungen ernähren, wieviel weniger wird dann der wahre und beste Herr seine Kinder im Stich lassen. Er ist doch sogar „gütig und freigebig gegenüber Undankbaren und Bösen“ (Lk 6,35), wieviel mehr dann gegenüber Guten, die „all ihre Sorge auf ihn werfen“ (1 Petr 5,7). „Nie sah ich einen Gerechten verlassen, noch seine Kinder betteln um Brot“ (Ps. 36,25).

Eines von drei Dingen darf der Mensch von Gott erhoffen, wenn er die Habgier um Gottes willen von sich wirft: Gott wird entweder in allem Lebensnotwendigen für ihn sorgen.

Oder er wird dem Menschen in kärglichem Unterhalt und leiblicher Bedürftigkeit solche Kräfte geben wie er sie sonst nur im Überfluss hätte; und darin liegt eine besondere Freude: aufgrund von Wenigem kraftvoll zu sein. Oder Gott erstattet für das, was dem Körper entzogen wird, der Seele mit geistlicher Tröstung, so dass sie gern auf leiblichen Überfluss verzichtet, da ihr mit seliger Freude geistlich vergolten wird. Und darüber hinaus hat die um Christi willen ertragene leibliche Armut großen Lohn im Himmel zu erwarten.

Kapitel 46: Das Laster des Magens: vier Formen

Das Laster des Magens kann vier Formen haben. Erstens: Man isst vor der festgesetzten Zeit oder öfter als angebracht, ohne Notwendigkeit, wie das Vieh. Zweitens: Man schlingt mit großer Gier und Leidenschaft, wie Wölfe oder hungrige Hunde. Drittens: Man schlägt sich eher den Bauch voll als dass man sich stärkt; das heißt, man isst mehr, als nötig, aus Unbesonnenheit oder aus Lust am Essen. Viertens: Man verlangt nach allzu feinen und erlesenen Speisen. Und durch diese vierte Art wird auch die Habgier genährt, wie durch die dritte Art die Acedia bzw. Trägheit. Wer nach Leckerbissen verlangt, braucht Geld, um sie sich leisten zu können. Wer zu viel isst, wird träge, denn ein volles Gefäß wird schwer. Auch bewirkt unmäßiges Essen, dass der Verstand abstumpft, das geistliche Verlangen zusammensinkt und abkühlt, die Beweglichkeit verlangsamt wird; und das Übermaß an Speise macht den Menschen schläfrig.

Kapitel 47: Heilmittel dagegen

1. Gegen die erste Art reicht allein der gute Wille: Man soll den Entschluss fassen, nicht früher oder öfter zu essen als angebracht. Für die Kranken gibt es hierin kein Gebot! Junge Leute und solche, die schwer arbeiten, können sich stärken entsprechend der Notwendigkeit – hier ist Unterscheidungs-

gabe gefordert –, sofern nicht kirchlicher Brauch oder Gebot entgegenstehen.

2. Gegen die zweite Art hilft Beherrschung des Verhaltens und Bescheidenheit [...] Auch soll man daran denken, dass maßloses und zu rasches Hineinschlingen von Speisen der Natur Schaden zufügt und die Nahrung weniger anschlägt.

3. Solche Überlegungen helfen auch gegen die dritte Art, nämlich wenn jemand zu viel isst. Dazu kommt, dass er zu guten Werken träge wird, wie oben gesagt. Ein noch wirksameres Mittel gegen die dritte und vierte Art besteht jedoch darin, das nicht zu besitzen, womit man der Kehle genugtun kann. [...]

4. Nach der Lehre der Alten Mönchsväter ist das der erste Kampf, den wir bestehen müssen. Je weniger dieser Gegner besiegt ist, desto kräftiger sind auch die anderen, und desto schwächer sind wir. Durch die Sünde der Genusssucht trat der Tod in das Menschengeschlecht ein. Und daher versuchte der Teufel unseren Erlöser zuerst im Hinblick auf Essen und Trinken. Er versuchte dies sozusagen als die Tür zu weiteren Sünden. Gegen die Versuchungen der Kehle und des Magens – wie auch gegen einige andere lasterhafte Begierden – hilft der Gedanke, dass dieser Genuss rasch vorüber geht, von kurzer Dauer ist, und wenn er vorbei ist, ist es so als sei er nie gewesen; er läßt nur das schlechte Gewissen zurück, Reue, Scham, das Bewusstsein, Strafe zu verdienen und ein Verdienst verloren zu haben.

Wenn du die Vergnügungen des Fleisches und der Welt begehrst, stelle dir vor, du hättest sie bereits gehabt und seiest satt davon, und die Stunde wird vorübergehen, denn eine vergangene Lust ist wie der Traum einer Nacht – ja, noch weniger wert; denn ein Verlangen, dem man nachgibt, läßt das Gewissen befleckt zurück; ist man aber der Anfechtung entgangen, so ist das Gewissen sicher und froh.

Kapitel 48: Wie man sich in allen Widerwärtigkeiten verhalten soll

1. Gegen die Unruhe, die widrige Ereignisse mit sich bringen, hilft folgendes: Solange das Ungemach andauert, halte in deinem Herzen den Gedanken fest, dass es eben so sein soll und nicht anders sein kann, und dass es Gottes Wille ist, dass es so ist. Und denke dir, du habest dich auf den Verlauf vorher eingestellt. Denn wofür jemand aus freiem Willen Vorkehrungen getroffen hat, das bringt ihn weniger in Verwirrung, wenn es eintritt. – Wenn du aber in Aufregung gerätst, weil etwas nicht so gekommen ist, wie du erhofft und gewünscht hast, denke dir, dass auch vieles andere nicht eingetroffen ist, was gut und förderlich gewesen wäre, ohne dass du deswegen in Aufregung geraten wärest; denn was das Menschenherz nicht unter dem Gesichtspunkt zu erwartender Freude betrachtet, darüber ist es auch nicht enttäuscht, wenn es nicht eintrifft. Wenn du beispielsweise darauf hoffst, morgen ein gutes Mittagessen zu erhalten, freust du dich darauf. Wenn deine Hoffnung enttäuscht wird, bist du betrübt, weil die mit der Hoffnung verbundene Freude dir genommen ist. Wenn du aber nichts erhoffst, bist du auch nicht traurig; denn du erkennst, dass du nichts verloren hast, weil du nichts zu verlieren hattest.

2. Ein um die Tugend bemühter Mensch soll alle seine Hoffnung auf Gott setzen und seinen Trost von Ihm erwarten. Er soll niemals sein Herz ganz und gar an einen irdischen Trost hängen. Vielmehr halte er seine Sehnsucht in Bezug auf äußere Dinge „in der Schwebe“, er fixiere sich nicht in seinen Wünschen, sondern verhalte sich wie jemand, der über Eis geht: Ein solcher setzt vorsichtig seine Schritte und probiert, ob es nicht kracht, damit er in diesem Fall rasch den Fuß zurückziehen kann und nicht einbricht. Wenn du etwas verlierst, woran du hängst, stell dir vor, du habest es nie besessen, und es sei ein Traum gewesen, der nun verschwand und zu Nichts wurde.

Kapitel 49: Vier Grade der Unkeuschheit

1. Unkeuschheit hat vier Grade. Der erste besteht in der Unkeuschheit des Herzens, wenn ein Mensch unsaubere, unkeusche Gedanken mit Wissen und Willen, und ohne dass sich bewusster Widerstand regt, in seinem Herzen bewegt, um sich daran zu ergötzen. „Verkehrte Gedanken trennen von Gott" (Weish 1,3); „Wer eine Frau ansieht, um sie zu begehren, hat im Herzen die Ehe gebrochen" (Mt 5,28).

2. Wenn sich ein Mensch – auch wenn er den Zeugungsakt nicht vollzieht – mit unzüchtigen Gesten, Umarmungen, Küssen, Berührungen, unkeuschen Blicken, im Sprechen und Anhören solcher Worte, und andern derartigen Dingen in fleischlicher Lust ergötzt. Dieser Grad ist verwerflicher als der erste [...] denn wenn nach dem Urteil des Herrn schon die Begierde im Herzen „Ehebruch" heißt, was folgt daraus für Gesten der Begierde? Niemand täusche sich und meine, nur der Geschlechtsakt selbst oder der Versuch sei Sünde. [...]

3. Wenn aber jemand zu sich selbst sagt: Weil ich keine Tat der Unzucht begehen will, kann ich mich mit meiner Geliebten zärtlicher Gesten erfreuen, in reiner Absicht, und um die gegenseitige heilige Liebe zu nähren, damit das Feuer der Caritas in uns mehr und mehr entbrenne, weil ja mit der Nächstenliebe auch die Gottesliebe zunimmt – wenn das jemand sagt, wer es auch sei, soll er wissen, dass er von der fleischlichen Zuneigung und Lust unter dem Schein der geistlichen Liebe genarrt wird. Denn Geist liebt Geist, und bedarf nicht der körperlichen Umarmungen. Dies ist vielmehr ein Anzeichen fleischlicher Liebe. Je mehr diese im Herzen sich breit macht, desto schwächer wird die geistliche Liebe, desto mehr kühlt sie ab. Und umgekehrt drängt die geistliche Liebe die fleischliche zurück, ja vertreibt sie.

4. Wer meint, sich solchen Liebkosungen hingeben zu können, der macht sich – auch wenn er sonst nichts weiter Böses beabsichtigt – dreifach schuldig: Erstens weil er sich leichtsinnig der Gefahr der Versuchung aussetzt; denn „die Sinne des Menschen und sein Denken sind zum Bösen ge-

neigt“ (Gen 8, 21) [...] Wenn jemand aus törichter Neugier über dünnes Eis ginge und einbräche, wäre er selbst schuld. 5. Zweitens: auch wenn er selbst keine Anfechtung fühlte, so gäbe er möglicherweise dem Anderen Anlass, angefochten zu werden. [...] 6. Drittens, wegen des schlechten Beispiels, durch das andere Menschen schweres Ärgernis nehmen, weil sie solche schädliche Vertraulichkeit mit Argwohn betrachten und sie als etwas Böses beurteilen. Daher sind sie aufgebracht, reden hinter vorgehaltener Hand, schmähen und verspotten auch die unschuldigen Kameraden der betreffenden Personen, als handelten sie alle gleich. Dadurch kommt das Ordensleben in Verruf und viel andere Übel entstehen. Wieder andere Personen nehmen sich solches Verhalten als Beispiel, in der Meinung, es sei auch ihnen erlaubt, was jene ihrer Ansicht nach ohne Schuld treiben. So lernen sie von diesen und wagen aufgrund von deren Beispiel, was sie vorher nicht wagten [...]

7. Der dritte Grad der Unkeuschheit ist der Vollzug des Geschlechtsaktes zwischen Mann und Frau, ohne dass sie durch das Band der Ehe verbunden sind. Hier kann man wieder verschiedene Arten unterscheiden. Darauf gehe ich jetzt nicht ein.

8. Der vierte Grad der Unzucht ist die widernatürliche. [...] Sie hat keinen speziellen Namen. Manchmal nennt man sie die „schändliche Leidenschaft“ oder „Unreinheit“ oder „Weichlichkeit“. Der Apostel nennt Menschen, die von dieser Leidenschaft unterjocht sind, „einem verkehrten Denken preisgegeben, so dass sie tun, was sich nicht gehört“ (Röm 1,26). Die Arten sollen hier nicht näher beschrieben oder genannt werden, damit nicht die Luft infiziert wird. Durch ein gewohnheitsmäßiges Abhandeln solcher Dinge könnte es dahin kommen, dass es den Hörern weniger schauderhaft und abscheulich erscheint [...].

Kapitel 50: Sieben Heilmittel

1. Sieben Heilmittel gegen die Unkeuschheit fallen mir momentan ein. Ohne sie kann die Enthaltsamkeit nicht dauerhaft bestehen.

Erstens, sorglose Vertraulichkeit zwischen Männern und Frauen meiden. [...] So sagt Gregor d. Gr.: „Wer seinen Leib der Enthaltsamkeit geweiht hat, soll sich nicht unterstehen, mit Frauen zusammenzuwohnen."[a] Solange die Wärme des Lebens im Leibe ist, soll sich niemand einbilden, dass das Feuer der Begierde in ihm vollständig erloschen sei. [...]

2. Der Teufel ist schlau und verbirgt zu Beginn einer solchen leichtsinnigen Vertraulichkeit den Fallstrick fleischlicher Anfechtung; er rechnet damit, dass die beiden ihre Zuneigung aufgeben würden, wenn sie den Anreiz zur Sünde verspürten. Bis dann durch langdauernden vertraulichen Umgang und leichtsinnige Selbstsicherheit die Zuneigung beider so aufgelodert ist und sie derart aneinander gebunden sind, dass sie – selbst wenn sie die drohende Gefahr merkten – nicht mehr in der Lage sind, zurückzuspringen und sich zu trennen; denn die geistlichen Kräfte sind in ihnen geschwächt, so dass sich keiner mehr mit Gewalt aus dem Netz befreien kann; im Gegenteil fürchtet er, den andern zu betrüben und hält sich selbst für treulos, wenn er ihn verließe. Und so gefangen, gibt er dem Willen der andern Person und seiner eigenen Schwachheit nach.

Samson war ein so starker Held; die Feinde streckte er reihenweise nieder und zerriss seine Fesseln. Aber er vertraute auf seine Kräfte und wurde weich in der Leidenschaft zu Dalila; „er war es leid und todmüde" (Ri 16,16f.), dass sie ihm keine Ruhe ließ, bis er sein Herz vor ihr öffnete. So gab er den Feinden Gelegenheit, ihn zu ergreifen, zu binden, zu blenden, dass er im Kerker die Mühle drehen musste und zum Spott seinen Feinden diente. All „dies ist als Vorausbild geschehen und zu unserer Zurechtweisung geschrieben" (1 Kor 10,6.11).

a *Dialoge* III, 7.

3. Zweitens: Meide die Gesellschaft von unkeuschen Menschen, damit ihr Beispiel nicht Nachahmung bewirkt.[...] Diese üble Sitten-Gleichheit ist geradezu der Hauptgrund, warum in der Kirche und im Ordensstand der geistliche Eifer erlahmt ist, so viele sich äußeren Geschäften und Plänen zuwenden: Ein jeder will die anderen nachahmen, entweder weil er nichts anderes kennt, als was er an anderen sieht; oder weil er nicht wagt, anders zu leben als die anderen, mit denen er Umgang hat; denn er schämt sich, anders zu sein. Oder auch, weil er sich in seiner eigenen Lauheit und Freizügigkeit freut, eine Entschuldigung und Gelegenheit zu haben, nach seinem Gutdünken zu leben.

4. Drittens: Den Körper nicht durch erlesene Speisen verhätscheln. [...][a]

5. Viertens: Müßiggang fliehen, er ist der Feind der Seele. „Jemand, der beschäftigt ist, wird von *einem* bösen Geist bedrängt, jemand ohne Beschäftigung wird von einer unzählbaren Schar überrannt".[b] „Sinnloses Nichtstun ist gleichsam eine Brutstätte für Anfechtungen und böse Gedanken"[c] Wie durch eine Ritze im Schiffsboden allmählich und verborgen Wasser eindringt und ansteigt, bis das Schiff untergeht, so mehren sich durch das Nichtstun die Gedanken und Begierden, bis das Schiff des Herzens unter dem Gewicht in Gefahr gerät.

6. Fünftens: Die Sinne des Leibes hüten; sie sind gleichsam die Fenster der Seele. [...]

7. Sechstens: Schlechte Gedanken und fleischliche Regungen im Herzen zurückdrängen; denn sie sind gleichsam die Feinde im Innern der Stadt. [...] Keine äußere Befestigung genügt zur Verteidigung der Stadt, wenn die Bewohner treulos sind; ebenso kann äußere Hut die Keuschheit nicht bewahren, wenn nicht innerlich über Gedanken und Regungen gewacht

a Zitate aus Wilhelm von St. Thierry, *Ep. aur.* I, 71-74, 131-133.138 (Zisterzienserväter 5, 42f., 60f., 62).

b *Vitae Patrum* IV, 39.

c Wilhelm, *Ep. aur.* I, n. 81 (Zisterzienserväter 5, 45).

wird. Im Buch der Sprüche heißt es: „Hüte dein Herz mit aller Wachsamkeit, denn aus ihm geht das Leben hervor“ (Spr 4,23). Eine keusche und ehrbare Gattin hat nicht nur üble Taten zu meiden, sondern auch verdächtige Einflüsterungen, durch die sie angefochten werden, oder ihre Keuschheit den guten Ruf verlieren könnte und ihr Ehemann vielleicht von Zorn und Eifersucht entflammt würde. So soll auch die Seele, die Christus durch den Glauben (vgl. Hos 2,20) und das Gelübde der Keuschheit angetraut ist, das Geflüster solcher Vorschläge nicht annnehmen, noch es im Herzen behalten; denn der Herr schaut stets auf das Herz. [...]

8. Siebtens: Oft und innig beten. „Ich wusste, dass ich nicht enthaltsam sein könnte, wenn nicht Gott es verleiht. Ich wandte mich zum Herrn und betete und sprach aus tiefstem Herzen...“ (Weish 8,21). Ebenso im Psalm (126,1): „Wenn nicht der Herr die Stadt bewacht, wacht der Wächter umsonst“. Man muss also immer beten; denn ohne seine Hilfe vermögen wir nichts: Es möge der Tau der Gnade in uns die Glut der Begierde zurückdrängen. Weil das Gebet den Menschen über sich selbst hinaus zu Gott erhebt, hat es die Kraft, die Neigungen rein, das Verlangen keusch, die Erkenntnis licht zu machen und die Gottesliebe einzugießen. Aus ihr geht der Abscheu vor der Sünde und der fleischlichen Lust hervor, der Wille bekommt Kraft gegen die Versuchungen, und diese selbst werden schwächer, so dass sie leichter überwunden werden.

Als Mose auf dem Berg betete und die Hände zu Gott erhoben hielt, war Israel siegreich. Wenn er sie sinken ließ, war Amalek siegreich. Moses ist der Ordenschrist, der aus den Wassern dieser Welt herausgezogen wurde. Amalek ist die fleischliche Versuchung, die Hände des Mose sind die Kraft des Willens und des Gedächtnisses. Wenn wir diese Hände zu Gott erhoben halten, unterliegt der Versucher. Wenn wir sie zur Erde sinken lassen, wird der Feind stärker.

Drittes Buch
Die sieben Stufen im Verlauf des Ordenslebens

Auf dem Weg des geistlichen Fortschritts im Ordensleben lassen sich sieben Stufen oder Schritte unterscheiden, wenngleich nicht jeder Ordenschrist auch jede dieser Stufen durchläuft. Die erste Stufe ist glühender Eifer, die zweite Anstrengung, die dritte Tröstung, die vierte Anfechtung, die fünfte Heilmittel dagegen, die sechste Erlangung der Tugend, die siebte Erlangung der Weisheit.

Die erste, zweite und dritte Stufe: Eifer, Anstrengung, Tröstung

Kapitel 1: Eifer und Anstrengung

1. Die erste Stufe ist also der Eifer des Anfangs: Der Novize, der sich soeben dem Ordensleben zugewandt hat, ist von der Glut des guten Willens beflügelt, zu allem bereit, worin er glaubt Gott gefallen zu können. Das bewirkt etwa der Reueschmerz über seine Sünden, oder der sehnliche Wunsch, Buße zu tun bzw. die versäumte Zeit und den durch die Sünde in den Wind geschlagenen ewigen Lohn wiederzugewinnen. Ein solcher Novize gleicht einem Wanderer, der morgens zu lange schlief und sich dann beeilt, im Laufschritt die verlorene Zeit wieder gut zu machen und die bereits vorausgegangenen Gefährten einzuholen.

2. Die zweite Stufe besteht in körperlichen Anstrengungen. Wenn ein Armer nämlich noch keine kostbaren Geschenke aufzutreiben weiß, die er dem Heiligtum des Herrn darbringen könnte, dann tut er wenigstens das, was er kann: Er bringt „Ziegenhaar und Felle von Widdern" (Ex 25,4), indem er „seinen Leib als lebendige, heilige und Gott gefällige Opfergabe darbietet" (Röm 12,1). Freilich ist zuweilen dieses Opfer, dieser Gehorsam, „weniger vernunftgemäß", weil der Betreffende sei-

nen Leib unbedacht züchtigt, wodurch der Körper zugrunde gerichtet wird: die Kräfte lassen nach, die Sinne schwinden, der Geist wird ausgelöscht und der gesamte geistliche Fortschritt wird zunichte. „Dein Opfer sei stets mit Salz gewürzt" (Lev 2,13), nämlich mit dem Salz der Unterscheidungsgabe, damit du nicht nach rechts, durch übermäßige Anstrengung, und nicht nach links, durch allzu große Gemächlichkeit, vom königlichen Weg abkommst. Die Seele nämlich ist unsterblich und kann keine derartige Schwäche erleiden, und daher kann der sterbliche Leib, das „zerbrechliche Gefäß" nicht ebenbürtig mithalten und das gleiche Maß an Anstrengung tragen, dessen die Seele in ihrem glühenden Willen fähig wäre. Zuweilen treibt ein Betrunkener sein Reitpferd zu schnellem Lauf an, ohne zu bedenken, dass das Tier nicht genügend Heu gehabt hat, während er selbst vom Wein in Hitze geraten ist. So kommt es, dass das Pferd, über seine Kräfte angetrieben, unter seinem Reiter zusammenbricht, und folglich die Ursache ist, dass dieser viel weniger schnell zu seinem Ziel gelangt, als wenn er langsamer geritten wäre. „Euer Gehorsam sei vernunftgemäß", heißt es im Römerbrief (12,1), und die Auslegung des Petrus Lombardus zu dieser Stelle erklärt: „Das bedeutet: mit Unterscheidungsgabe, so dass das Übermaß vermieden wird, ihr vielmehr eueren Leib mit Maß in Zucht nehmt; er soll sich ja nicht durch ein Versagen der natürlichen Kräfte auflösen, sondern den Lastern absterben." Bei Gregor d. Gr. lesen wir: „Man muss dem Fleisch Schranken auferlegen, nicht es vernichten"[a], es zurückdrängen, nicht erdrücken; es soll in Dienst genommen werden, damit es nicht übermütig wird, es soll eine untergeordnete Stellung haben, damit es sich nicht zum Herrscher macht. Ein fruchtbarer Acker wird, wenn er lange brach liegt, verwildern; wenn man ihm dagegen allzu viele Früchte abpreßt, wird der Boden ausgelaugt; hält man die Mitte, so bleibt der Boden fruchtbar. So soll man auch mit dem Acker des Leibes umgehen: Er soll nicht durch allzuviel Muße und Vergnügungen verweichlichen, noch durch Entbehrung und Anstrengung die Kraft verlieren.

a *Moralia* XX, XLI, 78 (CCSL 143A, 1061).

3. Der körperlichen Übungen sind zwei: indem man sich Annehmlichkeiten versagt, und indem man sich an Härten und Anstrengungen gewöhnt. Von diesem Gesetz sind die Kranken ausgenommen, weil ihnen in ihren Schmerzen die Annehmlichkeiten kein Vergnügen bereiten, und weil krank zu sein an sich schon bitterer ist als die Mühen, die gesunde, starke Leute auf sich nehmen. – Die Züchtigung des Körpers trägt bei zur Reinigung von Sünden, sie vermag Laster zurückzudrängen, Tugenden zu fördern und auch geistliche Tröstung hervorquellen zu lassen – wie in einer Kelter Wein gepreßt wird –, zur Auferbauung des Nächsten und zum ewigen Verdienst.

Kapitel 2: Die Eingießung geistlicher Tröstung

1. Der dritte Schritt ist die Eingießung geistlicher Tröstung; denn Gott, der gütig und freigebig ist, vergilt dem Menschen, der ihm vertrauensvoll alles darbringt, was er hat und kann: den Eifer guten Willens und den Dienst des Leibes. Die wirkliche geistliche Tröstung besteht in zwei Dingen: Die natürlichen Kräfte der Seele erhalten eine besondere Schönheit, und das Verhältnis des Fleisches zum Geist des Menschen ist ruhig und einträchtig. Dann nämlich ist ein Mensch wirklich geistlich, wenn sein Geist ganz auf Gott hin ausgerichtet, mit Gott in Gleichklang, gotterfüllt ist, und sein Leib dem Geist in den Dingen, die Gottes sind, nicht Widerstand entgegensetzt, sondern auf seine Weise dem Geist bereitwillig folgt: indem er weder Schlechtes begehrt, noch vor Härten zurückschrickt, noch des Guten überdrüssig wird.

2. Die Kräfte der Seele, in denen sich das Bild der heiligsten Dreifaltigkeit zeigt, sind diese drei: Vernunft, Wille und Gedächtnis bzw. Bewusstsein (*memoria*). Sie sind jedoch, für sich selbst genommen, leer, sie besitzen noch keine Güter; vielmehr müssen sie geziert und erfüllt werden von dem und mit dem, der sie erschaffen hat: von Gott. Die Vernunft empfängt Licht zur Erkenntnis des Wahren, der Wille wird ent-

flammt zur Liebe zum Guten, die *memoria* findet Ruhe in der Freude und im Anhangen am wahren Gut. Keine von diesen Kräften kann bestehen oder zur Vollendung gelangen ohne die anderen: Wenn die Vernunft nicht sähe, würde der Wille nicht lieben; denn er wüsste nicht, was zu lieben ist. Wenn er nicht liebte, fände er auch keine Freude am Guten; und ebenso, wenn man nicht in der Tiefe der *memoria* von dem Guten wüsste, wie könnte man es erkennen oder lieben? – Das höchste Gut aber ist Gott, und er ist auch das höchst Wahre, weil aus ihm alle Dinge ihren Ursprung haben: dass sie seien und dass sie gut seien. Wie Gott also das ganze Gefüge dieser Welt zuerst aus Nichts erschuf, es dann ordnete und zierte, so formt er zuerst den Leib im Mutterschoß und gießt ihm dann die Seele ein; die Verstandestätigkeit nimmt mit dem Alter zu, der Wille bewegt sich, die *memoria* wird kräftig und verlangt sozusagen die ihr entsprechende Ausstattung.

3. Die Zierde der Vernunft ist lichte Einsicht, Gott betreffend und all das, was mit Gott zu tun hat oder zu ihm führt: zum Beispiel Verständnis der Heiligen Schrift zu haben, Gründe für den Glauben und die Werke Gottes zu finden, einzusehen, was Gott wohlgefällig ist, zwischen Lastern und Tugenden unterscheiden zu können, ihr Wesen zu erkennen, Heilmittel gegen Laster zu wissen und den Weg der Tugenden zu kennen, und in den Werken Gottes seine Allmacht, Weisheit und Gutheit zu bestaunen. Kurz, Reichtum und Zierde der Vernunft sind die Weisheit und das Wissen, das mit Gott zu tun hat. Daher heißt es in der Genesis (1,14): „Es sollen Lichter am Firmament des Himmels stehen."

4. Die Zierde des Willens sind die Regungen heiliger Liebe und Hingabe an Gott, glutvoller Glaube, zuversichtliche Hoffnung, innige Liebe, ein lebhafter guter Wille, Hoffnung auf die Vergebung der Sünden, ehrfürchtige Liebe zu Christi Menschheit und zu seinem Leiden, aber auch zu seiner Gottheit, Sehnsucht nach dem Himmelreich, Vertrauen auf Erhörung im Gebet, Streben nach Vertrautheit mit Gott und Ähnliches, was den Menschen zu Gott zieht, zur Liebe zu den

Tugenden und zum Abscheu vor Lastern bewegt, zur Nächstenliebe und zum Eifer in guten Werken anzieht. Gen 1,11: „Es bringe die Erde grüne Kräuter hervor und Obstbäume."

5. Die Zierde des Bewusstseins besteht in der Fülle heiliger Gedanken und in einer strömenden Fülle heilsamer Betrachtungen; das Gedenken an Gott ist fest verwurzelt, ein Herumschweifen des Geistes gibt es nicht, ruhig und still hangt der Geist Gott an; die Vorstellungen von körperlichen Dingen werden zurückgedrängt, alle weltlichen Dinge sinken ins Vergessen, der Mensch ist „ein Geist mit Gott" (1 Kor 6,17). Das sind „die Vögel und Fische" (Gen 1,21). – Weil aber der Körper dazu da ist, dem Geist zu dienen, muss er ihm wie seinem Herrn in allem Guten gehorchen, nicht widersetzlich oder mürrisch sein wie ein frecher oder fauler Knecht. Der Geist aber muss für ihn Sorge tragen wie ein kluger Herr, in drei Dingen: dass er eine nützliche Beschäftigung habe, um nicht im Müßiggang unbeweglich zu werden, dass er mit Unterscheidungsgabe gezüchtigt werde, wenn er sich etwas zuschulden kommen ließ – Gen 1,28: „Der Mensch soll über die Tiere der ganzen Erde herrschen" – und dass er in rechtem Maß ernährt werde, damit er weder weichlich werde, noch unter der Last zusammenbreche.

Was geistliche Tröstung in Wahrheit ist

6. Je mehr nun jemand den genannten Grundsätzen entspricht, desto geistlicher ist er. Dies zu besitzen heißt, von geistlichen Tröstungen heimgesucht zu werden. Andere Tröstungen nämlich, die nicht zum Heil notwendig sind, sind mit größter Vorsicht zu betrachten: oft sind sie falsch, erdichtet oder führen zu Täuschungen, etwa Visionen, Offenbarungen, Prophezeiungen, sinnenhaft erfahrbare Wonnen, Wundertaten – gerade zu unseren Zeiten. Mag sein, dass sich darunter zuweilen auch wahre finden, aber nur in wenigen Fällen. – Manchmal allerdings wird eine geistliche Tröstung Anfängern im Ordensleben zuteil, damit sie sehen, wie reichlich Gott seinen Dienern ver-

gilt, und wie gut es ist, einem so liebreichen Herrn zu dienen. Auch werden solche Tröstungen dazu geschenkt, dass Glaube und Hoffnung in ihnen erstarken, die Liebe und Sehnsucht glühender werden; sie sollen belehrt werden, wohin der eingeschlagene Weg führen soll – wie wenn in der Finsternis ein Licht gezeigt wird, damit man sieht, wo man gehen und wovor man sich in Acht nehmen muss. Schließlich haben solche Tröstungen auch das Ziel, den Menschen vorweg zu stärken gegen die Anfechtungen, die kommen werden.

Die vierte Stufe: Anfechtung

Kapitel 3: Die Mühsal der Anfechtung

Der vierte Zustand ist der von Anfechtung, Kampf und Bedrängnis. Dadurch wird der Mensch geprüft, gereinigt, erzogen und demütig gemacht. 2 Tim 2,5: „Ein Wettkämpfer erlangt nur dann die Krone, wenn er nach den Regeln gekämpft hat.“ – Alles, was von langer Dauer sein soll, wird gewöhnlich daraufhin geprüft, ob es dauerhaft ist; und alles Edle und Teure wird geprüft, ob es soviel taugt, wie es soll. So wird die Tugend eines guten Menschen, die das Edelste ist und in Ewigkeit dauern soll, in der Anfechtung erprobt, ob sie standhaft sei. Gott erprobt seine Freunde in widrigen Umständen, ob sie auch treu in ihm bleiben, vgl. Sir 27,5-7: „Tongeschirr wird im Ofen erprobt, die Gerechten aber in der Bedrängnis", Tob 12,13: „Da du bei Gott Gefallen gefunden hattest, musstest du in der Anfechtung geprüft werden."

Gereinigt wird der Mensch von seinen Sünden durch die Prüfung der Bedrängnis, damit er würdig werde, rasch in die Herrlichkeit des Himmels einzugehen und nicht nach dem Tode einer schwereren und längeren Läuterung bedürfe: „Die ich liebe, weise ich zurecht und züchtige sie" (Offb 3,19). Die Reinigung soll auch eine größere Empfänglichkeit für die Gnade bewirken – so reibt man ein trübes Glas, damit es das Licht wieder besser aufnehmen kann.

Auch dient die Anfechtung der Ertüchtigung, so dass der Mensch rascher und bereitwilliger die Werke der Gerechtigkeit und die Übung der Tugenden unternimmt. Im Zustand der Tröstung konnte es ihm so vorkommen, als genügten die Ruhe des Geistes und Eifer im Gebet, um zum Gipfel der Vollkommenheit zu gelangen. Dies wird ihm daher für eine Zeit entzogen, damit er lerne, mit Eifer auch die anderen Tugenden zu üben. Ein Kaufmann findet ja auch nicht auf einem einzigen Markt oder in einem einzigen Laden alles, was er will, sondern hier dies, dort das. So soll ein Ordensmann nicht nur in der Ruhe innigen Gebetes und in der Wonne geistlicher Tröstung nach Vollkommenheit streben und die Gelegenheit suchen, sich Verdienste zu erwerben, sondern auch in der Mühsal des Kampfes und in der Übung guter Werke. So wie es im Philipper-Brief heißt (4,12): „Ich verstehe es, Überfluss zu haben und Mangel zu erleiden..." und im Brief an die Korinther (2 Kor 6,7): „Durch die Waffen der Gerechtigkeit von rechts und von links."

Belehrt wird der Mensch, wenn er lernt, worin der Nutzen der Anfechtung besteht und der Fortschritt, der sich aus ihr gewinnen läßt. Darum wird ihm die Anfechtung auch leichter, wenn er versteht, warum Gott sie zugelassen hat und welche Frucht ihm dadurch zuwächst. Deswegen schreibt Paulus an die Korinther (1 Kor 10,13): „Treu ist Gott, der nicht dulden wird, dass ihr angefochten werdet über euer Vermögen hinaus; vielmehr wird er euch in der Anfechtung ein Vorwärtskommen[a] schaffen, so dass ihr standhalten könnt." Man wird belehrt, sein Vertrauen auf Gott, und die Gewissheit im Glauben nicht nur auf die Erfahrung des göttlichen Trostes zu stützen, so wie es manche tun, die auf dem Wege Gottes noch unerfahren sind: Wenn sie fühlen, dass ihnen die Trosterfahrung entzogen wird, bricht sofort ihr Mut zusammen, weil sie glauben, Gott habe sich von ihnen abgewandt, oder sie beginnen gar im Glauben zu wanken, ob es denn wahr sei, was sie von Gott gedacht und empfunden hatten, wie im Buch

a *Proventus*: nicht nur ein "Entkommen", sondern einen „Fortschritt", Erfolg.

Exodus (17,7): „Ist Gott unter uns oder nicht?" – Der Herr will uns durch den Entzug der Tröstung belehren, uns auf die Wahrheit der Hl. Schrift und des Glaubens mehr zu verlassen als auf irgendeine unserer Erfahrungen – wäre doch das Glauben kein Verdienst, wenn es nur in der Erfahrung gründete, und die Hoffnung, die in der Erfahrung bereits das Erhoffte besitzt, wäre keine Hoffnung mehr (Röm 8,24). „Durch die Geduld und die Tröstung der heiligen Schriften haben wir Hoffnung" (Röm 15,4) – mehr als aufgrund von Trosterfahrungen –, wenn wir glauben, dass Gott in der Gnade sich niemals von uns abwenden wird, solange sich unser Wille nicht von Gott abwendet durch Zustimmung zur Sünde oder durch starre Gleichgültigkeit. [...] Verzage also nicht, wenn dir die Tröstung durch innere Süßigkeit entzogen wird, als ob Gott dich verlassen hätte, oder er deine guten Taten nicht mit Wohlgefallen annähme, sondern kehre zurück zu jenen wahren Zeugnissen und finde Trost in ihnen: dass Gottes Huld dich nicht verläßt [...]. Denn nicht wir haben ihn erwählt, sondern er uns (Joh 15,16), und „er hat uns zuerst geliebt" (1 Joh 4,10). Er verläßt nicht die, welche ihn nicht verlassen, hat er uns doch bereits geliebt, als wir noch nicht waren, ja er hat uns sogar geliebt, als wir ihm durch die Sünde Widerstand leisteten. Der tiefste Grund, warum er uns geliebt und erwählt hat, sind nicht wir selbst, sondern er selbst in seiner lauteren Gutheit. Darum hat er uns auch gerettet.

Schließlich lernen wir durch die Anfechtungen und Kämpfe Demut: damit wir erkennen, was wir aus uns selber sind, und nicht überheblich werden aufgrund dessen, was wir von Gott empfangen haben oder glauben, empfangen zu haben. „Im Feuer wird das Silber, im Ofen Gold geprüft, die Menschen im Ofen der Erniedrigung" (Sir 2,5). Was immer an Schlacken oder Falschem in uns verborgen liegt, kommt durch das Feuer der Anfechtung ans Licht. Wir werden demütig, auch was das Gute an uns betrifft, denn wir sehen, dass es nicht unser Gutes ist, sondern das Gute Gottes, der uns aus Gnade gibt, wann und wieviel er will, nicht wegen unserer Verdienste. Wenn die geistliche Tröstung dem Menschen nicht irgendwann einmal entzogen würde, würde er sich allzusehr überheben, die Gnade verlieren und zugrunde gehen. Er erleidet also Entzug, damit er nicht Verlust erleide, er verliert, damit er nicht verliere. So verweigert zum Beispiel ein Vater seinem jungen Sohn Geld, damit er es nicht verspielt oder verschwendet, bis dieser an Klugheit zugenommen hat und versteht, umsichtig und sorgsam damit umzugehen. Ich habe zuweilen sehen müssen, wie begabte junge Leute allzusehr sich selbst gefielen und den Ruhm der Menschen suchten; schließlich wurden sie in ihrer Eitelkeit zunichte und verfielen der Geringschätzung vor Gott und den Menschen. „Wer seinen Knecht von Kindesbeinen an verhätschelt, der wird ihn als halsstarrig erleben" (Spr 29,21). Der gütige Gott, dessen „Freude ist es, bei den Menschenkindern zu wohnen" (Spr 8,31), gibt gern und freigebig Liebesbeweise seinen treuen Knechten, auch von Kindesbeinen an, das heißt: den frisch Bekehrten. Aber ach, manche von ihnen muss er später als halsstarrig sehen, wenn sie wegen der geistlichen Trosterfahrung überheblich werden und die anderen verachten; oder wenn sie lau werden, wenn sie in ihrem Verlangen nach menschlichem Lob dem Laster der Prahlerei verfallen oder gar Heuchler werden; wenn sie, während sie besser erscheinen wollen als sie sind, Gott widerstehen, da sie die Ehre Gottes verwegen für sich selbst in Anspruch nehmen. Der Herr ist gut, er weiß, wie nützlich Trübsal und Anfechtung für den Menschen ist. So zeigt er ihm zuerst die süßen Tröstungen, die ihm später in der Anfechtung Stärkung sein sollen, dass ihm nicht die Kräfte sinken, sondern er stets die Sehnsucht verspürt, zu ihnen zurückzukehren und nicht abläßt, sie zu suchen, bis er endlich wieder finde, was er verloren hatte. So gibt man Leuten, die eine anstrengende Reise vor sich haben, eine reichliche Mahlzeit. *[Es folgen weitere Beispiele].*

Kapitel 4: Verschiedene Arten der Anfechtung: Erstens, Entzug der gefühlten geistlichen Innigkeit

Diese öffnet gleichsam den anderen Anfechtungen die Tür; denn wenn die innere Tröstung gegeben ist, dann haben Versuchungen keine oder viel geringere Kraft. Die innere Tröstung ist wie ein Haus, in dem man Zuflucht findet vor jeder Verwirrung. Wird diese einzigartige Zuflucht dem Menschen genommen, so findet er sich gleichsam waffenlos den feindlichen Anfechtungen ausgesetzt; er gerät in Furcht und wird mutlos, außer er schützt sich mit starkem *Glauben* und *Hoffnung* und verteidigt sich mit *Geduld* und *Demut*. Diese Tugenden sind gerade in dieser Lage angesagt, und auf diese Weise erwirbt man große Herrlichkeit.

2. Der Glaube erweist sich darin, dass man überzeugt ist von der Wahrheit der Dinge, die man momentan nicht mehr in ihrer Süße erfahren kann. Alles, was wir in bezug auf Gott glauben, ist über die Maßen süß; doch wird guten Menschen das Verkosten dieser Süße entzogen, damit sich ihr Glauben mehr auf die Autorität der Hl. Schrift als auf die eigene Erfahrung stütze – und auf diese Weise verdienstvoller werde.

Die Hoffnung erweist sich, wenn jemand vertraut, dass Gott ihm voll Gnade zugewandt bleibt, selbst wenn er ihn züchtigen sollte, und dass er sich so eifrig bemüht, Gott zu dienen und ihm in allem zu gefallen, als ob er sein Wohlgefallen fühlte und sähe. Daher wird Abraham gelobt, der wider alle Hoffnung auf die göttliche Verheißung vertraute, und nicht zweifelte oder schwankte; denn er wusste, dass Gott mächtig ist, alles zu vollbringen, was er verheißen hat (Röm 4,18.20f.)

Die Geduld erweist sich, wenn jemand nicht murrt wider Gott – als ob er hart sei und den Menschen der Trübsal und Trostlosigkeit überlasse , und wenn jemand durchhält in dem, was Gottes Ratschluss ist, und nicht ablässt, auch wenn ihm Widerwärtigkeit begegnet.

Die Demut erweist sich, wenn jemand sich denkt, dass er Strafe verdient hat und gewissermaßen der göttlichen Trosterfahrung unwürdig ist, und wenn er auf diese Weise Gott als gerecht bekennt [...]. Wir sollen ebensolches Gefallen an Gott haben, ihn ebenso lieben, wenn er uns straft, wie wenn er uns tröstet; denn seine Strafe kommt aus seiner liebevollen Absicht, uns zu reinigen, wie der Erweis seiner Tröstung, um uns zu stärken. Daher heißt es im Hebräer-Brief (12,7): „Welchen Sohn züchtigt nicht sein Vater?" Und in der Offenbarung des Johannes (3,19): „Wen ich liebe, den weise ich zurecht".

Kapitel 5: Zweite Anfechtung: Es fällt einem schwer, Gutes zu tun.

Die Menschen, welche diese Anfechtung erleiden, haben einigen guten Willen, aber keinen starken. Wenn ihnen etwas schwer fällt, empfinden sie Widerstand wie jemand, der einen Felsblock zu wälzen hätte. Sie haben zum einen ein schlechtes Gewissen, dass sie so unbeweglich sind, zum andern sind sie niedergeschlagen, weil sie so langsam Fortschritte machen und sich doch nach einem heiligeren Leben sehnen. Manche haben den Willen zu guten Werken, aber nicht die Kraft, zu ihrer Ausführung sich selbst zu besiegen (Röm 7,18). Einiges könnten sie zwar, aber das scheint ihnen so trocken und gering, dass sie daran zweifeln, sie könnten damit Gott gefallen oder es könnte irgendein Verdienst sein. Und so [...] fallen sie in eine Art Traurigkeit und Verzagtheit. Der hl. Bernhard beschreibt solche Leute: „Es gibt welche, die sind müde geworden im geistlichen Streben, sie sind lahm geworden und gehen die Wege Gottes traurig, lange Tage und Nächte verbringen sie mit Klagen, murren oft und bequemen sich nur mit trockenem Herzen zu dem, was man ihnen aufträgt."[a] Ein Schrecken befällt sie, wenn sie an den geistlichen Fortschritt denken; sie sagen gleichsam zu sich selbst: Der Sieg wäre gut, aber der Kampf ist hart, der Lohn wäre süß, aber die Anstrengung ist schwer.[....][b] So gibt es auch Ordenschristen, die das Gelobte Land durch ihre Kenntnis der Hl. Schrift erforscht

a *Super Canticum* 32, n. 4 (BAC 491, 468).

b David nennt als Beispiel die israelitischen Kundschafter Num 13,26ff.

haben und von den großen Freuden des Himmels predigen – sich aber derart vor den Kämpfen und Anstrengungen des geistlichen Lebens fürchten, dass sie lieber in der Wüste sterben würden, als sich in das Land der Verheißung führen zu lassen. Mit andern Worten: Sie wollen lieber tatenlos in einem mittelmäßigen Zustand zwischen weltlichem und geistlichem Leben verharren, gleichsam in der Wüste eines unfruchtbaren Lebenswandels zwischen Ägypten und dem Gelobten Land, als durch Anstrengungen und Mühsal zur Gnade der Vollkommenheit zu gelangen.

Sie bestaunen und fürchten „die Riesen" – wie die Kundschafter die Söhne Anaks –, wenn sie die Tugenden großer Heiliger bedenken. Wegen ihrer eigenen kleinen Gestalt haben sie keinen Mut, sich an derartige Vollkommenheit zu wagen – aber nicht aus Demut, sondern aus Furchtsamkeit verzagen sie. Und sie machen Gott Vorwürfe, dass er einen so harten Dienst von den Menschen fordere – gerade so, als ob das Volk nur aus Ägypten geführt worden sei, um solche Leiden zu ertragen. „Ein Murren erhob sich im Volk gegen den Herrn, aus Unmut wegen der Mühsal" (Num 11,1). Darum gelangen so wenige zur Vollkommenheit – von all den für kampfestüchtig befundenen Männern (Num 1,45.46; 14,29f.) betraten nur zwei das Gelobte Land –. weil nur solche Ordensleute zur Vollkommenheit gelangen, die im Kampf gegen die Anfechtung und in der Praxis der Tugend unermüdlich aushalten, im Kampf dem Bösen widerstehen und in der Tugend am Guten festhalten – bis zum Ende.

Kapitel 6: Dritte Anfechtung: Überdruss an allem Guten.

1. Darauf folgt eine andere Anfechtung: die des *Überdrusses.* Der Mensch hat zu nichts Gutem mehr Lust. Er mag nicht mehr beten, geistliche Lesung halten, er findet nichts an der Betrachtung, er hat es satt, Gutes zu hören, zu sprechen, zu tun, oder am Gottesdienst teilzunehmen – auch wenn ihm das alles ohne große Mühe möglich wäre. Das kommt daher,

dass er die Hoffnung aufgegeben hat, großen Tugend-Lohn zu gewinnen; und dann freuen ihn auch die bescheideneren Tugendübungen nicht mehr. Dass diese Anfechtung aus der vorhergehenden wächst, zeigt das biblische Beispiel: Gleich nachdem das Volk wegen der schweren Anstrengung gemurrt hatte, folgt das Murren aus Überdruss am Manna. Das Manna aber steht für die geistliche Nahrung, die Worte der Hl. Schrift und die guten Werke, welche die Seele nähren und das Gewissen aufleben lassen. Der Prophet sagt darüber: „Ihre Seele hatte Ekel vor jeder Speise, sie näherten sich den Pforten des Todes“ (Ps 106,18 Vg).

2. Diese Anfechtung kann zu zweierlei führen: Man sucht sich mit der ein oder anderen äußeren Tröstung oder weltlichen Zerstreuungen zu entschädigen [...], wie das Volk Israel Manna verschmähte, aber nach Fleisch, Pfeffer und Lauch verlangte. [...] Oder dieser Überdruss geht in eine maßlose Traurigkeit über, wenn man weder an geistlichen Gütern Freude hat, noch sich mit fleischlichen trösten will. [...] Es bleibt nur, „inständig zu Gott zu rufen in dieser Bedrängnis, um aus der Not herausgerissen zu werden und das Opfer des Lobes ihm darzubringen, und seine Taten mit Jubel zu künden" (Ps 106,13.22). Das heißt: Man muss sich in Erinnerung rufen, was Gott einem Gutes getan hat, damit man durch diese Gedanken in sich das Lob Gottes erweckt in der Freude des Geistes.

Kapitel 7: Vierte Anfechtung: Ungeduld gegenüber Gott

Wenn hier nicht gleich Erfolg eintritt, folgt eine andere schwere Anfechtung: Man wird ungeduldig gegenüber Gott, wie er nur so hart und unbarmherzig mit dem Bedrängten sein könne, warum er seine Gnade so kärglich dem Armen gebe, der doch voll Angst flehe und zudringlich klopfe. Diese Anfechtung ist zuweilen so stark, dass der Mensch fast den Verstand verliert aus heftigem Schmerz, weil er dort keinen Trost findet, wo ihm doch die einzige Zuflucht herkommen kann, nämlich im Gebet und im inständigen Flehen. Sagt doch der Herr: „Jeder, der sucht, findet" (Mt 7,8). Doch Ijob 30,20: „Ich schreie und du erhörst mich nicht. Ich stehe da und du schaust nicht auf mich. Du hast dich gewandelt und bist mir gegenüber grausam, schwer ist deine Hand wider mich." Jes 63,15: „Die vielen Erweise deines herzlichen Erbarmens über mich haben sich zurückgezogen". Habakuk 1,2: „Wie lange noch Herr, soll ich schreien, und du hörst es nicht?" [...] Ps 12,1; 43,23: „Wie lange, Herr, vergisst du mich ganz [...] Steh auf, Herr, warum schläfst du! Steh auf, verstoß nicht für immer!" [...]

All diese Worte drücken die Angst dieser Anfechtung aus, die nicht besser überwunden werden kann, als wenn man sie geduldig erträgt und demütig wartet, bis der Herr uns sein gütiges Angesicht zeigen und seine freigebige Hand öffnen wird. Dann wird der Himmel, den wir jetzt wie aus Erz empfinden, die Tropfen der Gnade auf uns fließen lassen, und die Erde unseres Herzens, die jetzt eisenhart erscheint, wird weich werden vom Regen der Güte Gottes, und „ihre Frucht bringen" (Ps 84,13) [...].

Kapitel 8: Fünfte Anfechtung: Wenn das Herz die Spannkraft verliert

Diese Anfechtung ist um so gefährlicher, je weniger man sie als beschwerlich empfindet. Sie tritt ein, wenn der Mensch schon lange die Gnade der geistlichen Innigkeit entbehrt und nach angstvollem Verlangen und vielen Anstrengungen, sie wieder zu finden, schließlich gleichsam erschöpft die Suche aufgibt. Unter dem Vorwand der Duldsamkeit gibt er es auf, die Augen zu Schätzen zu erheben, von denen er nicht sieht, dass sie sein eigen werden können; in einer grollenden Demütigkeit denkt er, er sei wohl einer solchen Gnade nicht würdig, weil es Gott vielleicht für ihn anders bestimmt habe. Er solle sich vielleicht nach draußen wenden, um vielen anderen nützlich zu sein, und werde deswegen bezüglich des inneren Lebens zurückgestoßen. Er gibt vor, die rechte Unterscheidung lege ihm Schonung nahe, sein Leib solle nicht allzusehr geschwächt werden, sein Kopf nicht unwiederbringlich Schaden leiden. Und so beginnt er im Eifer für das Gebet zu erkalten, sich aber für Unterhaltungen und Ausgang zunehmend zu erwärmen. Immer größere Bedachtsamkeit verwendet er auf die leibliche Bequemlichkeit, und findet immer mehr Gefallen an leeren Witzen. Liebend gern sucht er sich äußere Beschäftigungen, denn sie lassen ja erkennen, dass man die Zeit nutzbringend ausschöpft! Und so entfernt er sich allmählich von seiner ersten Begeisterung, das Verlangen nach geistlichem Fortschritt kühlt ab, und der Eifer wird lau. Statt dessen kommt Zuneigung zu religiösen Frauen auf, oder umgekehrt, und man macht Besuche. Und wenn alles andere erloschen ist, bleibt einem solchen Menschen nur der schwache Trost, dass er über den Geist reden kann. Deswegen zieht er sich selbst vielen anderen vor, die in geistlichen Dingen unerfahren sind, oder erwirbt sich einen Namen bei religiösen Frauen, welche glauben, er spreche aus der Fülle des Herzens und sei ein guter Meister des geistlichen Lebens und der innerlichen Frömmigkeit. In den Fluten dieser Anfechtung werden viele umhergetrieben und nur wenige entkommen. [...] Wer diese Anfechtung überwinden will, darf gegen sich selbst nicht weich sein, weder gegenüber seinem Herzen noch gegenüber seinem Leib. [...] Der barmherzige Gott aber wird einem, der in der Anfechtung härter zu kämpfen hat, mit desto größerer Gnade in diesem Leben und mit größerer Herrlichkeit im künftigen Leben vergelten.

Kapitel 9: Weitere häufig auftretende Anfechtungen, besonders vier äußerst bittere, und die Heilmittel dagegen

1. Es gibt noch andere Arten von Anfechtung, deren Wesen, Herkunft und Behandlung zu erörtern zu lange dauern würde. Wenn schon ein Arzt für die leiblichen Beschwerden nicht alle verschiedenen Krankheiten und Schmerzen vollständig kennen kann, wieviel weniger können die weit diffizileren geistlichen Krankheiten, nämlich die Versuchungen und Lei-

denschaften, vollkommen unterschieden werden. Das vermag nur jemand, der vom Heiligen Geist vollständig erleuchtet ist. Die härtesten Anfechtungen sind: *Zweifel am katholischen Glauben, Verzweiflung an der Barmherzigkeit Gottes, der Geist der Lästerung* gegen Gott und seine Heiligen, und die *Versuchung, Hand an sich selbst zu legen* und sich das Leben zu nehmen. Zu den schlimmsten Anfechtungen gehört auch die *Perplexität eines grüblerischen Gewissens,* das sich weigert, einen heilenden Rat anzunehmen.[a]

2. Folgende Heilmittel sind gegen diese Anfechtungen am wirksamsten: Erstens: Man soll sich nicht fürchten, sondern sich trösten bei dem Gedanken, dass sie für denjenigen, der sie erleidet, eher die Verdienste mehren als ihm zum Unheil ausschlagen werden. Zweitens: Man soll sie geduldig ertragen, wie wenn der Satan jemanden sichtbar oder fühlbar schlüge. Drittens: Man soll sich nicht darum kümmern, das heißt, ihnen nicht mit Gedankengängen Widerstand zu leisten versuchen; denn dadurch würde ihre Kraft noch mehr erhitzt. Vielmehr soll sich der Mensch anderen Dingen zuwenden, wodurch er sich ablenkt und sein Leiden vergisst – ebenso wie jemand, der körperlich leidet, sich weniger elend fühlt, wenn er eine Beschäftigung hat, die ihn die Schmerzen vergessen läßt. Viertens: Man soll im Gebet, und mit Hilfe der Fürbitte anderer guter Menschen, um Heilung durch die Barmherzigkeit Gottes flehen.

[Kapitel 10: Allgemeine Bemerkungen über den geistlichen Kampf]

Kapitel 11: Was wir aus dem Entzug des inneren Trostes lernen.

Wir lernen aus dem Entzug der inneren Tröstung dreierlei: Auch für die kleinsten Gaben Dank zu sagen, auch kleinste Sünden und Nachlässigkeiten zu fürchten und zu meiden, und auch kleinste Widrigkeiten mit Geduld zu ertragen. Von

a Der letzte Satz ist eine Zufügung in der Vatikanischen Handschrift und in der ersten Edition.

einem reich gedeckten Tisch fallen viele Brotkrumen, manchmal sogar ganze Stücklein herunter. So besteht die Gefahr bei einem Menschen, der sich im Überfluss der verschiedenen Tröstungen und Gnadengeschenke erfreut: Er versäumt vielfach, Gott für seine Gaben in der gebührenden Weise zu danken, unterläßt es oftmals, Gnadengaben in seinen Taten wirksam werden zu lassen, er hält vieles für geringwertig, was in Wahrheit erhaben ist, und vieles erkennt er überhaupt nicht als Gnadengabe. Wenn ihm aber das alles genommen wird, erkennt der Mensch seine Armut (vgl. Klgl 3,1); er erinnert sich, was er hatte und vermochte, und jetzt nicht mehr hat. Er gleicht einem hungrigen Bettler, der einen Brocken oder ein Bröcklein dankbar annimmt und sorgfältig bewahrt, während er früher erlesene Gerichte geringgeachtet hat. „Sammelt die Stücklein, damit sie nicht verderben" (Joh 6,12).

Der Entzug der Gnade und des Trostes hilft dem Menschen, auch für weniger großartige Gaben dankbar zu sein, die Gott schenkt: ein winziger guter Gedanke, ein kleines Gebet mit Andacht. Denn er erinnert sich an seine Ohnmacht, als er das nicht haben konnte, obwohl er es als ein großes Gut ersehnte.

Was Gott uns schenkt, ist alles edel und kostbar aufgrund der Würde des Gebers, aufgrund seiner liebevollen Freigebigkeit und der Zuneigung, mit der er es gibt. Allein aufgrund dessen muss doch eine Gabe, selbst wenn sie klein scheint, mit Freude und Dank angenommen werden. Was Gott uns schenkt, ist außerdem von hohem Wert und Nutzen: Was ist edler als der Heilige Geist, den er uns schenkt? Und was ist fruchtbarer als diese Gabe, durch die wir in Gott hinein umgestaltet, „vergöttlicht", der ewigen Seligkeit teilhaftig und seines Reiches Erben werden? „Er gab uns eine überaus große und kostbare Verheißung: Wir sollten dadurch der göttlichen Wesenheit teilhaftig werden" (2 Petr 1,4). Schließlich sind Gottes Gaben auch kostbar im Vergleich zum Empfänger. Was hat Gott mit dem Lehm zu tun? Lehm sind wir, wenig wert, voller Laster, undankbare Sünder, arm an Gutem, elende Wesen, des Todes schuldig – und doch will Gott unser gedenken! Wenn ein König sich eines Armen erinnert, selbst wenn er ihm nur wenig gäbe, so erschiene dies dem Armen viel. „Was ist der Mensch, dass du an ihn denkst, des Menschen Kind, dass du es beachtest?" (Ps 8,5).

2. Wir lernen aus dem Entzug der Tröstung die kleinsten Vergehen zu meiden.[...]

3. Wir sollen uns daran gewöhnen, auch die kleinsten Widrigkeiten zu ertragen; denn wer nicht gelernt hat, geringe Widerstände zu überwinden, der wird auch größere nicht überwinden können. Viele wünschen sich, für Christus zu sterben, aber sie bringen es nicht fertig, ein paar leichthin gesagte Worte zu ertragen um Christi willen. Wen das Rascheln eines Blattes im Wind erschreckt, wie will der den fürchterlichen Schlag eines Schwertes aushalten? Wohlan denn, wir wollen alle Sünden nach Kräften meiden, für die begangenen Sünden wollen alle Widrigkeiten geduldig ertragen, und wir wollen aufmerksam alle Wohltaten Gottes erwägen und ihm dafür danken, wie es recht ist; wir wollen „seine Gnade nicht vergeblich empfangen" (2 Kor 6,1). Und dann werden wir auch würdig sein, dass uns die Gnade, die uns entzogen worden war, in größerer Fülle wiedergeschenkt wird und wir wirkliche Fortschritte in Tugend und Verdienst machen.

Kapitel 12: Was Anfechtung überhaupt ist; ihre drei Arten

Eine Anfechtung – bezogen auf unsere Thematik – kann man erklären als eine Art Bewegung, Neigung oder Empfindung, die uns vom Guten abziehen will. Das geschieht auf drei Weisen: durch Verlockung zu dem, was angenehm ist, durch Schrecken vor dem, was uns widerwärtig und hart ist, oder durch Täuschung durch etwas, was falsch oder der Wahrheit nur ähnlich ist. Auf diese Weise werden die drei Seelenkräfte verdorben: das begehrende Streben wie das kämpferische und auch das Erkenntnisvermögen[a]. [...]

a Lat.: *(vis) concupiscibilis, irascibilis, rationalis.*

2. Das „begehrende Streben“ erleidet zweifache Anfechtung: wenn die geistliche Wonne entzogen wird, erleidet es Trostlosigkeit, wenn fleischliche Begierde eindringt, wird es häßlich. Auch das „kämpferische Streben“ wird zweifach angefochten, wenn es entweder schwach ist zum Guten, oder geneigt zum Bösen. Und die Erkenntniskraft erleidet Anfechtung, weil der Verstand nicht erkennt, wie gut das Gute ist, und weil er unter dem Anschein des Wahren von Falschem getäuscht werden kann. [...]

Kapitel 13: Ob es mehr Nutzen bringt, Anfechtungen zu haben, oder nicht zu haben.[a]

Ob es mehr Nutzen bringt, Anfechtungen zu haben oder nicht, erweist allein der Ausgang. Anfechtungen zu haben und tapfer Widerstand zu leisten, ist Zeichen einer großen Tugend; sie überwunden zu haben, bedeutet Herrlichkeit. Von Anfechtungen verschont zu sein, ist bequemer und sicherer. Ihnen zu unterliegen ist nämlich gefahrvoll, und sie sich zu wünschen oder sich hineinzubegeben, ist unvorsichtig, vor allem für Schwache und Unvollkommene. Sich einzuüben im freiwilligen Kampf gegen die *geistlichen* Laster: Zorn, Neid, eitler Ruhm etc., ist zuweilen von Nutzen – etwa, wenn jemand unter Menschen zu leben wählt, die ihn verfolgen und beleidigen, damit er Geduld lerne [...]. Was die *fleischlichen* Laster dagegen betrifft, wäre so etwas ganz töricht und gefährlich; man soll sich davor hüten, dass sie den Kampf eröffnen, man soll diese Laster aus dem Gedächtnis verbannen und ihnen keine Gelegenheit bieten. Die Tatsache, dass der Herr durch Unkeuschheit nicht versucht wurde, sollte uns lehren, dass wir uns auf gar keinen Fall in diese Versuchung begeben dürfen, auch nicht in der Hoffnung auf Sieg und Lohn. Denn diese Anfechtung hat große Lust bei sich, und wir sind allesamt auf diese Weise empfangen worden [...] „Flieht

a Vgl. *Apophthegmata Patrum*, unter den Sprüchen des Abbas Antonius (n. 5): „Nimm die Versuchungen weg, und es ist keiner, der Rettung findet“.

die Unzucht. Jede Sünde, die der Mensch tut, bleibt außerhalb des Leibes, wer aber Unzucht treibt, versündigt sich gegen seinen Leib" (1 Kor 6,18).

2. Anfechtungen, mit welchen Wonne verbunden ist, fesseln und überwältigen hauptsächlich diejenigen, die noch nicht stark sind, in denen die Welt-Liebe noch nicht erloschen ist, und die desto rascher wieder entflammt werden von weltlichem Begehren – wie eine Kerze, die noch raucht, rascher wieder Feuer fängt.

Heftige und geradezu gewaltsame Anfechtung befällt die Stärkeren – wer sanften Verlockungen nicht nachgibt, soll gewissermaßen durch einen Sturm ausgerissen werden.

Anfechtungen täuschender Art, die sich unter dem Mantel des Guten präsentieren, befallen – selbst wenn sie manchmal einfache und ungebildete Menschen täuschen [...] – ganz besonders die Vollkommenen, die auf dem Weg schon weit vorangeschritten sind. „Auf dem Weg, den ich ging, legten sie mir Schlingen" (Ps 141,4) und „der Satan verkleidet sich in einen Engel des Lichts" (2 Kor 11,14). Denn wenn er sich in seiner eigenen, abscheulichen, Gestalt zeigte, würden sie mit Entsetzen fliehen. Würde er sie offen angreifen, würden sie ihm mit Gottes Hilfe Widerstand leisten, ihn in die Flucht schlagen und den Sieg davontragen, und er würde wider sie nichts ausrichten. Denn ein guter Mensch ist rein, und verabscheut unreine Sünden. Ein guter Mensch ist tapfer und kämpft gegen alles Böse, das er als solches erkennt. Daher kommt der Widersacher in der Gestalt des guten Engels [...]. Bernhard von Clairvaux sagt: „Ein guter Mensch wird stets nur unter dem Schein des Guten getäuscht"[a]. Und damit der Feind um so leichter Zugang finde, rät er Guten zuerst nur Gutes, später dann Gutes mit einer Beimischung von Bösem, danach „Gutes", das in Wahrheit böse ist, und am Ende, wenn er sie schon ins Netz gezogen und unlösbar verstrickt hat,

a *Super Canticum* 66 n. 1 (BAC 491, 820).

erhebt er offen sein Haupt voller Gift und stößt sie in ganz offenkundige Sünden. [...][a]

3. Auf diese Weise verkleiden sich oft auch Hochmut, Neid, Habgier und andere Laster. Sie wagen nicht, die Guten mit offenem Visier anzugreifen, weil bekannt ist, dass diese alles Böse verabscheuen. Darum nehmen sie den Mantel von Tugenden an; sie wollen nicht erkannt werden. Sie benehmen sich wie einer, der dir vorlügt, er sei ein Freund, auf dass er Zugang erhalte und dich dann heimtückisch umbringen kann. [...]

4. In der Anfechtung empfinden wir drei Dinge als schmerzlich: die Anstrengung des Kampfes und die Unruhe des Herzens, die wir durchmachen; die Furcht, wir könnten vielleicht überwunden werden und nachgeben; und die Furcht, dass wir vielleicht zu wenig entschieden Widerstand leisten.

Kapitel 14: Verschiedene Arten des Widerstandes

Ablenkung – Vermeidung von Situationen – geduldiges Ertragen – inständiges Gebet

Allen Anfechtungen ist auf folgende fünf Arten Widerstand zu leisten:

Erstens, indem man die Gedanken davon abwendet und mit anderem beschäftigt, wodurch man, so weit wie möglich, die Angriffe vergisst.

Zweitens, indem man den Gegenstand der Anfechtung und die Gelegenheiten meidet; das gilt vor allem für fleischliche Anfechtungen, die vornehmlich aus der Nähe in Brand setzen, wie das Feuer: „Das Feuer frisst bis zur Vernichtung" (Ijob 31,12).

Drittens, indem man die Rute des Herrn in Geduld und Demut erträgt, in der Überzeugung, dass man der Bedrängnis

a Als Beispiel verweist David auf die Gefahr, dass eine unter dem Anschein der geistlichen Freundschaft begonnene Beziehung Schritt für Schritt abgleitet, vgl. I, Kapitel 24; II, Kapitel 50 n. 2; s.u. III, Kapitel 35.

und der Mühe des Kampfes würdig sei, und geduldig aushält, im Vertrauen, dass einem Gutes daraus erwachsen wird. Denn Gott wird sich sehr schnell wieder freundlich zeigen (Ijob 33,26), man wird gereinigt von Sünden, geläutert von Lastern, reich beschenkt mit Tugenden und Erkenntnis, mit Verdiensten und mit Herrlichkeit. [...]

Viertens, indem man inständig betet und die machtvolle Hilfe von oben erfleht, auch mittels der Fürbitte anderer. [...] Dazu nämlich läßt Gott Versuchungen und Kämpfe zu, damit der Mensch sich zum inständigen Gebet erhebt, seine Zuflucht zum Herrn nehme und seine Hilfe erfahre. Aufgrund des Trostes, den er in der Erhörung erfährt, wächst wiederum seine Liebe. [...] Gott tröstet seinen getreuen Knecht oft reichlicher und gießt die Gnade reinerer Vollkommenheit ein, gerade bezüglich der Dinge, in denen er vorher schwer an der Last der Anfechtung getragen hatte. [...]

Die fünfte Stufe: Heilmittel

Kapitel 15: Heilmittel gegen die einzelnen Laster

Die fünfte Art, Widerstand zu leisten, ist zugleich die fünfte Stufe im Ordensleben. [...] Man könnte sie die Stufe der Heilung von Krankheiten bzw. der geistlichen Heilmittel nennen. Über diese Heilmittel haben wir im *II. Buch ab Kapitel 32* gesprochen. [...]

Die Gesundheit des Leibes besteht in der Vollständigkeit der Glieder und der Sinne, sowie in einer ausgewogenen Zusammensetzung der Säfte und der Kräftigkeit der Lebensgeister. Die Gesundheit der Seele besteht in rechtem und umsichtigem *Handeln*, im achtsamen *Sprechen*, rechter Ausrichtung des *Willens*, Ordnung der *Neigungen* bzw. Gefühle und in einem „nützlichen" *Denken*.

Kapitel 16: [Erstens] Überlegtes Handeln: Ist etwas erlaubt, ehrbar und von Nutzen?

Eine Tat ist nur dann verdienstvoll, wenn drei Kriterien berücksichtigt wurden: Ist die Tat erlaubt? Ist sie geziemend? Hat sie einen Nutzen? – *Unerlaubt* ist, was gegen die Gebote Gottes, gegen die Bestimmungen der Kirche oder klar gegen die eigenen Gelübde gerichtet ist, das heißt gegen die geschlechtliche Enthaltsamkeit, gegen den Gehorsam, gegen das Lassen des Privatbesitzes und gegen anderes, was Gegenstand eines vernünftigen Gelübdes sein kann. *Nicht geziemend* ist, was einen üblen Anschein erweckt und sozusagen die Farbe des Unerlaubten an sich trägt, selbst wenn es nicht wirklich unerlaubt ist. Damit ist alles Ärgerniserregende gemeint, Dinge, die als Laster oder Sünde und dem Stand einer Person nicht angemessen aufgefasst werden: „Alles ist mir erlaubt, aber nicht alles baut auf" (1 Kor 10,23). Das heißt: ein Diener Gottes muss auch Dinge meiden, die zwar nicht an sich unerlaubt sind, jedoch den Mitmenschen aufgrund eines unguten Anscheins Ärgernis geben und niemanden aufbauen. Denn der Diener Gottes darf nicht das Gewissen der Schwachen verletzen, indem er ein wenig aufbauendes Beispiel gibt; damit würde er auch Gott selbst Unehre machen [...]: „Du rühmst dich" Gottes, als seiest du sein Knecht, „aber du nimmst ihm die Ehre, wenn du seine Gebote übertrittst. Durch euch wird der Name Gottes geschmäht unter den Völkern" (Röm 2,23f.). – *Keinen Nutzen* hat etwas, das keine Frucht bringt, oder keinen gerechten, notwendigen Grund hat.

Kapitel 17: [Zweitens] Beachte drei Dinge beim Sprechen

Erstens, sei zurückhaltend im Reden, nicht rasch mit der Zunge. „Ein Gefäß, das keinen Deckel hat oder nicht zugebunden ist, wird unrein" (Num 19,15). Staub fällt hinein, Würmer und andere unreine Tiere beschmutzen es; wenn kostbare oder aromatische Flüssigkeit in ihm aufbewahrt wird, raucht sie aus. Genauso geht es mit einem, der nicht durch die Zucht des Schweigens „seinem Munde eine Wehr vorlegt" (Ps 140,3). Er macht sich oft mit unerlaubten Worten schmutzig: Lügen, Schmähungen, übler Nachrede, häßlichen Worten, Prahlerei, leichtfertigem Gerede und ähnlichem. Und wenn er in sich die Innigkeit der Gottesliebe besitzt oder eine verborgene Tugend, dann raucht sie schnell aus, wird kalt und verschwindet. Das können wir feststellen, wenn wir, nachdem wir die Gnade der Zerknirschung erhalten haben, uns in müßige Worte ausgießen: bald vermindert sich der innere Geschmack, die Glut verlöscht, die Einsicht verdunkelt sich, und die auf Gott gerichtete Aufmerksamkeit zerstreut sich. Das Herz verliert das Gut, das es vorher besaß.

Zweitens muss das Sprechen überlegt und umsichtig sein: Bedenke, was du sagst, zu wem und vor wessen Ohren; ordne deine Rede, wie es einem Urteil mit Unterscheidungsgabe entspricht (vgl. Ps. 111,5 Vg.) [...], damit du nicht nachher Gewissensbisse hast und es dich reut, geredet zu haben. „Die Toren tragen ihr Herz auf der Zunge", und wenn sie den Mund aufmachen, kommt alles heraus, was sie im Inneren haben, „der Weise aber trägt seinen Mund im Herzen" (Sir 21,29 Vg.), das heißt, er spricht nur, wenn sein Herz es ihm nach reiflicher Überlegung gebietet. [...] So heißt es bei Matthäus (Mt 12,36): „Über jedes unnütze Wort, das die Menschen reden, werden sie Rechenschaft geben müssen am Tag des Gerichtes". Dazu schreibt Gregor d. Gr.: „Ein unnützes Wort ist eines, das keinen gerechten, notwendigen Grund hat, oder das nicht in der Absicht eines frommen Nutzens gesprochen ist".[a] [...]

Drittens: sprich kurz und mache nicht viele Worte, wenn es nicht notwendig oder sinnvoll ist. „Wer viele Worte macht, schadet seiner Seele" (Sir 20, 8 Vg), „beim vielen Reden geht es kaum ohne Sünde ab" (Spr 10,19). Die beiden Arten von Worten, die uns erlaubt sind, sind schnell gesagt: das, was für dich oder einen anderen notwendig ist, und das, was für dich

a *Regula Pastoralis* III, 14 (SC 382, 348); *Moralia* VII, XXXVII, n. 58 (CCSL 143, 379).

oder einen anderen nützlich ist. Einem vernünftigen Menschen ist das Notwendige bald mitgeteilt; bei einem Toren reichen überhaupt keine Worte. Und wenn etwas Nützliches mit zu vielen Worten mitgeteilt wird, dann empfindet man das als lästig und überflüssig, wie Seneca schreibt: „Es bedarf nicht vieler Worte, sondern einiger weniger, diese aber seien kraftvoll".[a] [...] Sei so sparsam mit Worten wie ein Geizhals mit seinen Münzen. [...]

Daraus erwächst ein vierfaches Gut: Man vermeidet den Fehler des vielen und des leeren Geredes. Der Geist gewinnt an Tiefe und an Feinheit [...]. Was man spricht, hat bei den Menschen mehr Gewicht, da sie wissen, dass so jemand mit reiflicher Überlegung redet und seine Worte nicht leichthin sprudeln. Und schließlich erlangt ein solcher Mensch auch eine besondere Herrlichkeit im Himmel.

Kapitel 18: [Drittens] Reife, Demut und Güte im Verhalten

Das beherrschte Verhalten eines Ordenschristen trägt dreier Farben Schmuck: Reife, Demut, Güte. *Reife:* Sie sollen nicht leichtsinnig herumlaufen, nicht bei jeder Gelegenheit lachen, nicht neugierig sein, nicht Viel-Redner, keine Possenreißer. Die Reife bewirkt klare Ordnung im Geist und bewahrt das äußere Verhalten davor, frech oder herausfordernd zu wirken; sie bewirkt, dass der Kopf sich nicht ständig hierhin und dorthin dreht, dass die Augen nicht herumschweifen, die Ohren nicht neugierig aufmerken auf das, was ihnen gar wenig frommt. [...] In der Lebensbeschreibung des hl. Malachias schreibt der hl. Bernhard, dass dieser heilige Bischof so wohlgeordnete Sitten hatte, dass er weder Hand noch Auge noch irgendeinen Teil des Leibes unüberlegt bewegte, sondern nur mit vernünftigem Grund; denn nichts an seinem Verhalten sollte bei denen, die es sähen, Anstoß erregen [...].[b]

a *Epist. mor.* 38,1.

b *Leben des heiligen Bischofs Malachias* XIX, n.43 (Opera omnia lat.-dt. I, 537).

Die *Demut* bewirkt, dass jemand die Nase nicht hoch erhoben trägt, bescheiden antwortet, dass seine Gesten unauffällig sind, er ein schlichtes Gewand bevorzugt, seinen Platz bei den Letzten nimmt, jeden Schein der Prahlerei meidet, ebenso das Bemühen, für etwas Besonderes zu gelten. Sie bewirkt auch, dass man leicht bereit ist, anderen einen Gefallen zu tun, dass man zu Schmähungen schweigen kann, sehr zurückhaltend ist gegenüber Ehrungen, bereitwillig zu lernen, und nicht leicht empört reagiert.

Die *Güte* bewirkt, dass jemand zugänglich und freundlich ist, Mitleid mit allen Bedrängten hat, dass er umgänglich, für Bitten ansprechbar und für Ratschläge offen ist; dass er sich und das Seine anderen mitteilt, dass er im Guten heiter und in bescheidener Art gewinnend ist, dass er treu ist und einen Blick für die anderen hat, niemanden verachtet noch vermessen verurteilt, und dass er dankbar ist für das Gute, das er empfängt. Ein gütiger Mensch ist bei allen wohlgelitten.

2. Die Demut mildert den Ernst, so dass dieser nicht aufgeplustert erscheint. Die Güte bewirkt, dass der Ernst nicht unzugänglich und schroff erscheint. Umgekehrt mäßigt der Ernst die Güte, so dass sie nicht gedankenlos oder schmeichlerisch weich erscheint. Der Ernst mäßigt auch die Demut, so dass sie nicht allzu verächtlich erscheint. Die Demut macht einen Menschen der Nachahmung wert, die Güte macht ihn liebenswert, die Reife macht ihn der Verehrung wert.

Kapitel 19: [Viertens] Ein wohlgestaltetes, geradlinig gutgesinntes Herz. Über die rechte Einstellung zu den Gelübden

Nachdem wir über die rechte Ordnung des äußeren Verhaltens, in Taten, Worten und Sitten geschrieben haben […], wollen wir noch etwas zum wohlgestalteten Herzen und Denken vorlegen; denn nach Salomo muss man „das Herz mit aller Sorgfalt hüten“ (Spr 4,23), das Herz ist ja gewissermaßen der Quellgrund des geistlichen Lebens.

Die Gesundheit des Herzens besteht in drei Dingen: einem rechten Wollen, heiligen Neigungen und Empfindungen, und einer dauerhaften Lauterkeit der Gedanken. Der *rechte Wille* besteht darin, das Gute zu wollen, *weil es gut ist,* und es auch *vollständig* zu wollen. [...] So wäre es kein „rechter Wille", wenn jemand gute Werke tun wollte, aber nicht um des Guten willen, sondern um des Menschenlobes willen, wie die Heuchler [...]. Es gibt aber auch dies: dass jemand das Gute will, und es auch um des Guten willen will, aber nicht in vollem Maß. Zum Beispiel, wenn jemand die Wege Gottes gehen und sie lehren will, aber nur, solange ihm nicht der widrige Wind ins Gesicht bläst; oder wenn jemand gute Werke tun will, gleichzeitig aber von anderen, unerlaubten Taten nicht Abstand nehmen will; oder wenn jemand das begonnene Gute nicht zum geschuldeten Ziel führen will; aber auch, wenn jemand mehr als erlaubt und nützlich sich mit gewissen guten Werken abmüht – wie diejenigen, die sich zugrunderichten, weil sie sich ohne Unterscheidungsgabe kasteien, und so zuweilen Verstand oder körperliche Gesundheit ruinieren.

Das „volle Maß" ist zweifach zu verstehen, es gibt eine zweifache „Fülle"*:* die eine ist unbedingt notwendig, die andere gehört zur Vollkommenheit. Die erste „Fülle" ist diejenige, an der nichts fehlen darf, wenn es um das Heil geht: das ist die Beobachtung der Gebote: „Wenn du zum Leben eingehen willst, dann halte die Gebote" (Mt 19,17). Die „Fülle" der Vollkommenheit ist die Erfüllung der Räte: „Wenn du vollkommen sein willst, dann geh und verkaufe, was du hast etc." (Mt 19,21). Zu den evangelischen Räten sind nur diejenigen verpflichtet, die sie freiwillig gelobt haben, wie die Ordensleute; aber nachdem sie sie gelobt haben, sind sie zum Heile notwendig, Dtn 23,21: „Wenn du Gott ein Gelübde gemacht hast, dann zögere nicht, es zu erfüllen; denn der Herr, dein Gott, fordert es von dir, und dein Zögern wird dir als Sünde angerechnet."

3. *Vor* dem Gelübde ist man frei, zu geloben oder nicht, etwas zu tun oder nicht zu tun – ohne Sünde. Doch *nach* dem

Gelübde muss man das, was man gelobt hat, erfüllen, und es ist nicht mehr ein bloßer Rat, sondern ein Gebot, und jemand, der sein Gelübde bricht, macht sich wie jemand, der ein Gebot übertritt, der ewigen Strafe schuldig. Zum Beispiel: Ein Christ in der Welt macht sich durch Ehebruch oder Mord der Verdammnis schuldig, ebenso jemand, der das Ordensleben gelobt hat und dennoch Privateigentum häuft oder ungehorsam ist, oder irgendetwas tut, was die Regel ausdrücklich verbietet. Eine Notlage oder ein ganz offenkundig größerer Nutzen ermöglicht eine Dispens, jedoch nur in den Dingen, von denen dispensiert werden kann. Eine zweifelhafte Interpretation eines Gebotes ist jedoch voller Gefahren – sie ist wie eine morsche Brücke über eine jäh abfallende Schlucht, von der man nicht weiß, ob sie unter dem Wanderer zusammenbrechen oder standhalten wird. Warum will denn jemand, der sich entschlossen hat, für Christus größere Kämpfe auf sich zu nehmen, und der alles in der Welt verlassen hat, sich der Gefahr aussetzen, nur wegen einer kleinen Regung des Eigenwillens oder wegen eines geringen Vorteils? Denn er läuft Gefahr, wenn er da auf seine eigene unsichere Ansicht oder die eines anderen baut. Solche Meinungen [man könne – sich – hier gut dispensieren] sind zuweilen gefährlicher als offene Übertretungen; denn wenn der Mensch um seine Sünde weiß, dann ist er leichter korrigierbar. [...]

Wie konnte es denn dazu kommen, dass wir alle der Verdammung verfielen? Doch deswegen, weil die schlaue Schlange das Gebot Gottes bezüglich des verbotenen Baumes in Zweifel zog und der Frau einredete, das Gebot sei gar nicht so strikt und schlicht zu nehmen, und die Beobachtung des Gebotes schade eher, denn sie würden somit nicht „wie Gott, wissend gut und böse" (Gen 3,4ff.). Und doch hat diese Übertretung, wie Gott es angedroht, den Tod für Leib und Seele nach sich gezogen. [...]

4. Glaube aber deswegen nicht, dass die Lage der Ordenschristen schlimmer sei, weil sie freiwillig etwas Höheres gelobt haben – so als ob es leichter und gefährlicher sei, von

einer schmalen Brücke zu stürzen als von einer breiten [...]. Eine derartige Furcht wird einem entweder von der Kleingläubigkeit eingejagt, oder es handelt sich um eine akute Anfechtung von Furcht, oder die alte Lauheit macht sich bemerkbar, wenn man den Eifer des Anfangs und die ursprüngliche Liebe (Offb 2,4) verlassen hat, so dass man zurückschreckt vor dem steilen Weg. [...]

5. Damit der Ordenschrist dem Abfall oder Absturz entgeht, die Gnade vollkommener Gesundung und die verheißene Herrlichkeit erlangt, scheint es mir gut, einige allgemeine geistliche Übungen vorzulegen. Wer treu bei ihnen bleibt, der wird bald merken, dass er im geistlichen Leben Fortschritte macht. [...]

Kapitel 20: Sieben sehr nützliche Übungen.
Erstens: Sei leicht beweglich zu guten Werken

1. Sei frisch bereit und leicht beweglich, etwas Gutes zu beginnen und auszuführen – sei es, dass dich eine andere Person dazu ermuntert, sei es, dass du durch das Wirken des Geistes verstehst, was zu tun ist. Wir verscherzen oft Fortschritte, weil wir so wenig Lust und Eifer haben, uns an das Gute zu machen; es graut uns vor der Anstrengung. Oder wir haben zwar den Willen, etwas zu tun, aber wir verschieben es immer wieder auf den nächsten Tag, bis Zeit und Gelegenheit unwiderruflich vorbei sind. Oder wir tun tatsächlich etwas Gutes, aber so lustlos und ohne Hingabe, dass es weder Gott besonders angenehm ist, noch unserem Gewissen einen Trost bringt – im Gegenteil: wir bekommen Gewissensbisse, weil wir Strafe fürchten; und weil wir so wenig Geschmack daran haben, sind wir der Mühe überdrüssig, und beeilen uns, nur ja recht schnell damit fertig zu werden, und wir haben keine Lust, etwas Ähnliches wieder zu beginnen. [...] Das widerspricht der Natur des guten Werkes; denn wenn es getan wird, wie es getan werden soll, bringt es Freude mit sich und die Begeisterung, ein weiteres gutes Werk zu unter-

nehmen – so wie es in der Schrift heißt (Sir 24,29): „Die von mir essen, hungern weiter nach mir". Gott gebot der Erde, „grünes Gras und Kräuter hervorzubringen, und Obstbäume, die ihre Früchte tragen, Gewächse, die ihren Samen in sich haben" (Gen 1,12): das heißt, große und kleine gute Werke. Wenn diese „grün" sind, das heißt, mit der rechten Kraft und Entschlossenheit getan werden, dann „haben sie ihren Samen in sich": nämlich das Verlangen nach einem weiteren guten Werk. Wenn aber die Pflanze träge und welk dahinkränkelt, dann bleibt auch ihr Same unfruchtbar. Und so haben wir keine Lust, ein weiteres gutes Werk zu beginnen, weil wir aus dem, was wir so lustlos getan haben, keine oder nur eine geringe geistliche Freude gezogen haben. [...]

Kapitel 21: Zweitens, zieh dich schnell vom Bösen zurück.

Lass dir keine Götzenbilder auf die Wände des Herzens malen

Sobald du spürst, dass dich etwas Böses innerlich trifft oder äußerlich besetzt, nimm sofort Abstand – von leichtfertigem Geschwätz und Witzen, von unfruchtbaren Aktivitäten und vor allem von eitlen und lasterhaften Gedanken bzw. Begierden. Die dürfen wir nicht im Herzen verweilen lassen! [...] Wie Abraham die Raubvögel von seinem Opfer wegscheuchte, so müssen auch wir diese Gedanken und lasterhaften Regungen sofort vertreiben. Nicht nur fleischliche und schändliche Gedanken müssen wir sofort hinauswerfen, auch Bilder der Eitelkeit, der Bitterkeit, der Genusssucht und so fort soll die Fantasie nicht auf den Wänden des Tempels, nämlich unseres Herzens, malen! Theater und Wirtshäuser sind bemalt mit weltlichen und zweideutigen Geschichten, ein Gotteshaus aber muss mit der heiligen Geschichte und Bildern geschmückt sein, die mit dem Mysterium zu tun haben. Nach der Qualität der Bilder beurteilt man das Haus und die darin wohnende Familie.

Zuweilen malt uns der Hochmut kirchliche Würden, herrschaftliche Stellung und viele gehorsame Diener aus. Der eitle Ruhm malt das Lob der Menschen, und zuweilen auch große Heiligkeit, die Gabe der Wunder, der Prophetie, der mystischen Erfahrungen, der wirksamen Predigt und vieles dergleichen. Der Neid malt uns Betrug und üble Nachrede. Der Zorn läßt an Streit und heftige Auseinandersetzungen denken [...]: Man kämpft im Geist mit abwesenden Gegnern und ermüdet, ohne dass einem jemand zugesetzt hat! [...] Das alles sind Götzenbilder, wie sie der Herr dem Propheten Ezechiel auf der Wand des Tempels zeigte, und er nannte sie „Gräuel" (Ez 8, 6.9). Wer Christus, den guten Gast, aus der Herberge seines Herzens nicht vertreiben will, der darf nicht dessen Feinde, die Laster, bei sich beherbergen.

Kapitel 22: Drittens: Strebe nach dem Frieden des Herzens.

Ein friedvolles Herz gegenüber allen zu haben, besteht in zwei Dingen: Dass man niemand Böses wünscht oder tun will, und dass man Beleidigungen durch andere mit dem Schild der Geduld abfängt. Wir stehen mitten im Kampf! Da wäre es schwierig, dass uns nicht des öfteren Geschoße treffen: spitze Worte, Taten, die uns gegen den Strich gehen, unfreundliche Zurechtweisung durch Obere, Befehle, die uns schwer fallen, und was sonst noch alles von allen Seiten kommen kann. Wenn wir da den Schild der Geduld nicht fassen, könnte es leicht zu einer tödlichen Verwundung kommen, so dass wir die Geduld verlieren und in Verwirrung geraten und das geistliche Leben verlieren. Damit dieser Schild undurchdringlich wird gegen die Geschoße des Feindes, müssen wir ihn mit dem Beispiel der Märtyrer und anderer guter Menschen gleichsam bespannen (vgl. Jak 5,10f.): „Nehmt euch ein Beispiel, Brüder ...". [...]

Kapitel 23: Viertens: Sei zurückhaltend im Gebrauch weltlicher Güter

Alles, was zur Welt gehört, ist im Grunde uns fremd: es ist nicht von unserer Art und wird nicht mit uns bleiben.

[David beschreibt im folgenden nochmals die unglückselige Situation des Habgierigen: „Keinem traut er, alle hat er im Verdacht. Von einem Mächtigeren fürchtet er Gewalt, von einem Niedrigeren Diebstahl, von einem Gleichgestellten Betrug. Er kann nicht ohne deren Gesellschaft sein, aber er kann niemanden wirklich lieben, weil er argwöhnt, dass er selbst von niemandem geliebt wird.“]

Kapitel 24: Fünftens: Bleib demütig

Betrachtung über die menschliche Situation und die eigenen Schwächen im besonderen.

Kapitel 25: Sechstens: Sei in deinem Verhalten ernst und besonnen

Warnung vor der ausgelassenen Lustigkeit, die das vielfache Elend der noch nicht vollständig erlösten Welt nicht wahrhaben will. Diese leichtfertige Ausgelassenheit, die einfach Spaß haben will, ist für die fühlbare Gnade im Gebet (devotio) wie ein Wasserguss auf Feuer. Vgl. II, Kapitel 20 und 21 (böse Traurigkeit, falsche Freude) Kapitel 41 und 42 (Acedia).

Kapitel 26: Siebtens: Halte deinen Geist stets zu Gott erhoben

Da die ewige Seligkeit in der fortwährenden Schau Gottes besteht, ist das fortwährende Gedenken an Ihn in diesem Leben gewissermaßen ein Abbild davon: „Ich habe den Herrn beständig vor Augen“ (Ps 15, 8). Wir sollen an ihn denken – der uns nie vergisst – nicht nur, wenn wir in Ruhe sind, sondern auch bei unseren Beschäftigungen. Wir sollen die Engel nachahmen, die zu unserem Dienst gesandt sind (Hebr 1,14), und die das Äußere so ordnen, dass sie „vom Innersten niemals weichen".[a] – Das aber behandele ich unter der „Siebten Stufe".

Sechste Stufe: Die wirklichen Tugenden

Dieser Abschnitt wiederholt zum Teil, was in Buch II – teilweise auch Buch I – über die Laster und ihre Heilmittel ausgeführt wurde. Besonders hingewiesen sei auf den Unterschied, den David zwischen „Observanzen" und wirklicher Tugend (pura virtus) setzt, auf seine Ausführungen zur „caritas", die in ihrer vollkommenen Gestalt nicht nur in Wille und Werk, sondern auch in der Neigung des Herzens besteht.
Nach einer allgemeinen Grundlegung (Kapitel 27-32) über das Wesen von „Tugend" und das Verhältnis der einzelnen Tugenden zur übernatürlichen Liebe („caritas") folgen Ausführungen über spezifische Tugenden, die insbesondere für das Ordensleben wichtig sind: Gottes- und Nächstenliebe, Demut und Geduld, Gehorsam und Armut, Keuschheit und die damit verbundene Nüchternheit (Kapitel 33-51).

Kapitel 27: Was Tugend in Wahrheit ist. Über Gut und Böse, über die Neigungen

Nun wollen wir hinsichtlich der echten Tugenden einiges ausführen, was für einfache Menschen und Anfänger im Ordensleben nützlich ist; hohe und erhabene Dinge überlassen wir denen, die hierin mehr Erfahrung erworben haben. Je weiter nämlich jemand gekommen ist, desto tiefere und vollkommenere Einsicht gewinnt er hinsichtlich dessen, was er erreicht hat, wie auch dessen, was er sich noch nicht wirklich zueigen gemacht hat. Beim Bergsteigen sieht man desto weiter, je höher man steigt, man sieht dann erst, wie weit es noch zum Gipfel ist; und was man im Tal für den Gipfel hielt, das entdeckt man beim Aufstieg gerade erst als Fuß des Berges. [...]

a Vgl. Gregor d. Gr., *Evangelienhomilien* II, 34 n. 12 (FC 28/2, 668)

2. Tugend ist eine Haltung des Willens, die entsprechend dem in der Wahrheit gegründeten Urteil geordnet ist.[a] Das wahrhaftige Urteil bezieht sich in diesem Fall ganz allgemein auf vier Kategorien: gut oder schlecht, mehr gut oder mehr schlecht. Es gibt Güter, die leiblich oder zeitlich sind, und solche die geistlich und ewig sind. Ein geistliches und ewiges Gut ist ohne Zweifel kostbarer als ein materielles und zeitliches. Übel dagegen sind zum einen die Schuld und zum andern die Strafe. Die Schuld kann läßlich sein oder tödlich, die Strafe zeitlich beschränkt oder ewig. Die Schuld ist ein größeres Übel, weil sie die Strafe nach sich zieht; denn ohne Schuld gäbe es auch keine Strafe. Und die zeitliche Strafe ist ein geringeres Übel als die ewige. Weil nun das Gesetz der Wahrheit mittels der Vernunft und des Urteilsvermögens ins Herz des Menschen eingeschrieben ist (vgl. Röm 2,15), sind ihm auch Neigungen gegeben, die ihn unterstützen sollen, das Übel zu fliehen und das Gute zu ergreifen. Darin besteht nämlich die Seligkeit: dass alles Übel fern ist und alles Gute in Freude genossen wird.

Kapitel 28: Die sieben Grund-Neigungen des Geistes

Die allgemeinen Neigungen sind folgende: Hoffnung und Furcht, Freude und Trauer, Liebe und Hass, und Scham. Vier davon richten sich gegen ein Übel, drei sind ausgerichtet auf ein Gut. Gegen ein Übel sind Furcht, Abneigung, Trauer und Scham, auf ein Gut ausgerichtet sind Hoffnung, Freude und Liebe. Denn ein Gut muss man nicht fürchten, sondern wünschen und erhoffen, und man braucht darüber auch nicht zu trauern, sondern soll sich daran freuen – außer wenn man etwa den Verlust eines Gutes fürchtet oder betrauert; das ist

a Lat.: *Virtus est ordinatus secundum veritatis iudicium mentis affectus.* Vgl. Wilhelm von St. Thierry, *Ep. aur.* II, n. 227 (Zisterzienserväter 5, 89). Tugend ist „freiwillige Zustimmung zum Guten", „Gleichförmigkeit des Lebens, das in allem mit der Vernunft übereinstimmt", „der Gebrauch des freien Willens nach dem Urteil der Vernunft".

aber dann kein Gut, sondern eigentlich ein Übel. Denn das Übel ist die Wegnahme des Guten oder dessen Verderbnis. Man darf das Gute nicht hassen, sondern muss es lieben, und man darf sich dessen auch nicht schämen, sondern soll sich dessen rühmen. Dieses „Rühmen" nennt man nicht eigens unter den „Neigungen"; denn es ist inbegriffen in der Freude und der Liebe. Wenn diese Neigungen auf ihr Ziel hingeordnet sind, einem rechten und wahren Urteil entsprechend, dann ist der Mensch tugendhaft: Er fürchtet nur das, was zu fürchten ist; und was mehr zu fürchten ist – nämlich größere Übel –, fürchtet er auch mehr; er ist traurig über das, was wirklich zu betrauern ist, und zwar entsprechend dem Grad des Übels – und so fort. [...]

2. Das Höchste Gut aber, Gott, muss in höchstem Maß geliebt werden, mehr als alles andere erhofft werden, an ihm soll man sich über alles erfreuen. Alles aber, was einen von diesem Gut abziehen könnte, soll man fliehen und aus tiefstem Herzen verabscheuen, wie die Sünde und das Laster. Das sind im eigentlichen Sinn Übel, für alle Menschen, für niemanden sind sie etwas Gutes und sie sind zu nichts gut in dem Menschen, dem sie innewohnen. Auch wenn manchmal die Laster anderer Leute guten Menschen zum Guten dienen müssen; und manchmal haben sogar die eigenen Sünden gute Wirkungen, nach der Bekehrung!, wenn man ihretwegen demütiger ist und stärker in der Liebe zu Gott entbrennt, weil er einen samt den Lastern ertragen und davon befreit hat. [...]

3. Es gibt viele kunstgerechte Einteilungen der Tugenden [...], was ich jetzt übergehe. Ich will einzig jener Ordnung folgen, nach der die Tugenden den sieben Hauptlastern entgegengesetzt sind.

4. Die innere Tugendhaftigkeit eines Ordenschristen verhält sich zu den äußeren Observanzen wie der Kern zur harten Schale. Alles, was man an Regeln im Orden beobachtet, ist ersonnen und aufgestellt worden, um die Tugend zu erlangen und zu bewahren. Ohne Tugend ist alles andere wie die Schale ohne Kern. Und wie es im Bundeszelt vielerlei Vorhän-

ge und Decken gab, die das Heiligtum schützen und schmücken sollten [...], so ist auch im Ordensleben vieles bestimmt zur Zierde und zum Schutz der Tugend, worin aber nicht die Tugend selbst, in Reingestalt, besteht. [...] Wer sich also mit diesen äußeren Dingen zufriedengibt und die inneren vernachlässigt, der hat gewissermaßen nur die Rinde oder die leere Schale ohne Kern.

Kapitel 29: „Mäntel" der Tugend, die sie schmücken und schützen

1. Erstens, das äußere Auftreten, Habit und Tonsur. Wenn dies den Mönch ausmachte, dann wären auch Affen und Narren Mönche, da sie sich dergleichen im Scherz anziehen. Aber das sind nur Zeichen für das Innere, wie ein Kreis am Wirtshaus zu erkennen gibt, dass Getränke ausgeschenkt werden, oder eine Fahne auf dem Dach der Kirche ihren Weihetag. Falsche Zeichen aber täuschen die Leute, die doch davon ausgehen, dass sie das finden, was angekündigt ist. Ebenso im Falle eines vorgeblichen Ordensmannes, der äußerlich mit dem Ordensgewand etwas vorgibt, was er in seinem Leben und seinen Sitten nicht besitzt.

2. Zweitens: Die Beachtung bestimmter Zeremonien, Verneigungen, Kniebeugen beim Stundengebet, sich an die Brust schlagen, und alle Gesten, welche Ordensleute beim Chorgebet und anderweitig vollziehen. Oft legen die weniger Tugendhaften darauf mehr Gewicht als manche Vollkommene und vom Geist des Gebetes Ergriffene.

Drittens, wohlgeordnetes äußeres Verhalten: Beherrschtheit im Reden, Gehen, Körperhaltung. Dergleichen ist auch für einen weltlichen Menschen, der etwa bei Hofe ist, eine Zier, und man nennt das „Tugenden des weltlichen Lebens". Aber für einen Ordenschristen ziemt sich ein ordentliches Benehmen noch mehr, allerdings auf eine schlichtere und geradlinigere Art.

Viertens, Bußwerke: Fasten, Nachtwachen, Gebrauch der Geißel und andere körperliche Übungen. Diese Dinge stehen zwar der Tugend näher als die vorhergenannten, aber sie sind noch nicht die Tugend selbst! Auch Heuchler können diese Werke tun [...].

3. Fünftens, das Bemühen, Laster loszuwerden und sie abzutöten, Tugenden einzuüben: Sich selbst erniedrigen, Regungen des Zornes zurückdrängen.

[Es besteht ein Unterschied, ob man ein solches gutes Werk einfach tut, oder ob man sich bemüht, den dazugehörigen Habitus als dauerhafte Haltung zu erwerben. Erst im letzteren Fall kann man von „Tugend" im Vollsinn sprechen].

4. Sechstens, eine innere Geneigtheit zur Tugend, das ist gewissermaßen der Kern der Tugend; darin besteht die Vollendung des „tätigen Lebens", hier ist der rechte Eingang zum „kontemplativen Leben".[a] Ohne diesen Kern einer inneren Neigung zur Tugend braucht man sich keine Hoffnungen zu machen, zu einer reinen, dauerhaften Beschauung zu gelangen – wie das Wasser einer Quelle nicht rein sein wird, wenn nicht der Grund frei von Verunreinigung ist. Und wie aus dem Kern Öl gepreßt wird, so fließt aus der Hinneigung zur Tugend der geistliche Geschmack, vor allem der Geschmack der Gottesliebe, der Sehnsucht nach dem Himmel und der geistlichen Freude – was edler und wirkungsvoller ist als die Zerknirschung durch Furcht oder Trauer.

5. Das sind die „sechs Tage, an denen man wirken muss" (Lk 13,14), nämlich die Werke des Heiles, an denen man die Speise des Lebens sammeln muss, damit man nicht vor Hunger auf dem Weg ermattet; und am sechsten Tag sollen wir „das Doppelte an Speise einsammeln" (Ex 16,26), nämlich an guten Taten und liebeerfüllter Frömmigkeit. Auf dass wir am siebten Tag, dem Sabbat, ganz geheilt sind von allen Krank-

a Klassische monastische Lehre (etwa bei Evagrius Ponticus, Johannes Cassian): die *praktike (vita activa)* ist auf die Erlangung der *agape-caritas* ausgerichtet, dazu müssen die Leidenschaften – d. h. die Krankheiten der Seele – überwunden werden. Nur wer die *caritas* hat, kann „Gott schauen" *(theoria)*, d.h. in das eigentlich *kontemplative* Leben eintreten, dessen Hauptbeschäftigung die Betrachtung und das Gebet ist.

heiten der Laster und in der „Ruhe in Fülle“ (Jes 32,18) frei sein können für die Beschauung und sehen dürfen, „dass er der Herr ist“, und „kosten, wie süß er für alle ist“ (Ps 45,11; 144,9). Wer am sechsten Tag nicht das genannte „Doppelte an Speise“ gesammelt hat, wird am siebten Tag leer dastehen, er wird die Süße der Kontemplation nicht finden. Denn wer den sechsten Zustand – die Gesundheit, die in den Tugenden besteht, wenn sie in der Neigung des Willens verankert sind – nicht berührt hat, der kann sich der Süße des siebten Zustands nicht erfreuen, die im Verkosten der Weisheit und in der Erleuchtung der Einsicht besteht. [...]

Kapitel 30: Die sieben Tugenden als Gegensatz der sieben Quell-Laster

[...] 2. Das ist die Reihenfolge der sieben Laster: Zuerst der Hochmut, aller Sünden Anfang (Sir 10,14), zweitens der Neid, dann der Zorn, Acedia, Habgier, Genusssucht des Magens und Unzucht. Die Ordnung der Tugenden steht diesen entgegen: Demut gegen Hochmut, Nächstenliebe gegen den Neid, Sanftmut gegen den Zorn, die Liebe zu Gott gegen die Acedia, Verachtung von Reichtum gegen die Habgier, Nüchternheit gegen das Laster des Magens, Keuschheit gegen Unzucht. Weil, nach einem Wort des hl. Gregor,[a] „ebenso wie aus einer Wurzel viele Zweige des Baumes sprossen, so auch aus der Gottesliebe die übrigen Tugenden“, werden wir zuerst von dieser Mutter und Amme aller Tugenden sprechen, und dann erst von Töchtern. Ohne die Liebe zu Gott gibt es keine verdienstvolle Tugend. Denn die Gottesliebe gibt allen Tugenden die Form und verleiht ihnen die Kraft [...]. So wie ein Zweig von der Wurzel her wächst und durch den Saft aus der Wurzel ernährt wird, so dass er zunimmt an Größe und Fruchtbarkeit. [...]

a Gregor d. Gr., *Evangelienhomilien* II, 27 n. 1 (FC 28/2, 498).

Kapitel 31: Über die Liebe – Innenseite aller Tugend

1. Die Liebe, „caritas“, ist der geordnete und starke Wille, Gott zu dienen, Gott zu gefallen und sich Gottes zu freuen. „Caritas“ und „Liebe zu Gott“ sind das gleiche; doch unterscheidet der hl. Bernhard[a] sie folgendermaßen: „Ein starkes Wollen zu Gott hin ist *amor;* wenn dieses Wollen von der Gnade genährt wird, nennt man es *dilectio;* wenn man sich aber an Gott freut, weil man ihm anhangt, dann ist es *caritas.*“

2. Aus drei Gründen müssen wir Gott über alles lieben: Weil er in sich gut ist, und nicht nur gut, sondern die Gutheit selbst; und weil über dieses Gut hinaus nichts Besseres gedacht werden und nichts Besseres existieren kann, und alles Gute nur aufgrund des Gutseins Gottes gut ist.[b] Wenn nun alles, was gut ist, geliebt werden muss, in dem Maß, wie es gut ist, dann muss derjenige, der zuhöchst und unendlich gut ist, in höchstem Maß und – wenn es möglich wäre – unendlich geliebt werden; denn das entspräche seinem Wert.

Zweitens: Weil „Gott uns zuerst geliebt hat“ (1 Joh 4,10), und weil er uns mehr liebt als wir uns selbst. Er, der Unendliche, für den sein Sein Lieben ist – denn „Gott ist die Liebe“ (1 Joh 4,8) – liebt uns Arme, Nichtswürdige, Elende; er hat uns geliebt seit Ewigkeit, bevor wir waren, bevor wir ihn liebten, ja, als wir ihn noch nicht kannten, uns ihm widersetzten und ihn beleidigten. So ist es doch gerecht, dass wir ihm unsere Gegenliebe schenken, mit allem, was wir sind, was wir wissen und können, damit wir wenigstens mit dem geringen Maß unserer Möglichkeiten seine Liebe getreulich erwidern [...].

a Vgl. Wilhelm von St. Thierry, *Ep. aur.* II n. 235. 257 (Zisterzienserväter 5, 91.98). Im Lateinischen gibt es mehrere Ausdrücke für „Liebe", wobei entweder auf der Stärke der Zuneigung *(amor)* oder der „Erwählung" oder „Hochschätzung" *(dilectio, caritas)* das Gewicht liegt. Die christlichen Autoren haben nochmals spezifische Akzente in der Definition hinzugefügt.

b Vgl. die beiden berühmten Werke Anselms von Canterbury, *Monologion* (Gott als Maß und Quelle alles Guten) und *Proslogion* (Gott als das, worüber hinaus nichts Besseres gedacht werden kann).

Drittens: Weil er uns seine Liebe in vielerlei Wirkungen erkennen läßt; denn es hat ihm nicht genügt, uns nur innerlich zugetan zu sein – er hat uns seine Liebe auch erwiesen und gezeigt. „Der Beweis für die Liebe ist die Tat“, sagt Gregor.[a] Über diese Taten Gottes werde ich jetzt nichts weiter schreiben, es würde zu lang werden – bei anderer Gelegenheit hoffe ich darauf zurückzukommen.

Liebe des Entschlusses – der Tat – der gefühlten Neigung[b]

3. Unsere Liebe besteht in dreierlei: im Willen, im Werk und in der gefühlten Neigung. Der Wille wird belehrt durch die Vernunft und stimmt deren Rat zu, das Gute zu wollen; und um nicht untätig zu sein, schreitet der Wille zum Werk, indem er sich das ganze Gesinde, das seinem Befehl unterworfen ist, zu Hilfe holt: die Glieder des Leibes, die Sinne und die Gedanken. Wenn er dies getreulich tut und immer wieder vollzieht, dann erwacht in ihm gewissermaßen als Belohnung und zur Erleichterung der Anstrengung auch eine gefühlte Neigung; denn die Gnade gibt dem Willen Trost und macht ihn weich, so dass er nicht nur aufgrund eines Antriebs der Vernunft das Gute will, und es nicht nur mit aller Anstrengung ins Werk setzt, sondern es sehnsüchtig wünscht und von Herzen ergreift – das Gegenteil aber, das Böse, verabscheut, hasst und flieht. Das ist wahre Gesundheit des Willens: wenn er sich nicht nur auf Antrieb der Vernunft hin zwingt, das Gute zu wollen und zu tun, bzw. das Böse abzulehnen und zu meiden, sondern das Gute mit herzlichem Verlangen umarmt, das Böse aber hasst. Das ist die Tugend und der gute Mensch, von dem die Philosophen vieles schrieben – aber hätten sie sie doch nur wahrhaft erkannt!

a *Evangelienhomilien* II, 30 n. 1 (FC 28/2, 552).

b Bezeichnend für David: „voluntas“ – der Wille im Sinne der bewussten Absicht und Entschiedenheit – wird noch einmal vom „affectus“ – als der „herzlichen“ Komponente – unterschieden.

4. Zuweilen reicht der Wille allein – ohne die Ausführung des Werkes – hin, um verdienstvoll zu sein oder die Pflicht zu erfüllen, wenn nämlich die Möglichkeit oder die rechte Gelegenheit fehlen [...]. Wenn aber die Möglichkeit und die Gelegenheit gegeben sind und das Werk dennoch nicht getan wird, dann genügt der Wille allein nicht; denn es ist kein Wille, wenn man etwas Gutes vollbringen könnte und nicht wollte.

Kapitel 32: Der innere Zusammenhang, die Einheit der Tugenden

Die Tugenden sind zwar viele und unterscheiden sich von einander – die Demut ist verschieden von der Keuschheit, die Barmherzigkeit von der Geduld – , aber unter einem Gesichtspunkt sind sie alle eins, so dass die eine mit einer anderen nicht nur zusammenhängt, sondern ihr inne ist: Wer eine Tugend wirklich besitzt, von dem kann man sagen, er hat auch alle anderen, zwar nicht dem Akt nach, wohl aber habituell. Das zeigt der Apostel mit den Worten: „Die Liebe ist langmütig, gütig, ...“ (1 Kor 13,4ff.) Gott ist ganz eins und einfach und das vollkommenste Gut, in dem jedes Gut auf vollkommene Weise ist, und dem kein Gut fehlt. Und ebenso ist die caritas *eine* Tugend, die in sich jede Tugend enthält, doch wegen ihrer verschiedenen Auswirkungen – je nach verschiedenen äußeren Situationen und Anlässen – nimmt sie verschiedene Aufgaben wahr und erhält verschiedene Namen. Tugend, so definiert Augustinus, ist „geordnete Liebe“[a], das heißt, man liebt nur das, was man lieben soll, und auch in der Art und dem Maß, wie man es soll. In dem Maß, wie du etwas liebst, verabscheust und fliehst du das Gegenteil, so gut wie möglich. Die caritas wird „Gottesliebe“ genannt, wenn sie sich auf Gott bezieht, wenn auf den Mitmenschen: „Nächstenliebe“. Wenn man Mitleid hat mit dem Elend des Nächsten, dann heißt sie „Barmherzigkeit“, wenn man sich mitfreut, „Mitfreude“. Wenn jemand mit Gleichmut widrige

a Augustinus, *De Civitate Dei* XV, 22.

Dinge erträgt, heißt sie „Geduld"; wenn man Leuten, die einen hassen, Gutes tut, heißt sie „Güte". Wenn ein Mensch sich selbst nicht überhebt, ist das „Demut", wenn er seinen Oberen gehorcht, entsprechend der Gerechtigkeit, ist es „Gehorsam". Schändliches zu verabscheuen, ist „Keuschheit"; alles, was über die Notwendigkeit des Leibes hinausgeht und überflüssig ist, abzulehnen, ist „Nüchternheit". Reichtum von sich zu werfen, ist „Armut im Geiste", an Arme großzügig auszuteilen, ist „Freigebigkeit". Wenn man sich nicht verdrießen läßt in der Erwartung des Verheißenen und die Hoffnung darauf nicht fahren läßt, ist das „Langmut". Zwischen Gut und Besser, Schlecht und Schlechter unterscheiden zu können, ist „Klugheit". Einem jeden sein Recht zukommen zu lassen, ist „Gerechtigkeit". Sich durch Wohlleben nicht zu verweichlichen, ist „Maß", vor harten Dingen nicht in Schrecken zu verfallen, ist „Tapferkeit". Zu glauben, was Gegenstand des Glaubens ist, ist die Tugend des „Glaubens", zu hoffen, was Gegenstand der Hoffnung ist, ist die Tugend der „Hoffnung". So wird der Heilige Geist sowohl „einzig" wie „vielfältig" genannt – im Buch der Weisheit (Weish 7,22). Denn wiewohl er selbst einer ist, teilt er verschiedene Gaben zu, verschieden nach ihren Wirkungen – wie wenn eine kostbare und sehr wirksame Medizin verschiedene Heilwirkungen entfaltete oder die Kraft zu verschiedenen Tätigkeiten verliehe, so dass sie für den einen den Gesichtssinn schärfte, dem anderen eine klar vernehmliche Stimme gäbe, wieder einem anderen das Gehör öffnete, oder den Geschmackssinn restituierte, und so weiter.

[Einzelne Tugenden, ihre Phänomenologie]

Kap. 33: Drei Stufen der caritas: Gebote – Räte – glühende Liebe

1. Jede Tugend, so schreibt Gregor d. Gr.[a], hat einen Anfang, einen Fortschritt und eine Vollendung; dem entspricht, was

a *Hom. in Ez.* II, 3 n. 4 (CCSL 142, 239); dt.: *Homilien zu Ezechiel*, übertr. von G. Bürke, Einsiedeln 1983, 298.

in Mk 4,28 steht: „Die Erde bringt Keimlinge hervor, zuerst den Halm, dann die Ähre, dann das Korn in der Ähre." Der Halm ist der Beginn, die Ähre der Fortschritt, das Korn die Vollendung. 2. Die Liebe zu Gott, die Mutter und Amme aller Tugenden, hat drei Stufen: eine unterste, mittlere und höchste. So ist es auch mit allen anderen Tugenden. [...]

3. *Die erste Stufe* besteht darin, Erlaubtes zu lieben und zu gebrauchen, das Unerlaubte aber dabei zu meiden und der Liebe zu Gott nichts anderes vorzuziehen [...). So heißt es bei Mt 19,17: „Wenn du zum Leben eingehen willst, halte die Gebote." [...]

4. *Eine zweite Stufe* kann es sein, wenn ein Mensch mit vollerem Willen und glühenderem Verlangen sich nicht mehr nur damit zufrieden gibt, die Gebote zu halten, die für alle gelten und ohne die man nicht gerettet werden kann, sondern voll Eifer ist für alles, was mit Gott zu tun hat, so dass er es selbst erfüllen will und auch danach verlangt, andere darin zu fördern. Dies ist besonders Sache der guten Ordensleute, die sich entschließen, nicht nur Gottes Gebote, sondern auch die Räte zu befolgen, und damit dem Lehrer aller Gerechtigkeit, Jesus Christus, in besonderer Weise nachzufolgen. Für solche Menschen schreibt Bernhard: „Euch kommt es zu, nicht bei den Geboten stehenzubleiben und nicht bloß darauf zu achten, was Gott gebietet, sondern auf das, was er möchte: Ihr sollt prüfen und erkennen, was der Wille Gottes ist, was ihm gefällt, was gut und vollkommen ist (Röm 12,2)."[a] Je mehr du den Herrn liebst, desto eifriger wirst du nach dem trachten, was ihm gefällt und ihm zur Ehre ist, und jede Beleidigung meiden, so gut du kannst. „Die Gottesliebe ist nie untätig", sagt der hl. Gregor[b], „wenn sie wirklich da ist, wirkt sie Großes; wenn sie nicht wirken will, handelt es sich nicht um Liebe."[...] Wenn du deinem Herrn entsprechend deinem Willen dienen willst, wird er dir nach seinem Willen vergelten; wenn du ihm aber entsprechend seinem Willen dienen willst, wird

a Wilhelm von St. Thierry, *Ep.aur.* I, Einleitung n. 15 (Zisterzienserväter 5, 24).

b *Evangelienhomilien* II, 30 n. 2 (FC 28/2, 55).

er dir entsprechend all deinen Wünschen vergelten. „Mit dem Maß, mit dem ihr messt, wird euch zugemessen werden, und noch darüber hinaus" (Mt 7,2; Mk 4,24).

5. *Die dritte Stufe* besteht in solch brennender Liebe zu Gott, dass der Mensch ohne Gott schier nicht leben kann, er „wünscht aufgelöst zu werden und mit Christus zu sein" (Phil 1,23). [...] Solche Sehnsucht brachte den hl. Andreas dazu, das Kreuz zu umarmen, den hl. Stephanus, zu beten für diejenigen, die ihn steinigten – die ihm den Himmel öffneten, nach dem er so sehr verlangte –, den hl. Laurentius, über seine Henker zu scherzen, [...] und die übrigen glorreichen Märtyrer, in ihrer Trübsal froh zu sein und ihre Feinde und Verfolger zu lieben. [...]

Linderung der brennenden Sehnsucht: kontemplative Erfahrung, sakramentale Kommunion, apostolische Fruchtbarkeit

6. Diese brennende Sehnsucht kann durch nichts gelöscht werden, solange ihr nicht gewährt wird, aus der Quelle des Lebens so viel zu trinken, wie sie verlangt; der Durst nach dieser Quelle ist ein Kreuz ganz besonderer Art. Es gibt jedoch drei lindernde Tropfen geistlicher Tröstung: erstens die Erquickung durch innere Süßigkeit im Geist, zweitens der Empfang des Sakramentes des Leibes Christi – dies ist sehr oft für solche gottliebende Menschen ein außerordentlich wirksamer Trost, der sie inmitten ihrer Traurigkeit über das Exil aufrichtet: denn sie empfangen, zwar nicht sichtbar und offenbar, aber wahrhaft und wirksam zum Heil denjenigen, den sie lieben, den Herrn Jesus Christus. Ein dritter Trost wird ihnen zuteil, wenn sie die Vervielfachung der geistlichen Frucht sehen, im Fortschritt ihrer Mitmenschen und in der Ehre Gottes, und daher die Beschwerlichkeit dieses Zustandes der Verbannung leichter ertragen: in der Hoffnung nämlich, für Gott Gewinn zu machen. In diesem Sinn spricht die Braut des Hohenliedes zu den Mädchen: „Stützt mich mit Blüten", mit einem erneuerten guten Lebenswandel, „erquickt mich mit Äpfeln", mit

dem Fortschritt derer, die sich um Vollkommenheit bemühen, „denn ich bin krank vor Liebe – und sehne mich danach, aufgelöst und mit meinem Bräutigam zu sein“ (Hld 2,5; Phil 1,23). Solange dies noch aufgeschoben wird, möchte ich wenigstens getröstet werden durch die Umkehr der Sünder und durch den Fortschritt der Guten. So wird meine Verbannung mir erträglicher sein, wenn ich sehe, dass es anderen nützt, dass ich später zum Bräutigam komme, aber mehrere andere mit mir ziehe. So tröstete sich Paulus [...].

Kapitel 34: Die Nächstenliebe und ihre Differenzierungen

Die Nächstenliebe wird aus der Gottesliebe geboren; denn der Mitmensch muss ja wegen Gott, in Gott und so wie Gott es will geliebt werden. Wegen Gott, weil Gott es geboten hat: „Dieses Gebot haben wir von ihm: Wer Gott liebt, muss auch seinen Bruder lieben“ (1 Joh 4,21). In Gott, weil er mit der gleichen Art von Liebe zu lieben ist, wie Gott, aber nicht im gleichen Maß; „in Gott“ heißt, im Geist Gottes. So wie Gott es will: mit der gleichen Zielrichtung, wie Gott uns liebt, damit wir nämlich das Heil der Seele und den geistlichen Fortschritt erlangen. Das ist also eine wahre, reine und geordnete Liebe: „wahr“, weil ungeheuchelt – nicht wie jene, „die mit Wort und Zunge lieben, nicht aber in Tat und Wahrheit“ (1 Joh 3,18); „rein“, das heißt, nicht aus fleischlicher Zuneigung, nicht aus Eigennutz, nicht weil man eine zufällige, weltliche Verbindung hat – wenn eine solche auch nicht immer schlecht ist, so ist sie doch nicht verdienstvoll, außer sie erhält ihre Würze von der geistlichen Liebe; und schließlich „geordnet“, weil ihr Ziel weder gemeinsame Sünden, noch leibliche Vorteile, noch zeitliches Wohlergehen sind, sondern das ewige Heil.

2. Beachte, dass es eine *fleischliche* Liebe, eine *eigensüchtige* Liebe, eine *natürliche*, eine *mitmenschlich-bürgerliche* und eine *geistliche* Liebe gibt. „Fleischlich“ ist eine Liebe, die sich aus der Lust des Fleisches nährt. „Eigensüchtig“ ist eine Liebe, die den anderen wegen Geschenken liebt – so liebt

auch ein Hund denjenigen, der ihm zu fressen gibt. „Natürlich“ ist die Liebe, die zwischen Verwandten oder Menschen gleichen Heimatlandes besteht. Natürlich ist auch die Liebe, mit der wir Menschen mehr zugetan sind, die von Natur aus eine schönere Gestalt haben, oder die unserer eigenen Natur ähnlicher sind. So fühlen wir uns manchmal, wenn wir etwa zwei gleichermaßen unbekannte Menschen treffen, zu dem einen mehr hingezogen, wahrscheinlich, weil er mit uns mehr natürliche Ähnlichkeit hat. So heißt es auch im Buch Jesus Sirach (13,19): „Jedes Lebewesen liebt seinesgleichen ...“. Eine derartige Zuneigung gibt es bei Guten wie bei Bösen, auch bei unvernünftigen Tieren; und sie kann gut oder böse sein. Sie kommt freilich aus der Natur, die an sich selbst gut ist. Darum sind wir dem natürlichen Recht zufolge in Notlagen mehr zur Hilfeleistung gegenüber Nahestehenden verpflichtet als gegenüber Ferneren. Die „soziale“ Liebe ist diejenige, mit der wir unsere Bekannten, Familienangehörigen und Mitbewohner mehr lieben als Unbekannte und Fremde. Auch diese Liebe kommt offensichtlich bei guten wie schlechten Menschen vor [...].

Die „geistliche“ Liebe aber hat ihren Namen vom Heiligen Geist. Sie fließt von Ihm, der die Liebe des Vaters und des Sohnes genannt wird, und sie ist es, auf die sich das Gebot des Herrn bezieht. Nur sie ist für sich selbst genommen verdienstvoll, und sie macht die natürliche und die soziale Liebe verdienstvoll, wenn sie diese unter ihre Leitung nimmt. [...]

Kapitel 35: Sieben Anzeichen für eine fleischliche Liebe

1. Dies ist das erste Anzeichen einer ungeistlichen Zuneigung: Während die geistliche Liebe sich in Gesprächen nährt, die der geistlichen Bildung und Auferbauung gewidmet sind, und für Schwatzerei und Geschichten nichts übrig hat, ist es bei der fleischlichen Liebe umgekehrt: Man spricht kaum über geistliche Themen, dafür aber wird viel Unnützes erzählt; sehr oft, ja unersättlich, wird wiedergekaut, wie gern man

sich gegenseitig hat, wie sehr er sie, sie ihn liebt. Stunden reichen nicht, auch Tage nicht, überhaupt keine Zeit reicht hin, dass sie nicht bei jedem Treffen genügend Stoff hätten, darüber zu reden.

2. Das zweite Anzeichen sind Gesten und Verhaltensweisen, die mit keuscher Zurückhaltung unvereinbar sind [...], gerade so, wie man sie bei weltlichen Liebhabern sehen kann.

3. Das dritte Anzeichen ist eine Unruhe des Herzens. In Abwesenheit denken die beiden aneinander, wo der andere gerade sei, was er tut, wann er kommt, wie lange er abwesend war, ob er an einen denkt, ob durch die Abwesenheit seine Liebe etwa abgekühlt sei, wie lange er keine Botschaft geschickt hat, was der Grund dafür sein könnte, wie es ihm gesundheitlich gehe. Und aufgrund dieser inneren Anspannung kann man nicht frei beten, nicht ruhig betrachten oder etwas anderes tun; denn das Herz ist ganz absorbiert und besetzt von dem Gedanken an den Geliebten [...]. – Die geistliche Liebe ist um solche Dinge nicht bekümmert, sondern ist ruhig in Gott und empfiehlt den Freund im Gebet mit Zuversicht in Gottes Hände, wann sich die Gelegenheit ergibt; ohne sich sinn- und zwecklos absorbieren zu lassen, leidet sie mit dem Freund und freut sich mit ihm, entsprechend wie es in der Wahrheit begründet ist.

4. Das vierte Anzeichen ist Ungeduld oder Eifersucht, wenn der so Geliebte noch jemand anderen liebt, jemand anderen freundlich grüßt oder irgendwelche gute Taten erweist. Denn man fürchtet dann, die andere Person könne mehr gelten und man selbst weniger innig geliebt sein. Dann stellt sich Schmerz und Traurigkeit ein. – Der geistliche Mensch aber will, dass alle mit ihm zusammen geliebt würden, und er freut sich darüber; denn die *caritas* teilt sich mit, und wenn sie an Weite gewinnt, gewinnt sie auch an Größe – wie das Feuer, das zunimmt, wenn es mehr Nahrung erhält.

5. Das fünfte Anzeichen sind Zorn und große Aufregung bzw. Ärger. Die beiden lieben sich nämlich – wie man so sagt – auf eine Weise, dass sie es nicht vermeiden können, sich

gegenseitig zu verletzen. Wie die ungeordnete Zuneigung zuweilen überbordet in liebkosender Zärtlichkeit, so überschreitet sie zuweilen auch das Maß in der wütenden Verärgerung: Oft verletzt der eine den anderen, weil er ihm zu wenig von dem gibt, was dieser gern möchte, oder weil eine andere Person anscheinend mehr geliebt wird. Und je „zärtlicher" eine Zuneigung ist, desto schlimmer wird solch eine „Verletzung" aufgenommen. Dann gibt es Klagen und Vorwürfe wegen der erwiesenen Wohltaten, die man an einen Undankbaren verschwendet habe. Es folgen Verwünschungen und Schwüre, denjenigen von nun an nie mehr lieben zu wollen, der „Böses für Gutes und Hass für Liebe erstattet" habe (Ps 34,12; 108,5 Vg). Manchmal kommen dazu noch lautstarke Auseinandersetzungen, Schmähungen und Scheltworte, Flüche, öffentliche Beschimpfungen, Verrat von anvertrauten Geheimnissen und vieles dergleichen Schlimmes – ich habe das häufig gesehen. – Die geistliche Liebe dagegen ist friedliebend, umgänglich, hat Nachsicht mit den Fehlern und Schwächen des Mitmenschen und „belehrt im Geist der Sanftmut jemanden, der in Sünde verstrickt ist" (Gal 6,1).

6. Das sechste Anzeichen sind kleine Geschenke und Liebesbriefe [...] und irgendwelche Dinge, die die geliebte Person berührt hat oder in Gebrauch hatte. Die werden dann wie Reliquien verehrt und als Andenken aufbewahrt [...]. – Die geistliche Liebe aber wird gestützt durch aufrichtige Gebete, auferbauende Belehrung im Geist und liebevolle Unterstützung in der Not.

7. Das siebte Anzeichen ist, dass man die Laster der anderen Person nicht wahrhaben will – und zwar auf ungeordnete Weise: Denn wer fleischlich liebt, liebt auch die Fehler und Laster der anderen Person und entschuldigt sie. Die beiden halten zusammen und verteidigen sich gegen Personen, die sie zur Rede stellen und zurechtweisen [...]. – Die geistliche Liebe aber verabscheut alle Laster, und sie verabscheut sie vor allem in den auf besondere Weise geliebten Menschen. [...]

Kapitel 36: Drei Stufen der Nächstenliebe.

1. Nachdem wir zur Vorsicht gemahnt haben vor der lasterhaften „Liebe“, die sich zuweilen unter dem Deckmantel der geistlichen Liebe versteckt, um Ahnungslose zu täuschen, kehren wir nun zurück zur Betrachtung der Stufen der Nächstenliebe.

Die erste Stufe besteht offenbar darin, den Mitmenschen nicht zu hassen, ihm nichts Böses zu wollen, keines Menschen Gut zu hindern, ihm in der Not Hilfe nicht zu verweigern [...].

2. Der fortgeschrittene Grad der Nächstenliebe besteht darin, sich über den Fortschritt des Mitmenschen so zu freuen und das Gute des Anderen so zu lieben, als wäre es das eigene, und so Mitleid zu haben mit seinem Unglück, als wäre es das eigene. Dann fasst der Mensch aus herzlicher Zuneigung *(affectu pietatis)* den Gewinn oder Verlust eines anderen wie seinen eigenen auf, wie es im Römerbrief heißt (12,15): „Freut euch mit den Fröhlichen, weint mit den Weinenden, seid untereinander eines Sinnes“ [...]; oder im 2. Korintherbrief (11,29): „Wer erleidet eine Schwäche und ich werde nicht schwach mit ihm?“ Wo diese herzliche Liebe ist, da fehlt auch nicht die tätige Hilfeleistung, sofern sie möglich ist. Die gesunden Glieder des Leibes freuen sich gegenseitig ihrer Gesundheit und leiden an der Krankheit eines Gliedes. Und dass das affektive Vermögen des Menschen geheilt ist von der starren Unempfindlichkeit der Sünde, zeigt sich, wenn es die Angelegenheiten des Mitmenschen wie seine eigenen auffassen kann. Denn wir sind ja untereinander Glieder (Eph 4,25). Daher will der Herr Jesus, von dem die Lehre der Vollkommenheit ausgeht und in uns einströmt – wie vom Haupt her Empfinden und Bewegung in die Glieder des Leibes fließt[a]

a Vgl. Romano Guardini, *Systembildende Elemente in der Theologie des hl. Bonaventura. Die Lehre vom lumen mentis, der gradatio entium und der influentia sensus et motus*, Leiden 1964.

– alles, was seinen geringsten Gliedern getan wird, als ihm selbst erwiesen annehmen (Mt 25,40).

3. Die Vollendung der Nächstenliebe besteht darin, selbst die Feinde von innen heraus zu lieben [...] und bereit zu sein, für die Brüder nicht nur die zeitlichen Güter, sondern das Leben hinzugeben – und zwar nicht bloß in der Hoffnung, den Lohn des Martyriums zu erhalten, sondern aus Liebe zu deren Heil. Lehrmeister dieser Liebe ist Christus, der für die Sünder, seine Feinde, sterben wollte, um die Sünden, mit denen wir ihn verletzten und schmähten, zu sühnen: „Eine größere Liebe hat niemand, als wer sein Leben gibt für seine Freunde" (Joh 15,13). Von Christus haben die Heiligen diese Liebe gelernt, die sich dem Tod auslieferten um ihrer Brüder willen, die sich als Sklaven verkauften, um andere loszukaufen, wie Paulinus[a], die selbst hungerten, um dem Hunger anderer abzuhelfen, die für ihre Mörder beteten, und die sich bemühten, mit ihrer Güte die Grausamkeit ihrer Feinde zu besänftigen und „das Böse mit dem Guten zu besiegen" (Röm 12,21). [...]

Kapitel 37: Die Demut

Die Seligkeit besteht in der Vollendung des Verlangens des Menschen nach Wahrheit, Liebe und Frieden. Dem entsprechen drei Tugenden auf Erden: die caritas, die humilitas und die patientia.

[...] Wie die göttliche Liebe uns auf die Gutheit hinordnet, so soll uns die Demut auf die Wahrheit hinordnen.

2. Hugo definiert die Demut als „eine freiwillige Beugung des Geistes im Hinblick auf seine eigene Befindlichkeit bzw. Gebrechlichkeit"[b], und Bernhard als „Tugend, durch die der Mensch in seinen eigenen Augen gering wird aufgrund einer

a Gregor d. Gr., *Dialoge* III Kapitel 1, n. 1-8 (SC 260, 256-264).

b Vgl. *Speculum virginum* IV (FC 30/2, 300)

ganz wahrhaftigen Selbsterkenntnis“[a]. Zwei Dinge sind es, die uns zu Demut mahnen: was wir sind und was wir nicht sind. Was wir sind, haben wir nicht aus uns selbst oder aus unseren Verdiensten, und daher brauchen wir uns gar nicht zu überheben [...], sondern allein Der ist hoch zu erheben, durch dessen Gnade wir sind, was wir sind (vgl. 1 Kor 15,10). Das ist die Demut der Heiligen, die alles Gott zurückerstatten, von dem sie es haben. [...]

3. Was wir nicht sind, mahnt uns ebenfalls zur Demut. [...] „Du sagst: Ich bin reich und brauche niemanden, und du weißt nicht, dass du armselig und jämmerlich bist, dass du nichts besitzt, blind und nackt bist.“ (Offb 3,17) Das ist die Demut der Armen und Unvollkommenen, die ihre Armut und Unvollkommenheit im Vergleich zu der Größe anderer erwägen, und sich selbst gering vorkommen. Uns, die wir blind geboren wurden und keine Erkenntnis unserer selbst noch Gottes haben, gibt der Herr auf diese Weise das Augenlicht: Er streicht Lehm – aus dem wir erschaffen sind – auf unsere Augen, damit wir zuerst einmal uns selbst erkennen und dann ihn, der uns erleuchtet, voll Glauben anbeten. Mittels des Lehms erlangt jemand sozusagen das Augenlicht, wenn er seine eigene Gebrechlichkeit erkennt und sich in seiner Niedrigkeit sieht.

4. Eine dreifache Demut müssen wir haben: in uns selbst, gegenüber unserem Mitmenschen und gegenüber Gott. [b]

Kapitel 38: Drei Grade der Demut

Der erste Grad ist, dass der Mensch sich erkennt, als das was er ist: mit seinen Schwächen, seinem Mangel an Tugend, dass er Laster hat, ein Sünder ist .... und sich nicht vormacht, er sei größer als er ist, wenn er irgendeine glanzvolle Würde besitzt. [...] „Ihr Menschenkinder, was liebt ihr die Eitelkeit und sinnt

a *De gradibus humilitatis et superbiae – Über die Stufen der Demut und des Stolzes*, Kapitel 1 n. 2 (Opera omnia, lat.-dt. II, 46).

b Vgl. oben II, Kapitel 35.

auf Lügen" (Ps 4,3). Wenn Gott doch alles kann, warum hat er uns nicht den Engeln an Herrlichkeit gleichgestellt? Doch wohl, damit unsere Lage uns Demut lehre und wir uns nicht überheben wie die verführten und abgefallenen Engel und ebenso ins Verderben stürzen. Darum nimmt Gott in der Taufe die Schuld der Erbsünde vollkommen von uns; die Strafe, die in der Verderbnis besteht,[a] nimmt er aber in diesem Leben nicht vollkommen weg, damit wir immer ein Andenken haben, das uns zur Demut mahnt, und uns hüten, überheblich zu sein wie unsere Stammeltern, die aus Hochmut Gottes Gebot übertraten.

2. Als zweite Stufe könnte man nennen, wenn ein Mensch nicht nur in seiner eigenen Selbsteinschätzung sich als gering anerkennt, sondern auch willig annimmt, wenn er von anderen wenig Achtung erfährt. [...] „Wie die Eingebildeten an Ehrungen, so freuen sich die Demütigen oft über Verachtung, weil sie sehen, dass das Urteil, das sie über sich selbst haben, von anderen geteilt wird," schreibt Gregor.[b] [...] Das ist ein hoher Grad, und nur sehr wenige Menschen erreichen ihn, auch nur sehr wenige Ordensleute und gute Menschen. Kein Wunder, dass wir so arm an Tugenden sind, wenn uns die Mutter und Hüterin der Tugenden, die Demut, so fremd vorkommt. [...][c]

3. Die dritte Stufe der Demut ist es, wenn jemand sich in keiner Weise überhebt, auch wenn er große Tugenden und Gaben und Ehren besitzt, und sich nichts darauf zugute tut, sondern alles auf Ihn zurückführt, von dem alles Gute ausgeht. Das war die Demut der seligen Jungfrau, die im Augenblick ihrer Erwählung zur Mutter Gottes sich als Magd des Herrn bekannte und sprach: „Auf die Niedrigkeit seiner Magd

a D.h. die Folgen der Sünde, die in einer Schwerfälligkeit und Anfechtbarkeit bestehen.

b *Dialoge* I Kapitel 5, n. 6 (SC 260, 62).

c Vgl. oben II Kapitel 11 n.3: Gott gibt große Tugenden und Gnaden *aus Liebe* nicht, wenn zu befürchten ist, dass derjenige darüber noch hochmütiger werden würde.

hat er geschaut“ (Lk 1,48). Das war die Tugend Christi, „der Gott gleich war, aber nicht daran festhielt, wie Gott zu sein, sondern sich erniedrigte...“ (Phil 2,6f.). „Lernt von mir, denn ich bin sanft und demütig von Herzen“ (Mt 11,29). Das ist die Demut der Engel und Heiligen im Himmel, die erfüllt sind vom Höchsten Gut und erhoben zu höchster Ehre, und die doch keinerlei Regung des Hochmuts in sich haben, sondern desto demütiger sind, je höher sie in Gott sind. [...]

Kapitel 39: Die Geduld

Aus der Caritas und der Demut wird die Geduld geboren. Sie ordnet uns auf den freudvollen Genuss des höchsten Friedens hin. Nichts Belastendes zu erleiden, heißt Frieden haben. Das kann auf zwei Weisen geschehen: entweder, weil man überhaupt nichts Belastendes erfahren muss – und das ist einzig in der himmlischen Heimat der Fall. Oder indem man Belastendes nicht als lästig erträgt – und das kann man von hochherzigen Menschen bereits hier auf Erden sagen. Dies ist Geduld.

2. Es gibt einen großen Unterschied zwischen der vorgetäuschten Geduld, der erzwungenen Geduld und derjenigen Geduld, die Tugend ist. Geheuchelt ist die Geduld, wenn jemand um seines irdischen Ansehens willen sich geduldig gibt, oder wenn jemand eine Zeitlang so tut, als mache ihm ein erlittenes Unrecht nichts aus, während er auf eine Gelegenheit wartet, Rache zu nehmen. „Wer das Böse seines Mitmenschen auf eine Weise hinnimmt, dass er innerlich leidet und nur darauf wartet, es ihm heimzuzahlen, der praktiziert nicht Geduld, sondern nur den Anschein“, schreibt Gregor[a]. – Eine erzwungene Geduld ist es, wenn jemand nicht Rache nimmt, weil er es nicht vermag oder es nicht wagt, weil er fürchtet, noch schlimmeren Schaden zu erleiden oder etwas zu verlieren. [...] – Tugend aber ist die Geduld, wenn sie dem

a *Evangelienhomilien* II, 35 n.4 (FC 28/2, 694); vgl. *Regula Pastoralis* III, 9 (SC 382, 302).

entspricht, was Augustinus schreibt: „wenn wir das Böse mit ruhigem Herzen ertragen“,[a] das heißt: ohne von Traurigkeit aus der Fassung gebracht zu werden.

3. Jedes Leiden oder Erleiden kommt daher, dass uns etwas verweigert oder genommen wird, was wir lieben oder begehren, oder dass uns etwas aufgezwungen oder angedroht wird, was wir verabscheuen oder was uns Schaden bringt. Dementsprechend wird die Geduld oder „Leidensmut“ durch fünf Situationen auf die Probe gestellt: Verletzung des Körpers, Armut oder Verlust von zeitlichen Gütern, Verlust der Ehre, Schädigung oder Verlust von Menschen, die uns lieb sind, jede Art von Störung der Herzensruhe. Letztere enthält alle anderen Anlässe in sich, aber sie kann auch ohne derartige Anlässe auftreten. Da braucht uns nur irgendeine kleine – unwichtige oder sogar schädliche – Freude genommen werden, zum Beispiel, dass wir wegen des Regens nicht spazierengehen können, oder unsere Pläne nicht so ausführen können, wie wir es gern hätten.

Wenn wir aber in Unruhe geraten, weil es uns an Gerechtigkeit fehlt oder weil das ewige Heil Schaden nehmen könnte, dann ist das nicht als Ungeduld zu bezeichnen, sondern gehört zum „Eifer für die Gerechtigkeit“, vorausgesetzt, diese Beunruhigung ist mit Maß und Unterscheidungsgabe: „Die Traurigkeit, welche Gott gemäß ist, wirkt Umkehr, auf dass das Heil dauerhaft sei.“ (2 Kor 7,10).

Geduld ist nicht starre Gleichgültigkeit

4. Sich nicht verwirren und aufregen zu lassen von den fünf genannten Anlässen, wenn sie uns treffen, ist Geduld. Genauso aber ist es ein Laster, nämlich der Starrheit oder Verhärtung, wenn man wegen des Mangels an Gerechtigkeit sich *nicht* beunruhigen würde. Was die eigene Person angeht, muss sogar jeder Mensch leiden wegen seiner Verfehlungen in der Vergangenheit: das ist die Tugend der Reue; und er

a *De patientia* Kapitel 2 (PL 40, 611).

muss für die Gegenwart die Begeisterung für das Gute haben, und für die Zukunft die heilsame Furcht.

Auch muss der Mensch Trauer empfinden im Hinblick auf seine Mitmenschen – mit Maßen, was etwa zeitliche Unbill angeht, aber reichlich, wenn sie geistlich Schaden leiden oder das Heil in Gefahr ist. Vor allem sind dazu die Oberen verpflichtet. Wenn diese die Laster ihrer Untergebenen geduldig hinnehmen und sie nicht so gut sie können bessern, dann brauchen sie nicht zu hoffen, diese Art von „Geduld" werde ihnen ein besonderes Verdienst bringen, sondern im Gegenteil: den Zorn Gottes [...] wie einst Heli, weil er die Frevel seiner Söhne nicht streng ahndete (1 Sam 4,18).

5. Die Geduld ist direkt entgegengesetzt dem Zorn, wie die Gottesliebe der Acedia, die Nächstenliebe dem Neid und die Demut dem Hochmut. Und wie der Zorn einem Menschen den klaren Verstand raubt und ihn einem Rasenden ähnlich macht (Ijob 5,2), so zeigt sich an der Geduld die Weisheit eines Menschen (Spr 19,11).

Im folgenden zeigt David die Verwandtschaft von Geduld, Tapferkeit, Großmut, Sanftmut, und nennt biblische Beispiele:

6. Geduldig ist, wer Schmerz mit ruhigem Herzen ertragen kann, wie Ijob und Tobit. Tapfer ist, wer sich – wiewohl angefochten und bekämpft – nicht vom Ziel abbringen läßt, wie Joseph. Beständig ist, wen Schrecken und Mühsal nicht kleinmütig machen, wie die Maccabäer. Großmütig ist, wer vor Schwierigkeiten nicht zittert, wie David oder Johannes der Täufer. Langmütig ist, wessen Hoffnung auch durch langes Warten nicht gebrochen wird, wie Abraham (Hebr 6,15). Mild ist, wer durch die Geschoße derer, die ihn hassen, nicht in Aufregung und Zorn gerät und Böses nicht mit Bösem vergilt, wie Mose. Sanftmütig ist auch, wer ein ruhiges Herz hat und umgänglich ist, wie Johannes Evangelist.

Kapitel 40: Siebenfache Frucht der Geduld

Sie erspart ein Übermaß an Bitterkeit im Geist, baut den Nächsten auf, schützt vor Verfehlungen. Vor allem aber ist sie Antwort auf die Geduld Christi in seinem Leiden:

Es scheint ein Zeichen besonderer Liebe zu sein, wenn der Herr jemandem etwas Schweres zu erleiden gibt: Er würdigt ihn gewissermaßen, einen Teil seines Kreuzes zu tragen, wie Simon von Cyrene. Auch im alltäglichen Leben ist es so: Wenn auf dem Weg jemand müde wird, pflegt er diejenigen von seinen Gefährten, zu denen er mehr Vertrauen hat, zu fragen, ob sie ihm einen Teil seiner Last für eine Stunde abnehmen würden. Und die Gefragten dürfen das als Zeichen nehmen, dass er zu ihrer Liebe mehr Zutrauen hat als zu derjenigen der anderen, von denen er vielleicht fürchten muss, dass sie die Last nicht gutwillig nehmen würden. So fragt auch der Herr, der mit uns alle Tage auf dem Weg ist, ermattet bis zum Tod in seiner Passion, wer von uns sein Leiden teilen und die Last seiner Beschwernisse mittragen wolle, die er noch jetzt in seinem mystischen Leib, der Kirche, erleidet. [...]

Kapitel 41: Drei Grade der Geduld

Der erste Grad besteht darin, dass der Mensch die Regung des Zornes und der Ungeduld zurückzudrängen vermag, so dass sie nicht in verkehrte Worte oder Taten ausbricht. Wie man Feuer [...] auf vier Arten erstickt: durch einen Wasserguss, durch Zudecken, Verteilung und durch Entzug des Brennmaterials, so kann man auch das Feuer der Unduldsamkeit abkühlen: durch den Wasserguss besonnener Ratschläge,[a] durch Bedecken, nämlich des Mundes und der Lippen, durch Verteilung, indem man sich mit anderen Dingen ablenkt, und durch Entzug des Brennstoffes, indem der Mensch sich fern-

a Vgl. oben II, Kapitel 40: Über den Zorn und die Heilmittel dagegen.

hält von den Anlässen, die ihn erfahrungsgemäß zu Zorn und Ungeduld reizen.

2. Der zweite Grad der Geduld besteht darin, aus langer Übung der Geduld sich nicht mehr schrecken oder verwirren zu lassen von widrigen Dingen. [...][a]

3. Der dritte Grad besteht darin, sich in Beschwernissen, Schwächen, Schmach und Not zu freuen, wie Paulus im 2. Brief an die Korinther schreibt (2 Kor 12,10).

Kapitel 42: Der Gehorsam

Der Gehorsam wird geboren aus der Liebe, der Demut und der Geduld. Wir wollen darüber ganz kurz etwas sagen; denn der Gehorsam ist in jedem Ordensleben höchst bedeutsam und notwendig. Gehorsam in diesem Sinn ist die Unterwerfung des eigenen Willens unter den Entscheid des Oberen und zwar im Hinblick auf das, was erlaubt und ehrbar ist. Allein Gott müssen wir um seinetwillen gehorchen, weil wir im eigentlichen Sinn seine Knechte sind, einem vernunftbegabten Geschöpf aber gehorchen wir „an Gottes Statt", und zwar in den Dingen, die Gott von uns verlangt und die uns zu Gott führen. [...]

4. Es gibt einen allgemeinen Gehorsam, einen allgemeineren und einen ganz umfassenden; einen speziellen, einen noch spezielleren und einen ganz besonderen. In „allgemeinem Gehorsam" sind alle Glieder der Kirche verpflichtet, ihren Oberen gehorsam zu sein – dem Papst, den Bischöfen und Seelsorgern – in den Dingen, die vom kirchlichen Recht vorgeschrieben und als geltendes Recht für alle promulgiert sind. In weiterem Sinn ist jedes vernunftbegabte Geschöpf verpflichtet, seinen Willen freiwillig dem Willen des Schöpfers gleichförmig zu machen. In ganz allgemeinem Sinn gehorcht jedes Geschöpf seinem Schöpfer [...].

a Vgl. oben I, 38 und 39: vom Umgang mit Menschen, die einem übel nachreden oder einen hassen.

Zu besonderem Gehorsam sind die Kleriker gegenüber ihren Oberen verpflichtet, und zwar hinsichtlich dessen, was zu ihren Aufgaben und ihrem Stand gehört: enthaltsam zu leben und die Tonsur zu tragen, sowie einzuhalten, was im Kirchenrecht für den Klerikerstand festgesetzt ist. – Spezifischer ist der Gehorsam, zu dem sich jemand gegenüber einer Person oder einem Orden verpflichtet, im Hinblick auf eine bestimmte Observanz, die im freien Entscheid des Gelobenden liegt – etwa wenn jemand gelobt, in dem oder dem Punkt zu gehorchen, nicht aber in anderen Dingen, oder in dem, was diese Regel gebietet, nicht aber darüber hinaus. – Der ganz besondere Gehorsam ist jener, mit dem sich jemand verpflichtet, ohne Ausnahme in allen Dingen zu gehorchen, die nicht gegen seine Seele und gegen die Ordensregel sind. Er verpflichtet sich damit sowohl auf die Regel, wie zu allem Guten, was ihm aufgetragen wird – sofern dieses vernünftig ist und dem Wollen eines Menschen unterliegt; denn zu Unvernünftigem und Unmöglichem kann niemand verpflichtet werden, ebensowenig darf jemand in unerlaubten Dingen gehorchen.

Kapitel 43: Drei Grade des Gehorsams

Man kann die Stufen des Gehorsams entweder aus dem gerade Dargelegten entnehmen – Gehorchen hinsichtlich der Gebote, hinsichtlich der Räte, und hinsichtlich alles Guten, das möglich ist – oder man kann die Stufen im Hinblick auf die innere Einstellung des Gehorchenden unterscheiden. Das wollen wir uns nun noch kurz anschauen. Je weiter jemand in der Tugend des Gehorsams fortgeschritten ist, desto mehr ist Gott geneigt, seine Gebete zu erhören, und desto mehr gehorcht einem solchen Menschen auch die übrige Schöpfung.

Der unterste Grad des Gehorsams ist es, wenn jemand aus Frucht vor Strafe gehorcht – wie manche Ordensleute, die ihren Oberen nur in den Dingen gehorchen, die sie ausdrücklich befehlen, in allen andern Dingen aber lau und nachlässig sind, es sei denn, eine allgemeine Gewohnheit oder Scham oder Furcht vor irdischen Strafen treibt sie. Solchen Leuten reicht es, hinsichtlich des Gehorsams eine Todsünde zu vermeiden, damit sie nicht der Verwerfung verfallen. Für jemanden, der den Gehorsam gegenüber einer Regel gelobt hat, ist dies aber ein ziemlich gefährlicher Weg. [...]

2. Der zweite Grad des Gehorsams besteht darin, freiwillig zu gehorchen, und zwar in der Hoffnung auf Lohn. Anders als die vorher Genannten disputiert ein solcher Mensch nicht darüber, in welchem Punkt er nun zu gehorchen verpflichtet sei, und in welchem nicht, solange es sich nicht um etwas Böses handelt – selbst wenn der Vorgesetzte mit böser Gesinnung etwas befehlen würde, etwa aus Abneigung gegen den Untergebenen, oder aus reinem Eigennutz und nicht im Hinblick auf den Fortschritt des Untergebenen. Demjenigen, der demütig gehorcht, bringt das nicht „nur" keinen Schaden, sondern sogar ein doppeltes Verdienst: das des Gehorsams und das der Geduld. Einem Ungehorsamen bringt die gute Absicht seines Oberen und die Nützlichkeit des ihm gegebenen Auftrags geradezu größeren Schaden; denn daran sieht man das Ausmaß seiner Verhärtung. Und umgekehrt – solange die befohlene Sache nicht gegen Gott ist – schlägt es dem guten, gehorsamen Mönch zum Vorteil aus, wenn ihn der Blitz eines unklugen Befehls von einem Vorgesetzten ohne Unterscheidungsgabe trifft. Wie wenn jemand im Zorn einem armen Mann statt eines Steines einen Klumpen Silber in den Schoß würfe.

3. Der dritte Grad des Gehorsams geschieht allein aus Liebe zu Gott. Da gehorcht ein Mensch nicht nur freiwillig, sondern mit Freude, nicht nur bei Dingen, die ihm leicht fallen, sondern auch bei schweren und schwierigen, bis zum Tod. Wie Christus „für uns gehorsam wurde bis zum Tod, bis zum Tod am Kreuze" (Phil 2,8). Die Diener Gottes sollten sich schämen, einem solchen Herrn so träge zu gehorchen – es geht ja doch um das Himmelreich! – während die Diener weltlicher Herren und Adliger für einen unsicheren, geringen Lohn so

viel Mühen im Krieg, so viele Gefahren, Entbehrungen, ja auch Schimpfworte und Schläge ihrer Herren ertragen. [...] Der Gehorsam der Diener Gottes geht gewiss aus größerer Liebe hervor; was jedoch das Tun des Gehorsams betrifft, ist anscheinend derjenige vollkommen, der hinter den weltlichen Dienstboten nicht zurücksteht an Bereitwilligkeit und Ausdauer. So lesen wir von unserem Vater Franziskus und seinen ersten Gefährten, dass sie nicht nur das, was ihnen der selige Vater wörtlich auftrug, sofort erfüllten, sondern auch das in die Tat umsetzten, was sie an irgendwelchen Anzeichen als seinen Wunsch und Wohlgefallen errieten – wie sie es von ihm selbst gelernt hatten.[a] –

In diesem Gehorsam verließ Abraham sein Heimatland und wurde ein Fremdling, und er war bereit, seinen einzigen Sohn zu opfern. In diesem Gehorsam setzten sich die Apostel und Propheten und die anderen Heiligen allen möglichen Strapazen, Gefahren, der Verbannung, Entbehrung, Verfolgung und dem Tod aus – um Christi willen. Von ihnen gilt in besonderer Weise das Wort des Herrn: „Wenn jemand mir nachfolgen will, verleugne er sich selbst“ (Mt 16,24). „Sich selbst verleugnet“, wer aufhört, allein über sich selbst bestimmen zu wollen, und sich um Christi willen der Entscheidung eines anderen unterwirft; denn Christus ist „nicht gekommen, seinen Willen zu tun, sondern den Willen seines Vaters“ (Joh 5,30; 4,34).

Kap. 44: Die Armut

Die Verachtung des Reichtums ist der Habgier entgegengesetzt; manchmal nennt man diese Tugend auch „Armut im Geiste“. Manche sind zwar arm an Gütern, aber nicht „im Geiste“ – denn wenn es möglich wäre, wären sie nur zu gern reich. Manche sind arm im Geist, aber nicht an Gütern – sie wären gerne arm an Gütern, aber es ist ihnen nicht erlaubt, da sie den Reichtum nicht um ihrer selbst willen besitzen,

a *Legenda maior* VI.

sondern um der Liebe Gottes willen: sie müssen die Verehrung Gottes verteidigen, den Gottesdienst fördern; oder um der Nächstenliebe willen, um den Mitmenschen zu Hilfe zu kommen, wie Abraham, Ijob, David, Joschia und dergleichen Personen. Oder sie müssen aus Gehorsam herrscherliche Würde und Ehrungen annehmen, wie der heilige Papst Gregor und andere heilige Bischöfe, die eigentlich das arme Leben gewählt hatten; doch auf göttliche Anordnung kam es anders, und sie mussten Führungspositionen auf Erden einnehmen und Verwalter des Kirchenbesitzes werden um anderer Menschen willen. Doch sie ließen in ihrem persönlichen Leben nicht ab vom Vorsatz der Armut; und daher sind sie um so lobenswerter, je weniger sie inmitten des Reichtums sich von der Armut nicht trennen ließen.

Manche schließlich sind arm an Gütern und arm im Geiste: sie haben keinen Reichtum und wollen keinen haben, selbst wenn sie könnten und es ganz ohne Sünde könnten. Diese sind um so glücklicher zu preisen, je ferner sie dem Strick der Begierde sind. Auch unter diesen Menschen gibt es zwei Arten: Die einen hatten keinen Reichtum und machten aus der Not eine Tugend, so dass sie auch keinen mehr wollten, selbst wenn es möglich wäre. Die anderen konnten reich sein oder waren es tatsächlich, warfen den Reichtum aber von sich um Gottes willen.

Auch die Verachtung des Reichtums kann auf zwei Weisen vollzogen werden: Wenn man den Armen freigebig schenkt – in den Werken der Barmherzigkeit – und das Geld für die Verehrung Gottes ausgibt, wie es die Heiligen Könige und andere Reiche taten, die viele Arme ernährten und Klöster und Kirchen bauten. Oder indem Reichtum durchweg zurückgewiesen wird, wie es die heiligen in Bettelarmut taten, der heilige Franziskus und Dominikus und andere, die Christus auf dem Weg der evangeliengemäßen Vollkommenheit folgten: „Wenn du vollkommen sein willst, geh und verkaufe alles, was du hast ...“ (Mt 19,21).

2. Aus vier Gründen ist die Verachtung des Reichtums ratsam: Erstens weil die Liebe zum Reichtum von der Liebe zu Gott und der himmlischen Heimat abzieht [...] (Mt 6,24; 1 Tim 6,9).

3. Zweitens, weil der Reichtum hinderlich ist auf dem Weg der Tugend. Jemand, der eine Last trägt, kann nicht schnell laufen, und jemand, der von weltlichen Sorgen belastet ist, kann keine raschen Fortschritte im Leben des Geistes machen. [...]

4. Drittens: Je weniger irdische Güter du in Anspruch nimmst, desto reichlicher wird dir im Himmel mit der ewigen Herrlichkeit vergolten: „Selig die Armen im Geiste, denn ihnen gehört das Reich der Himmel“ (Mt 5,3): Das ist also nicht ein Teil der Glorie, sondern die ganze Herrlichkeit des Reiches. Daher hat uns der Sohn Gottes ein Beispiel gegeben: Er wollte nichts auf Erden besitzen, nur seine Kleider, und die ließ er sich nehmen, bevor er ans Kreuz geschlagen wurde. Damit lehrt er uns, dass „alles verlassen“ nicht nur darin besteht, aus freiem Willen nichts zu besitzen bzw. den Armen zu geben, sondern auch, geduldig zu sein, wenn uns genommen wird, was wir haben. Und das ist in den meisten Fällen ein größeres Verdienst, als die Armen zu beschenken; denn seltener ist die Tugend, zugefügtes Unrecht zu erleiden, ohne aus der Fassung zu geraten, als freiwillig Gutes zu tun. [...]

5. Viertens: Der zeitliche Besitz ist im Grunde keiner besonderen Achtung wert: Er stammt von der Erde; der Mensch hat zum Leben nur sehr wenig wirklich nötig: Essen, Kleidung und ein Dach über dem Kopf [...] viel Besitz bringt einem viel Neider; der Erwerb und der Erhalt ist mühevoll [...][a].

Kapitel 45: Drei Grade in der Verachtung des Reichtums

1. Der erste Grad besteht darin, keinen unrechten Gewinn haben zu wollen: weder dass man selbst solchen erwerben wollte, noch von anderen geschenkt oder vererbt haben woll-

a vgl. oben II, 44 und 45

te. Außerdem, so weit man kann, allen zu geben, was man schuldig ist, und vom gerechten Besitz Almosen zu geben, und das eigene Vermögen nicht zu missbrauchen für die Sünde des Hochmuts, der Unkeuschheit, der Ess- und Trunksucht und der anderen Laster. [...]

2. Der zweite Grad ist, nichts Überflüssiges haben zu wollen, sondern mit dem Notwendigen zufrieden zu sein [...] und das Übrige den Armen zu geben. Und auch keine Gaben zu akquirieren, die über das Notwendige hinausgehen! So haben die Mönche Ägyptens gelebt: von ihrer Hände Arbeit bestritten sie Kleidung und Lebensunterhalt, das Übrige gaben sie den Armen [...].

3. Der dritte Grad besteht darin, in dieser Welt überhaupt nichts besitzen zu wollen und um Gottes willen vielfachen Mangel zu erleiden. [...] Wer für sich selbst in den zeitlichen Dingen sorgt, der wird seiner Vorsorge überlassen, desgleichen, wer Leute hat, die für ihn sorgen; er wird diesen überlassen. Wer aber alle seine Sorge und alle seine Gedanken auf Gott wirft (1 Petr 5,7), der hat den Herrn als den, der für ihn sorgt. Es heißt (Mt 6,33): „Sucht zuerst das Reich Gottes und seine Gerechtigkeit, alles übrige wird euch hinzugegeben werden." Wenn er uns in seiner Gnade die himmlischen Güter schenken will, warum sollen wir nicht die geringen zeitlichen Güter von ihm erhoffen? Entweder er wird uns das Notwendige geben, oder er wird uns die Kraft geben, Notlagen auszuhalten, oder er schenkt uns eine besondere geistliche Erquickung, die die leibliche hinter sich läßt.

Kapitel 46: Die Nüchternheit[a]

1. Nüchternheit ist diejenige Tugend, die Speise, Trank und Schlaf mit Maßen gebraucht. In einem allgemeinen Sinn bezeichnet sie die Vermeidung jedes Übermaßes im geistigen und leiblichen Bereich. So spricht man von einem nüchternen Geist, oder nüchterner Besonnenheit. Wenn sie speziell

a Vgl. I, 7 (und 8); II, 46 f. ; III, 1 n. 2.

die Beschränkung von Speis und Trank bezeichnet, heißt sie auch „Kargheit“ oder „Enthaltsamkeit“ und ist dem Laster der Kehle bzw. des Magens entgegengesetzt.

2. Nun gibt es eine Enthaltsamkeit, die medizinischen Erwägungen entspricht, eine Enthaltsamkeit aus Geiz, aus Heuchelei, aus Armut, und aus religiösen Gründen [...]. Wie ein Fenster, das mit Lehm zugeschmiert ist, kaum Licht einläßt, so wird der Verstand finster, wenn ihn zu viel Speise niederdrückt – wir haben das oft erfahren.

3. Wie jede Tugend, so ist auch die Enthaltsamkeit nur dann vor Gott verdienstvoll, wenn sie in erster Linie um Gottes willen unternommen wird [...]

Wie Gott das Universum regiert, so soll auch die Seele des Menschen eine weise Regentin sein, für den Leib sorgen, wie es ihm entspricht, mehr aber auf die wichtigeren Güter achten.

4. Die Enthaltsamkeit äußert sich in der Qualität und Menge der Speisen und in der Art zu speisen. [...]

5. Die Enthaltsamkeit hat acht gute Wirkungen: Genugtuung für die begangenen Sünden, Minderung der Neigung zur Unkeuschheit, Förderung der körperlichen Gesundheit, Bewahrung vor zeitlichen Sorgen, da ein solcher Mensch bescheiden ist und mit wenig auskommt; Förderung verschiedener Tugenden, da ein nüchterner Mensch wachsamer ist; Fortschritte in der Weisheit, da bei einem enthaltsamen Menschen die Sinne wacher und feiner sind und das Gedächtnis besser; Auferbauung der Mitmenschen: denn wir sind ihnen eine geringere Last bei Tisch, wenn sie sehen, dass wir mit wenig zufrieden sind und sie uns leicht zufriedenstellen können. Und wir fügen auch anderen Bettlern keinen Schaden zu, weil wir eben nicht so viel erbetteln, dass für die anderen nichts mehr bleibt. Und schließlich verdient sie – sowohl durch sich selbst wie durch die mit ihr verbundenen Tugenden – die himmlische Herrlichkeit; weil wir uns desto mehr an der Wonne des Himmels erfreuen werden, je mehr wir uns von fleischlichen Genüssen besonnen und maßvoll zurückgehalten haben.

Kapitel 47: Drei Grade der Nüchternheit

1. Als ersten Grad kann man annehmen: sich von Rausch und Trunkenheit fernzuhalten; die rechte Zeit für die Mahlzeiten einzuhalten, festgesetzte Fastenzeiten nicht leichthin zu brechen [...]. Der zweite Grad könnte sein: sich auch von erlaubten Speisen zu enthalten, mit einer rauheren Kost zufrieden zu sein, oft zu fasten. [...] Der dritte Grad ist, die Kehle so gezähmt, den Gaumen so erzogen zu haben, dass sie mit dem Notwendigen allein zufrieden sind. [...]

2. Man könnte die Grade aber auch noch anders einteilen: Die erste Stufe wäre dann, mit Geduld auf etwas verzichten zu können – wenn man eine bestimmte Speise gerade eben nicht bekommen kann [...], und nicht mürrisch und ungehalten zu werden, wie manche, die dann alle Zurückhaltung fahren lassen und geradezu ihre Profeß vergessen [...]. Die zweite Stufe wäre, um Gottes willen gerne etwas entbehren zu wollen, was man haben könnte. [...] Die dritte Stufe ist, ohne Schwierigkeiten auf feine Kost verzichten zu können, nachdem man sie gehabt hat [...].

Kapitel 48: Tugend als Mitte zwischen Lastern

Geduld kann zu Starrheit des Gefühls (torpor) entarten, Demut zu Selbstverachtung, die am Heil verzweifelt, Eifer in guten Werken zu solchem Aktivismus, dass die geistliche Innigkeit verlöscht etc. Vgl. III Kapitel 18, n. 2.

Kap. 49: „Laster geben häufig vor, Tugenden zu sein"[a] – und umgekehrt

Bescheiden zu leben und mit wenigem zufrieden zu sein, nennt man Knausrigkeit oder Habgier – als würde jemand nicht gebrauchen wollen, was er hat. Schweigen hält man für

a So ein berühmtes Dictum Gregors d. Gr., vgl. *Regula Pastoralis* II, 9 (SC 381, 236).

Niedergedrücktheit, Ernst für Bitterkeit. Eifer für die Gerechtigkeit nennt man vermessenes Urteilen. Die Ruhe des innigen Gebetes wird Trägheit genannt, die körperliche Einschränkung wird als Unbesonnenheit betrachtet. Schlichtheit gilt als Dummheit, Furcht des Herrn als skrupulantes Gewissen. Die Öffentlichkeit zu scheuen wird als Eigenbrötelei beklagt, sich vor Ärgernis zu hüten beurteilt man als Heuchelei. – Umgekehrt wird Ausgelassenheit als gesellschaftliche Umgänglichkeit erachtet, ausgefallene Bauten, Bücher und andere Dinge gelten als ehrbar und würdevoll [...]. Schlauheit nennt man Klugheit [...]. prahlerische Herausstellung des Guten, das man besitzt, will als Auferbauung des Nächsten betrachtet werden, üble Nachrede als Abscheu vor dem Laster, unbewegliche Gleichgültigkeit will als Demut angesehen werden, die „nicht hoch hinauswill“ (Sir 3,22), Kleinmut möchte Gottesfurcht genannt werden, unruhiges Umherstreifen und Geschäftigkeit wollen Eifrigkeit in guten Werken heißen.

Kap. 50: Die Keuschheit, ihr Nutzen, und wie man sie erlangt[a]

Die Keuschheit ist die Tochter der Nüchternheit, wie die Unzucht ein Sprößling der Völlerei ist. Das wurde allgemein als Regel des geistlichen Lebens beobachtet: Wer keusch sein will, bemühe sich um Nüchternheit [...]. Ich glaube nicht, dass sich so viele Menschen, die sich um Tugend bemühten und diese Regel befolgten, getäuscht haben.

Die Keuschheit ist von ihrem Ursprung her himmlisch. Unser höchster und einziger Meister (vgl. Mt 23,8), der im Himmel auch der Lehrer der Engel ist, hat uns diese Tugend der himmlischen Schule öffentlich auf Erden gelehrt, und er hat uns seine Mutter, die glorreiche Jungfrau, nach ihm als erste vollkommene Lehrerin und als Beispiel zur Bewunderung und Nachahmung vor Augen gestellt.

Die Keuschheit bewirkt vier Dinge: Sie macht den Leib rein – wie ihn umgekehrt die Unzucht befleckt. Sie macht den

a S.o. II, Kapitel 50: Heilmittel gegen *luxuria.*

Geist frei (vgl. 1 Kor 7,32 f.) und das Gewissen froh; denn sie gefällt Gott. Sie macht liebenswert in den Augen von Menschen – gute wie schlechte achten sie – und Engeln, denn die Engel sind keusch und lieben keusche Menschen mit inniger Liebe.

Kap. 51: Die Stufen der Keuschheit

1. Die Stufen der Keuschheit lassen sich verschieden einteilen. So gibt eine Keuschheit des Ehestandes, des Witwenstandes und der Jungfräulichkeit. Es gibt eine Keuschheit hinsichtlich des Verhaltens und eine der inneren Haltung. [...]

2. Wir befassen uns jetzt nur mit den Graden der Keuschheit, wie sie dem Ordensleben entsprechen. Der erste Grad besteht darin, sich geschlechtlicher Handlungen zu enthalten, verbunden mit dem Vorsatz, in diesem Zustand zu verharren und allen unerlaubten Regungen die Zustimmung zu versagen [...]. Dieser erste Grad ist mühevoll und verlangt Kampf; denn nur der Wille zusammen mit der helfenden Gnade kämpft gegen die Feinde: gegen das körperliche und gefühlsmäßige Begehren, gegen die provozierende Welt und gegen die Einflüsterungen des Teufels. Das sind Vier gegen Zwei. Doch der gute Wille soll vertrauensvoll und zuversichtlich demjenigen anhangen, der sprach: „In der Welt habt ihr Bedrängnis, aber habt Mut, ich habe die Welt besiegt“ (Joh 16,33). Er, der als „der Stärkere (den Teufel) gebunden hat“ (Mt 12,29) und „die Beute verteilte“ (Lk 11,22), wird bald auch die beiden anderen Feinde zum Frieden bringen.

3. Der zweite Grad ist es, wenn durch die körperliche Askese und durch die geistlichen Übungen Gefühl und Neigungen gereinigt sind und das Fleisch dem Geist untertan ist, so dass Versuchungen weniger oft und weniger heftig auftreten. [...] Wenn wir den Lastern, unseren Feinden, beherzt Widerstand leisten, sobald sie uns angreifen, dann werden wir nicht bloß nicht überwunden, sondern wir schwächen sie ihrerseits, so dass sie uns später seltener anfallen. Wenn wir ihnen aber nur

lauen Widerstand entgegensetzen, verleihen wir ihnen Kräfte, so dass sie es wagen, uns öfter und heftiger anzugreifen. Man soll allerdings wissen, dass der Gegner, wenn er einmal kräftig geschlagen ist, eine Weile aussetzt, so dass er nicht mit dem gleichen Laster gleich wieder angreift. Er wartet, bis der Mensch das Kämpfen nicht mehr gewöhnt ist. Dann stürmt er plötzlich und unversehens auf ihn los, um ihn unvorbereitet um so sicherer niederzuwerfen. [...] So haben die Feinde Juda mit Krieg überzogen, als das Volk den Sabbat als Tag der Ruhe und Muße beging, und sie haben viele getötet. Wir sollen also immer bereit sein, den Feinden tapfer Widerstand zu leisten, denn sie hören nicht auf, uns anzugreifen, auch wenn es so scheint. Gerade dass sie zu ruhen scheinen, ist in Wahrheit ein Angriff; denn sie ruhen nicht aus Milde oder aus Müdigkeit, sondern aus Hinterlist. [...]

4. Der dritte Grad der Keuschheit besteht darin, dass das Begehren des Fleisches so beherrscht ist, dass es nur ganz selten und ohne Heftigkeit spürbar ist, und dass im Streben und Gefühl eine solche Liebe zur Keuschheit wohnt, dass der Mensch auch gefühlsmäßig vor den fleischlichen Dingen zurückschrickt, gleichsam mit einer Art Abscheu. Wenn jedoch zum Nutzen anderer Personen eheliche Angelegenheiten zu besprechen sind, dann tun solche Menschen das ganz ruhig. [...] Die Keuschheit des Herzens, verbunden mit der Reinheit im Leibe ist nicht auf eine unempfindliche Natur noch auf körperliche Schwäche zurückzuführen, sondern allein durch die Tugend zusammen mit der Gnade Gottes bewirkt. [...]

Ziel: Frei sein für Gott (vacare Deo)

Wir müssen uns frei halten von Begierde, von Aufregung bzw. Verwirrung und von Verstrickung in weltliche Umtriebigkeit. Diese drei Dinge behindern das geistliche „Frei-sein für Gott“ am meisten. Wer nichts in dieser Welt für sich oder für andere geliebte Personen begehrt, der hat auch keinen Anlass für Aufregung oder Verwirrung; denn er fürchtet keinen Verlust eines Vorteils, einer Ehre oder einer Sache. Und wenn er sich nicht in fremde Taten mischt, also nicht neugierig alles wissen will oder über andere ein rasches Urteil abgibt, und sich weder in seinen Gedanken noch in seinem Sprechen davon besetzen läßt, der kann sich um so freier der Betrachtung der inneren Dinge zuwenden. Wer sich den höheren Dingen – und das bedeutet im geistlichen Bereich: den inneren Dingen – zuwenden will, der muss frei sein von den niedrigeren, bzw. den äußeren.

Die siebte Stufe: die Weisheit

Weisheit (sapientia) wird hier als die gnadenhafte Gotteserkenntnis und Gottverbundenheit in der Kontemplation verstanden. Ähnlich faßt Bonaventura sie auf: als „sapientia propria“ ist Weisheit Erkenntnis Gottes, die mit Glauben und Liebe, das heißt auch mit dem Halten der Gebote, verbunden ist (cognitio Dei secundum pietatem); als „sapientia propriissima“, Weisheit im engsten Sinn, ist sie „cognitio Dei experimentalis“: kontemplatives Verkosten der zugewandten Güte Gottes.[a] Daher geht es in diesem 7. Teil um alle Vollzüge, die mit dem Gebet im engeren und weiteren Sinn verbunden sind.

Kapitel 52: Fünf Mittel, um das Gedächtnis mit Gott verbunden zu halten

1. In den vorigen Abschnitten ging es um den Fortschritt im Bereich des Willens, das heißt, um die rechte Ordnung der Neigungen; und dies betraf die Vollendung der *vita activa*. Nun müssen wir Schritt für Schritt die Stufen der *vita contemplativa* überlegen. [...] Weiter oben habe ich schon erwähnt,[b] dass die Vollkommenheit des geistlichen Lebens in der Vollendung der drei Seelenkräfte besteht: einem erleuch-

a Bonaventura, *III Sent.* d. 35 q.1: Über die Geistesgabe der "Weisheit".

b II, Kapitel 6-9.

teten Erkenntnisvermögen, einem rechten Willen und einem Gedächtnis oder Bewusstsein, das stets mit Gott erfüllt ist.

2. Damit das Bewusstsein sich daran gewöhnt, auf Gott den Blick gerichtet zu haben und ihm anzuhangen, muss es sozusagen fünf Wege austreten, das heißt, häufig gehen: die geistliche Lesung *(lectio)*, die geistliche Unterredung oder Ansprache[a], die Betrachtung *(meditatio)*, das Gebet *(oratio)* und die Beschauung *(contemplatio)*. Gute Lesung und geistlicher Vortrag sind gewissermaßen Samenkörner für die Betrachtung. Welche Gedanken sollen dir begegnen, wenn du betest oder betrachtest? Dementsprechend bemühe dich, dein Gedächtnis mit Gesprächen, Lesung, Tätigkeiten zu füllen! Denn aus einem Gefäß duftet das, was man vorher eingefüllt hat, und ein Garten bringt die Kräuter hervor, die du vorher gesät hast. Die geistliche Ansprache oder Unterredung belehrt die Erkenntnis und erwärmt die Liebe, sie befruchtet das Gedächtnis mit guten Gedanken. Dagegen sind irgendwelche müßigen Geschichten reine Zeitverschwendung; sie bewirken, dass die Liebe abnimmt, unnütze Gedanken im Herzen aufsteigen [...]. Wähle Lesungen, die für das darauf folgende Gebet nicht nutzlos sind [...] Das Gebet soll die Lesung, wie auch andere Tätigkeiten, häufig unterbrechen, damit der Geist beständig auf Gott ausgerichtet sei, von dem alles Gute kommt.

3. Unsere Absicht bzw. innere Blickrichtung bewegt sich zuweilen *für Gott*, zuweilen *auf Gott hin*, zuweilen *in Gott hinein:* „Für Gott", wenn wir etwas für ihn tun, auch wenn wir dabei nicht direkt an ihn denken. „Auf Gott hin", wenn wir lesen, einen Vortrag hören oder Betrachtung halten; dann ist unser Denken mit ihm beschäftigt, bzw. kreist um ihn, aber unser innerer Blick richtet sich nicht auf ihn als eine andere Person. „In Gott hinein" bewegt sich unser inne-

a *collatio*. Gespräch, Unterredung, Vortrag, thematische Predigt. Der Terminus wird von Cassian für die „Unterredungen mit den Vätern (der ägyptischen Wüste)" gebraucht, später bezeichnet er vor allem die Ansprache des Abtes an seine Gemeinschaft; in der Terminologie der Scholastik meint „collatio" unter anderem auch die ausgedehntere Abendpredigt an Festtagen oder während der Fastenzeit.

rer Blick, wenn wir beten, wenn der Geist an ihn als Person denkt und ihn anspricht, ihn umarmt und ihm mit inniger Liebe anhangt. Auf die Frage, was hier einfachhin nützlicher sei, wäre zu antworten: An sich ist dasjenige von größerem Nutzen, was den Menschen inniger mit Gott vereint; denn die gesamte Seligkeit des Menschen besteht darin, in Gott umgestaltet zu werden.[a] Zuweilen aber ist wegen der Umstände etwas anderes nützlicher, etwa wenn um des Gehorsams oder der Nächstenliebe willen das Gebet unterbrochen wird [...].

Kapitel 53: Drei Weisen des Gebets. Die erste: das mündliche Gebet

1. Es gibt drei Weisen des Gebetes. Das *mündliche Gebet* bedient sich vorgeformter und gebräuchlicher Gebete, wie der Psalmen, Hymnen, Orationen oder anderer Gebete und Lobpreisungen, die wir sprechen, um in uns die geistliche Innigkeit zu wecken oder unsere Verpflichtung zum Gebet zu erfüllen. Sie müssen aufmerksam und deutlich gesprochen werden, damit sie als Gebet gelten können. Wer mit einem irdischen Herrn sprechen und seine Anliegen vorbringen möchte, der bemüht sich ja auch, Zunge und Geist, Augen und Gesten in rechter Ordnung zu haben; und er achtet darauf, die Worte in der rechten Reihenfolge vorzubringen [...].

2. Die Aufmerksamkeit beim mündlichen Gebet hat drei Grade: Zunächst gibt es die oberflächliche Aufmerksamkeit, wenn man weiß, welchen Psalm oder Antiphon, Vers oder Oration wir gerade sprechen oder gesprochen haben – insbesondere beim Stundengebet ist das wichtig. [...] 3. Zweitens, die Aufmerksamkeit auf die einzelnen Worte [und deren Sinnzusammenhang]. 4. Drittens, eine Aufmerksamkeit des Geistes, wenn aus den Worten die Süßigkeit des geistlichen Verständnisses gesaugt wird [...], gleich wie aus dem Stein Öl und aus dem Felsen Honig (Dtn 32,13). [...] Wer die Psalmen oder Gebete ohne aufzumerken spricht, der gleicht einem

a Beachte die Identifikation von *uniri* und *transformari*.

Menschen, der eine Frucht mit der harten Schale, eine Traube ohne sie zu kauen, Honig samt der Wachs-Wabe verschluckt: Der Magen wird belastet, die Kehle zugeschnürt, er findet keine Erquickung. Wenn wir also ohne Aufmerksamkeit die Psalmen beten, dann wehrt sich unser Bewusstsein, weil es gleichsam aufgebläht wird, der Geist bleibt trocken, ihm schnürt sich vor Überdruss die Kehle zu, es wird weder die Neigung des Herzens genährt, noch empfängt die Erkenntnis Freude.

Ein praktischer Rat

5. [...] Wenn es dir auch nicht immer gelingt, auf das aufzumerken, was du psallierst, so gib dir wenigstens zwischendurch von neuem Mühe, so oft und so lange du kannst. Mach es wie die Diener, die beim Mahl ihren Herren aufwarten und viel herumlaufen müssen: Wenn sie sich schon nicht ruhig zum Essen hinsetzen können, wie ihre Herren, so schieben sie doch zwischendurch rasch einen Happen in den Mund, um nicht völlig leer zu bleiben. So viele Psalmen, so viele Gerichte werden für die Beter aufgetragen! – Die Zerstreutheit des Geistes kommt entweder daher, dass jemand erst frisch zum Ordensleben bekehrt ist und noch keine Übung hat, sozusagen sein Geist noch nicht gezähmt ist, oder sie kommt aus Nachlässigkeit: wenn jemand sich keine Mühe gegeben hat und die schlechte Gewohnheit eingewurzelt ist. Zerstreutheit tritt auch dann auf, wenn der Geist mit vielen Aufgaben beschäftigt ist; denn wer auf vieles achten muss, hat weniger Konzentration auf eine Sache. Schwäche des Kopfes entschuldigt zuweilen jemanden, dass er nicht auf die Psalmodie achthaben kann [...]. Auch wenn diese Schwäche und der gute Wille für sich genommen verdienstlich sind, so geht doch das Verdienst der Aufmerksamkeit und die Freude der geistlichen Tröstung verloren. Wehre also gleich zu Beginn dieser Krankheit, dann ist die Heilung leichter und der Schaden geringer.

Kapitel 54: Die zweite Art zu beten – insbesondere das Bittgebet

Die zweite Art zu beten geschieht *in eigenen Worten,* wenn der Mensch mit Gott gleichsam vertraut spricht, oder auch *in Gebetstexten,* die von anderen geformt wurden, aber *zur Stimmung des Beters gerade passen.* Der Beter schüttet gleichsam in Gottes Gegenwart sein Herz aus, klagt ihm seine Nöte, bekennt seine Sünden, erfleht seine Barmherzigkeit, bittet um seine Huld, ruft seine Hilfe an [...]. Diese Art zu beten erfordert in höherem Maß das Alleinsein, das Schweigen und In-Ruhe-Sein [...]. So zu beten ist auch für Kopf und Körper anstrengender als das mündliche Gebet in der ersten und zweiten Art der Aufmerksamkeit, vor allem für Menschen, die körperlich schwach sind. Manche von ihnen, die ohne Unterscheidungsgabe diese Art des Gebetes ausgedehnt haben, haben Schaden genommen. Solche körperlich schwachen Personen sollen diese Gebetsweise *häufig* und *kurz* praktizieren, und *ohne sich zu überanstrengen.* Aufgrund der Häufigkeit werden sie die Vertrautheit mit Gott behalten und aufgrund der Kürze und Vermeidung von Anstrengung werden sie keinen Schaden nehmen.

Das persönliche Gebet hat seinen „Spiegel“ im Vaterunser

2. Je nach dem Anlass des Gebetes formen sich in den verschiedenen Betern die Empfindungen und Worte: Manchmal sieht sich der Mensch in der Rolle des Schuldigen, der vor Gott als dem Richter steht, und bittet mit Zittern und Furcht: „Verurteile mich nicht“ (Ijob 10,2), oder: „Geh nicht ins Gericht mit deinem Knecht“ (Ps 142,2), oder „Herr, schilt mich nicht in deinem Zorn“ (Ps 37,1). – Das erbitten wir, wenn wir sprechen: „Erlöse uns von dem Bösen“, das heißt von der ewigen Strafe.

3. Manchmal fühlt sich der Beter von Feinden bedrängt: von Anfechtungen und Verfolgung oder Schwierigkeiten, denen er aus eigener Kraft nicht entkommen kann. Darüber hinaus fürchtet er, Gott vielleicht beleidigt und aufgrund seiner

Sünden verdient zu haben, dass er den Feinden überlassen wird. Dann ruft er den Allmächtigen um Hilfe an: Er solle nicht mehr an die Sünden denken und ihn nicht verlassen: „Denk nicht mehr an unsere Verfehlungen, mit deiner Barmherzigkeit komm uns schnell zuvor, um des Ruhmes deines Namens willen, errette uns“ (Ps 78,8 Vg.). „Verwirf mich nicht von deinem Angesicht“ (Ps 50,13). [...] Dass Gott einen nicht mehr vor der Sünde bewahrt, ist hauptsächlich Folge des Hochmuts, der Undankbarkeit und der Sorglosigkeit. – Beschützt zu bleiben vor einem tieferen Fall, das ist es, worum wir bitten mit den Worten: „Führe uns nicht in Versuchung“. „Führen“ heißt hier: uns nicht davor bewahren, dass wir hineingeführt werden. [...]

4. Zuweilen bittet der Mensch wie ein Knecht, der durch seine Sünde die Gnade des Herrn verscherzt hat. Er bittet, dass seine Sünden und Nachlässigkeiten verziehen werden, das Böse, das er begangen, und das Gute, das er unterlassen oder wenig sorgfältig ausgeführt hat: „Nach der Größe deiner Barmherzigkeit, o Herr, tilge meine Frevel“ (Ps 50,3) oder „Um deines Namens willen, Herr, vergib mir“ (Ps 24,11). – Dem entspricht die Bitte: „Vergib uns unsere Schuld, wie auch wir vergeben unseren Schuldigern“; denn wir müssen mit der gleichen Güte denen vergeben, die sich gegen uns verfehlt haben, wie wir die Vergebung von Gott ersehnen.

5. Manchmal bittet der Mensch auch wie ein armer Bettler, der sich dem Hausherrn und Vater zu Füßen wirft und ihm seine Not offenlegt: Er fleht um das Brot einer reicheren Gnade, durch die er gestärkt und getröstet wird, durch die er die Kraft erhält, dem Bösen Widerstand zu leisten, im Guten ausdauernd zu bleiben und Unglück zu ertragen. – Drei Brote haben wir nötig (vgl. Lk 11,5), und wir sollen sie von unserem Freund ohne Unterlass erbitten: das himmlische Brot, das geistliche Brot und das irdische Brot. Das Brot vom Himmel ist der Leib Christi – wie es im Johannes-Evangelium heißt (Joh 6,32): „Mein Vater gibt euch das wahre Brot vom Himmel“. Das geistliche Brot ist das Wort Gottes und die innere

Gnade, welche die Unterernährung des inneren Menschen an Tugend und Gaben des Geistes behebt: „Brot stärke des Menschen Herz“ (Ps 103,15). Das irdische Brot ist das, was unser Leib zum Leben nötig hat. – Darum bitten wir mit den Worten: „Unser tägliches Brot gib uns heute“, um das Brot, ohne das wir keinen Tag überleben würden. Denn zu jeder Stunde brauchen wir die Gnade Gottes.

6. Manchmal bittet der Beter auch so innig wie ein Sohn, der seinem Vater in allem gehorchen und gefallen will: der Vater soll nicht zulassen, dass er von seinem Wohlgefallen irgendwie abweiche, sondern er möge ihn in Tat, Wille und Verhalten solchermaßen sich selbst gleichgestalten, dass nichts das väterliche Auge betrübe. Der ganze Trost, alles, was der Beter ersehnt, besteht darin, dass der himmlische Vater Seinen Willen an ihm vollende – ob er ihm nun Kampf zumutet oder Tröstung schenkt [...]. Diese glaubensvolle Haltung eines Sohnes „sucht nicht das Ihre“ (Phil 2,21), nicht Vorteil, nicht Ehre, nicht Tröstung, sondern nur das Wohlgefallen des lieben Vaters. [...] Der Vater im Himmel konnte uns nichts Besseres, nichts Heilbringenderes schenken, als uns zu Menschen zu machen, die ihm in allem gefallen. [...] – Um dies bitten wir mit den Worten: „Dein Wille geschehe, wie im Himmel so auf Erden“.

7. Zuweilen bittet die Seele wie die Braut Gottes: Sie sehnt sich danach, in ihrem einzig Geliebten zu ruhen und dürstet nach seiner Umarmung. Im Vergleich zu seiner Liebe sind ihr alle anderen, niedrigeren Dinge nichts wert; denn sie hat keine Hoffnung, ihren Durst lindern zu können, außer indem sie ganz dort hinübergeht[a], wo sie ihn „von Angesicht zu Angesicht sehen“ (1 Kor 13,12) darf, ohne dass ihr Blick zurückgestoßen wird. So bittet sie flehentlich, dass sich schnell erfülle, was der Apostel wünschte: „aufgelöst und mit

a Lat. *transeat. Transire* – wie *transformari* – wird für die Umgestaltung und Einswerdung in der Liebe *(unio amoris)* gebraucht; auch für den letzten Übergang, den Tod *(transitus – pascha)*. Für den franziskanischen Sprachgebrauch s. Bonaventura, *Itinerarium*, VII.

Christus zu sein"(Phil 1,23) [...]; denn „solange wir in diesem sterblichen Leibe wohnen, wandern wir fern vom Herrn" (2 Kor 5,6), „verfehlen wir uns alle oftmals" (Jak 3,2), und „wenn wir sagen: wir haben keine Sünde, führen wir uns selbst in die Irre, und die Wahrheit ist nicht in uns" (1 Joh 1,8). Sündigen bedeutet, sich vom Höchsten Gut abwenden und einem untergeordneten Gut zuwenden [...]. Überhaupt keinerlei derartige Abwendung zu kennen, ist nicht den Pilgern, sondern den Heimgekehrten eigen. Denn auch wenn der Wille den Blick auf Gott gerichtet hat und ihm anhangt, so schweift doch die Neigung oftmals hier und dort herum, das Gedächtnis ist mit vielen anderen Dingen besetzt, die Einsicht ist schwachsichtig und kann das Licht der Wahrheit nicht in seiner Reinheit schauen. [...] – So bitten wir: „Dein Reich komme", das heißt: Wir sind von der Last unserer Sünden und dem Gewicht unseres Leibes beschwert und können nicht zum Reich Gottes fliegen; so komme dieses Reich zu uns und nehme uns schnell von hier weg, auf dass wir aus dem Elend der Verbannung befreit werden. In der Zwischenzeit aber, o Herr, wirke in uns dein Reich: „in Gerechtigkeit, Frieden und Freude des Heiligen Geistes" (Röm 14,17).

8. Zuweilen betet der Gott hingegebene Mensch, der ihm in Liebe anhangt, trunken vom Geist, ohne noch an sich selbst zu denken. Er ersehnt, dass Gottes Lob und Ehre vermehrt werden, dass alle Menschen ihn kennen sollten, und er bittet den himmlischen Vater um Seiner Ehre willen ebenso wie um des Heiles der Menschen willen, dass die Kenntnis seines heiligenden Wirkens allen offenbar werde – dass er die Ungläubigen durch den Glauben zum Licht der Erkenntnis rufe, die Gläubigen durch die Liebe tiefer bekehre und heilige, die Widerstrebenden durch den Erweis seiner Macht heilsam zuschanden werden lasse. Ein solcher Mensch verlangt brennend danach und tut, was er vermag, dass er noch viele andere Menschen mit sich ziehe – als könne oder wolle er nicht ohne die anderen die himmlische Freude genießen. Er betet, lehrt, geht mit gutem Beispiel voran und müht sich auf

jede Weise, die Ehre Gottes und das Heil seiner Mitmenschen zu fördern. Das scheint die leidenschaftliche Empfindung des Apostels Paulus gewesen zu sein, als er schrieb: „Eine große Traurigkeit und fortdauernder Schmerz für mein Herz ist dies. Ich wünschte, selbst von Christus wegverstoßen zu sein um meiner Brüder willen“ (Röm 9,2f.). Auch Mose scheint in der gleichen Empfindung gebetet zu haben: „Entweder vergib deinem Volk diese Schuld, oder aber tilge mich aus dem Buch des Lebens“ (Ex 32,31f.) – nicht als ob der Apostel von Christus wörtlich getrennt sein wollte oder Mose ausgelöscht sein wollte, sondern weil sie ihr tiefes Verlangen nach dem Heil ihrer Mitmenschen nicht deutlicher ausdrücken konnten. Sie konnten sich nicht vorstellen, zum himmlischen Hochzeitsmahl einzugehen, während diejenigen, die sie liebten und für die sie zu sterben wünschten, von Hunger gemartert würden.[a] – Darum bitten wir, wenn wir sprechen: „Geheiligt werde dein Name“. [...]

9. Diese Grundform des Gebetes lehrte uns Christus. In den sieben Bitten ist alles einbeschlossen, was man erbitten kann und soll, und alle unterschiedlichen Empfindungen der Betenden.

Kapitel 55: Dank-Gebet

Es gibt – neben dem Bittgebet – noch zwei andere Arten des Gebetes, nämlich den Dank und das Lob. Man spricht hier von „Beten“ im weiteren Sinn, insofern es definiert ist als „fromme Ausrichtung des Geistes auf Gott“[b]. Danksagung heißt: alles Gute als von Gott geschenkt zu verstehen, und ihn dafür mit Herz, Mund und Werk zu loben. Wir sagen Dank, wenn wir das Gute, das wir empfangen haben, der Gnade und nicht unseren Verdiensten zuschreiben. – Gott loben heißt:

a Vgl. unten Kapitel 59 n.3.

b *oratio* im engeren Sinn wird von David also als „Bitt-Gebet“ verstanden, wie es sich aus den Texten des Neuen Testaments, insbesondere dem Vaterunser, nahelegt.

Begreifen, dass Gott lobwürdig ist, seine Größe mit Jubel und Bewunderung rühmen, seine Größe an sich und seine großen Taten. – Dank sagen wir Gott, wenn wir seine Güte rühmen für alles das, was wir von ihm bekommen. Darum gehört dazu, seiner Wohltaten liebevoll zu gedenken, sie tiefer zu verstehen suchen, getreulich zu bekennen, gewissenhaft zu hüten, und ihm um so eifriger zu dienen [...].

2. Zum Danken regen sieben Gedanken an: drei beziehen sich auf die Wohltaten, zwei auf Ihn, der sie erweist, und zwei auf den Empfänger. Welch edle Gaben gibt er, welch großen Nutzen bringen sie uns, und wie oft werden wir beschenkt! Wie erhaben ist der Geber, und mit welch großer Zuneigung beschenkt er uns! Wie gering ist der Empfänger, wie unwürdig! Denn manchmal haben wir eine Gabe nicht nur nicht verdient, sondern wir hätten das Gegenteil verdient. [...] 5. Jemandem Gutes erweisen, der Verdienste hat, ist gerecht. Im Fall dass jemand keine Verdienste hat, aber demütig bittet, ist es barmherzig; im Fall, dass er gar nicht danach verlangt, ist es noch mehr barmherzig. Am barmherzigsten aber ist es – und das ist nur beim Herzen Gottes der Fall! –, jemandem Gutes zu erweisen, der Verachtung und Widerwillen hat, obwohl er nur ein unnützer Knecht und Leibeigener, ja ein Tongebilde der Hände Gottes ist (Jes 29,16).

6. Der Dank verdient die Erhaltung und Mehrung der empfangenen Güter [...]. Beispielsweise wird in jemandem, der für die Gabe der Weisheit dankbar ist, diese Gabe erhalten bleiben und nicht verlorengehen, und sie wird zunehmen [....].

Kapitel 50: Lobpreis – sechs Werke Gottes

[...] 2. Gott zu loben, heißt, ihn als allen Lobes würdig anzuerkennen bzw. dies auch kundzutun. Daher laden die Heiligen alle Geschöpfe, auch die nicht mit Vernunft und Sinnesempfinden begabten, zum Gotteslob ein; denn in ihnen allen wird er als lobwürdig erkannt: seine Macht und Kraft, seine Vorsehung und Weisheit, seine Milde und Barmherzigkeit, seine

Güte und Geduld, seine Gerechtigkeit in der Vergeltung, seine Großzügigkeit in der Belohnung und seine alles überragende Würde und Erhabenheit.

3. Somit finden wir siebenfach Anlass zum Gottes-Lob [...]; denn sechs an der Zahl sind die Hauptwerke Gottes, und die siebte Betrachtung bezieht sich nicht auf ein Werk, sondern auf den Wirkenden selbst, wie er in sich ist und ruht, und über all seinen Werken thront.

4. Das erste Werk ist die Erschaffung. Hier wird die wunderbare Macht und Kraft Gottes sichtbar, die so großartige Dinge, so viele, so verschiedene, so beständige und so edle Werke derart leicht, augenblicklich, wundervoll abgestimmt aus Nichts erschuf; denn außer der Welt gibt es nichts, worauf die Welt gewissermaßen aufruhen könnte.

5. Das zweite Werk ist die Lenkung der Welt, in der so klar die Weisheit und Vorsehung Gottes aufscheint: Nichts, vom Größten bis zum Kleinsten, ist seinem Wissen verborgen. Er kennt die Eigenschaften, Kräfte und Tätigkeiten aller Geschöpfe, jedes einzelnen [...]. Er hat alles so geordnet, dass die Dinge gleichsam natürlich, ursächlich begründet, zu entstehen scheinen und doch in seiner Vorsehung wohl abgewogen sind: So überschreiten sie nie die Grenzen seiner Anordnung, und alle Dinge müssen aufgrund der Vorsehung den Guten zum Besten dienen (vgl. Röm 8,28).

6. Das dritte Werk ist die Erlösung des Menschengeschlechtes. Hier wird ganz besonders seine lobwürdige Barmherzigkeit offenbar: Aus Mitleid mit unserem Elend beschloß er, unsere Natur anzunehmen, sterbend die Schuld zu bezahlen für unsere Sünde und uns so dem Tod zu entreißen und in die frühere Würde wieder einzusetzen. Was kann man Liebreicheres, Barmherzigeres denken, als dass der Höchste Herr für seinen unwürdigen Sklaven der Geringste wird, sich als Schuldloser für den Schuldigen dem Tod ausliefern ließ, sich der Ehre begab, um seine Feinde zu Ehren zu bringen, und sich von denen umbringen ließ, für die er litt?

7. Das vierte Werk ist unsere Rechtfertigung. Hier wird die Güte und Geduld offenbar, mit der Gott die Sünder nicht nur erträgt, sondern gerecht macht, vor der Sünde schützt, die Gnade des Verdienstes gibt und Gelegenheiten bietet, Verdienste zu erwerben, Sakramente gleichsam als Gefäße der Gnade einsetzte, damit durch sie die rechtfertigende Gnade eingegossen werde, seinen Geist den Gläubigen gibt – zur Reue, zur Belehrung, zur Tröstung und verschiedenen von der Gnade getragenen Werken. So macht er aus Feinden Freunde Gottes, Kinder und Erben (Röm 8,17). Er fördert den freien Willen, nicht aber nimmt er ihn: Er bewirkt, dass die Nicht-Willigen Willige werden, nicht indem er sie zwingt, sondern indem er sie durch den Heiligen Geist antreibt und ihnen Gelegenheit schafft.

8. Das fünfte Werk Gottes ist die gerechte Vergeltung gegenüber den Verworfenen: Hier gilt unser Lobpreis der Reinheit Gottes, mit der er alle Laster und alle Sünde verabscheut, alles Gute aber liebt und Freude daran hat, weil es ihm gewissermaßen entspricht. Der Lobpreis gilt aber auch seiner Gerechtigkeit [...], seiner Weisheit [...] und seiner Gutheit [...].

9. Das sechste Werk ist die Verherrlichung der Seligen. Hier gilt der Lobpreis seiner überreichen Großmut: Denn für ein geringes und in kurzer Zeit erworbenes Verdienst schenkt er die ewige unaussprechliche Herrlichkeit, Seligkeit und Freude.[a]

11. [...] Denn mit der Ruhe in Gott gelangt das vernunftbegabte Geschöpf zu seiner Vollendung. Die unvernünftigen Geschöpfe sind um des vernunftbegabten willen erschaffen, und die gesamte Natur versucht den Menschengeist fortwäh-

a Es folgt eine längere Ausführung über die Freude der Seligen, die ihren ersten Grund in der Herrlichkeit Gottes selbst hat – „weil sie Gott mehr als sich selbst lieben, und weil seine Herrlichkeit ohne Maß ist" –, aber auch darin, dass jeder sich von allen anderen geliebt weiß, „wie diese sich selbst lieben", und dass er sich von Gott geliebt weiß „unvorstellbar tiefer, als ein Jeder sich selbst liebt". Dabei sind die Freuden aller einzelnen allen gemeinsam, so viel ein jeder fassen kann *(ut hauriat de omnibus, quantum capit et capere potest, sicut proprium)*. David ordnet dann die sechs Werke Gottes den sechs Schöpfungstagen zu.

rend zu lehren, sich selbst und seinen Herrn zu erkennen; sie dient ihm, um ihn damit zu mahnen, auch selbst seinem Herrn zu dienen, und ihn zum Lobpreis zu entflammen. Wer diesen Sabbat der Ruhe nicht feiert, der bricht den Bund Gottes mit den Menschen; denn Gott will vor allen Dingen, dass der Mensch in ihm ruhe und ihm in Liebe fest anhange.

Kapitel 57: Die dritte Weise zu beten: das innerliche Gebet

1. Die dritte Weise ist das Beten im Geist. Der Mund schweigt, nur der Geist des Menschen eröffnet Gott seine Sehnsucht, schüttet das Herz vor Gott aus, umarmt ihn innerlich in Liebe, betet ihn mit Ehrfurcht an. Er ergießt sich desto voller in Gott, je mehr die Liebe im Verhältnis zur Sprache zu umfassen vermag. Der Beter spricht dann zu Gott: „Herr, vor dir liegt all mein Sehnen, mein Seufzen ist dir nicht verborgen." (Ps 37,10) Darüber sagt der Herr im Johannes-Evangelium: „Die wahren Beter beten den Vater im Geist und in der Wahrheit an. Gott ist Geist, und die ihn anbeten, müssen ihn in Geist und Wahrheit anbeten" (Joh 4,23f.). Dies scheint Gebet im eigentlichsten Sinn zu sein, denn Gott achtet auf das Herz mehr als auf die Worte des Mundes. Doch verwenden wir trotzdem Worte, um unserem trägen Geist zu helfen, sich zu Gott zu erheben. [...]

Gott, unser Schöpfer, „weiß, was wir nötig haben, noch bevor wir ihn bitten" (vgl. Mt 6,8); nicht er hat es nötig, dass wir ihm unsere Wünsche im Gebet eröffnen. Er, der uns dazu erschaffen hat, um uns ganz umsonst um seiner Güte willen Gutes zu erweisen, braucht nicht durch unser Beten zu Barmherzigkeit erweicht zu werden; denn er hat dies schon vorher beschlossen. Doch bewirkt er in uns einen größeren Fortschritt, wenn er uns einerseits aus reiner Gnade – entsprechend seinem ewigen Plan – Gutes erweist, und andererseits unseren Eifer im Gebet für uns zu vielfachem Nutzen wendet. Unser Gebet ist also *nicht die Ursache* der Güte Gottes, sondern der *Weg*, wie sie uns zuteil wird: Gott erbarmt sich nicht wegen des Gebetes, sondern erweist uns sein Erbarmen vermittels des Gebetes. [...]

4. Gott will aber nicht nur deswegen unser Gebet, damit er uns geben kann, was er bereits beschlossen hat uns zu geben, sondern er will, dass wir an Glaube, Hoffnung und Liebe durch das Gebet gewinnen: indem wir glauben, dass wir zu ihm beten sollen, den wir nicht sehen; indem wir hoffen, das Erbetene zu erhalten; indem wir ihn, der uns erhört, mehr lieben. „Ich liebe den Herrn, denn er hat die Worte meines Gebetes gehört" (Ps 114,1). Er will auch, dass wir an Demut zunehmen, indem wir im Bitten beharrlich bleiben, und an Sehnsucht, wenn wir zu erlangen wünschen, worin Gottes Wohlgefallen besteht, vor allem Tugenden. Das Gebet bewirkt wie ein Spiegel, dass der Mensch deutlicher seine Mängel wie auch seine Fortschritte erkennt; denn im Gebet erscheint das Gewissen vor sich selbst klarer [...]. Das Gebet hebt den Geist aus dem Irdischen empor, mehr als andere Tätigkeiten; diese kümmern sich gleichsam mit Martha um untergeordnete Dienstleistungen, das Gebet aber bleibt mit Maria zu Füßen des Herrn und erbittet allein seine gnadenvolle Zuwendung.

Kapitel 58: Verschiedene Empfindungen beim Gebet

Der Beter kann auf viele verschiedene Weisen Gottes Gegenwart empfinden. Zuweilen erscheint es ihm, während er betet, als würde Gott weder hören noch auf ihn achten: „Du hast dein Angesicht von mir abgewandt" (Ps 29,8); Ijob: „Ich schreie und du hörst nicht" (Ijob 30,20). Daraus erwächst manchmal ein Überdruss am Beten; man bildet sich ein, das Gebet sei sinnlos, weil Gott es nicht annehmen wolle.

Manchmal scheint ihm Gott erzürnt und ungnädig, und das Gewissen gerät in Furcht und fühlt sich ganz niedergeschmettert: „Du hast dich verändert und bist grausam gegen mich, in Härte ist deine Hand wider mich" (Ijob 30,21). „Sei doch nicht mein Schrecken, du meine Hoffnung am Tag der Bedrängnis" (Jer 17,17). „Geh nicht ins Gericht mit deinem Knecht, o

Herr" (Ps 142,2). Welche Bedrängnis und Traurigkeit das für die Seele bedeutet, weiß derjenige, der trotzdem vom Bitten nicht ablässt. Man darf nämlich nicht vom Beten ablassen, in der Meinung, Gott nehme das Gebet nicht an, sondern man soll noch inständiger beten; denn Gott prüft auf diese Weise die Standhaftigkeit des Beters, er reinigt sein Gewissen und vergilt ihm die Geduld. So schreibt Bernhard[a]: „Man muss beim inständigen Flehen bleiben, doch in Demut und Geduld; denn die Bitten bringen nur Frucht in Geduld (Lk 8,15). Der Himmel fühlt sich ehern an, man empfängt kein Tröpflein des himmlischen Taus, keine innere Freude am Gebet stellt sich ein; das Erdreich des Herzens scheint eisenhart und läßt sich durch keinen Psalm, kein Gebet bewässern, so dass es weich würde und Frucht bringe. Wie die kanaanäische Frau (Mt 15, 26f.) meint man, das Angesicht des Herrn sei von einem abgewandt, und man glaubt, dass die eigenen Sünden einem gleichsam wie die Unreinheit eines Hundes vorgeworfen werden"; man hält sich für unwürdig des Brotes der Kinder. Doch sei hier besonnen und beachte, dass jene Vorstellung des furchtsamen Geistes, in der er sich Gott hart und schroff vorstellt, der doch gütig und mild, in Wahrheit liebevoll und barmherzig ist, dass solch eine Vorstellung entweder eine reine Einbildung und Täuschung ist: man formt sich sozusagen ein Götzenbild, das eben nicht Gott ist, statt seiner, oder es handelt sich um eine Zulassung Gottes [...] auf dass später der Blick seiner Güte mit mehr Freude verspürt werde.

Manchmal scheint es dem Beter, dass Gott ihn zwar sehe und ihn still ertrage, aber keine Antwort gebe, während er auf andere achte: „Höre, Gott mein Gebet, verschmähe meine Bitte nicht, achte auf mich und erhöre mich" (Ps 54,2).

Manchmal scheint er gütig auf den Beter zu achten, doch im Schweigen zu verharren und ihm durch kein Zeichen anzudeuten, ob seine Bitten eine Wirkung hätten.

Manchmal scheint es so, als ob er mit Wohlwollen auf den Beter blicke, gütig seine Zustimmung zu seinen Gebeten gebe

a Wilhelm von St. Thierry, *Ep. aur.* I, n. 183 (Zisterzienserväter 5, 76).

und seinem Verlangen gerne stattgebe. Diese Zuversicht im innigen Gebet ist für gewöhnlich ein Anzeichen der Erhörung; der Herr sagt darüber (Mk 11,23): „Wer in seinem Herzen nicht zweifelt, sondern glaubt, dass das, was er gesagt hat, geschieht, dem wird es geschehen. Alles, worum ihr bittet, glaubt nur, dass ihr es empfangen werdet, und es wird euch zuteil". „Er soll bitten im Glauben, ohne zu zweifeln. Wer nämlich zweifelt, glaubt nicht, dass er etwas empfangen wird" (Jak 1,6f.).

Biblische Vorbilder für Vertrauen und Beharrlichkeit

3. Zweifle aber nicht gleich an der Erhörung, wenn sie nicht deinem Gebet entsprechend erfolgt, sondern klopfe beharrlich weiterhin an (vgl. Lk 11,8), bis der Freund drinnen, gleichsam besiegt von der Zudringlichkeit des Bittenden, gibt, was dieser fordert. Manchmal weckt eine Bitte, die eine bestimmte Gestalt hat, in uns den Zweifel, dass sie vielleicht nicht angenommen werde; wenn sie aber anders geformt wird, bringt sie die Zuversicht der Erhörung mit sich.

Manchmal steht der Beter vor Gott in der Gestalt des Knechtes, der den Herrn demütig und in Furcht um Erbarmen bittet, wie jener Zöllner, „der nicht wagte, die Augen zum Himmel zu erheben, sondern sich an die Brust schlug und sprach: Gott sei mir Sünder gnädig" (Lk 18,13).

Manchmal steht er vor Gott wie der vertraute Freund und Hausgenosse: Man bittet mit Ehrerbietung und Vertrauen, man rät dem Herrn gleichsam von der Seite her, dieses oder jenes zu tun, indem man ihm auch die Gründe vorlegt, warum etwas passend und förderlich sei. So betete Abraham für Sodom (Gen 18,23 ff.) und Mose für das Volk Israel (Ex 32,12 f.) .

Manchmal gleicht er auch einem Sohn, der vollstes Vertrauen in die Liebe des Vaters hat: Er fleht nicht so sehr, als dass er geradezu dem Vater befiehlt, ihn zu erhören, und er führt dabei das bereits erfahrene Wohlwollen des Vaters ins

Feld, wie Mose (Ex 33,12f): „Wenn du doch gesagt hast: Ich kenne dich beim Namen, und du hast Gnade gefunden vor mir. Wenn ich also Gnade gefunden habe vor deinem Auge, dann zeige mir dein Angesicht, dass ich dich erkenne, und schau gnädig auf dein Volk." „Ich flehe dich an, Herr, dein Volk hat eine schwere Sünde begangen; entweder vergib ihm die Sünde, oder wenn du ihm nicht vergibst, tilge mich aus dem Buch, das du geschrieben hast" (Ex 32,31f.). Was für ein Vertrauen des Gottesmannes zu Gott! Er betet nicht darum aus dem Buch Gottes getilgt zu werden, sondern mit der gleichen gläubigen Zuversicht, mit der er kühn annimmt, dass er nicht aus dem Buch des Lebens getilgt werden solle, erbittet er auch, dass jene Sünde vergeben werde. Er hatte keinen Zweifel, erhört zu werden – weswegen er auch erhielt, worum er bat.

Kapitel 59: Mahnung zum häufigen Gebet

Es gibt viele Anlässe

1. Gott hat große Freude daran, wenn er häufig angerufen wird; denn das Gebet bringt dem Beter großen Nutzen: dass er Gott ohne Unterbrechung anhangt [...], öfter die Erfahrung seiner Wohltaten und der Erhörung im Gebet macht, und an inniger Liebe zu Gott zunimmt. Darum bereitet uns Gott viele Gelegenheiten, ihn in unseren eigenen Angelegenheiten oder für andere Menschen anzuflehen, vor Bösem bewahrt zu werden und Gutes zu erlangen. In den vielfältigen Anliegen kann und soll unsere innere Wärme immer wieder von neuem erglühen, wenn sie vielleicht im Hinblick auf das ein oder andere Anliegen erkaltet wäre. Auch beim Feuer legt man ja täglich Holz nach, damit es nicht ausgeht [...].

2. Viel Holz, einen großen Wald, stellen unsere eigenen Sünden dar – die täglichen und die verjährten – viel Holz bieten auch unsere Nachlässigkeiten, unsere Jämmerlichkeiten [...] , die Anfechtungen und verschiedenen Ereignisse, die

uns treffen, alles, was uns zuwider ist, was wir fürchten und worunter wir leiden – sowohl in eigener Person wie auch aus Mitleid mit dem Elend anderer. – Viel Wald und Holz für das Gebetsfeuer bietet alles, was wir sehr ersehnen, und die Menschen, für die wir beten. Dann auch der Dank für alles, was wir empfangen haben; und das Gebet für die Verstorbenen. [...] Darum heißt es in der Schrift, man solle „immer beten und niemals nachlassen" (Lk 18,1); und: „Betet ohne Unterlass, sagt in allen Dingen Dank" (1 Thess 5,17f.), und: „Ich will Gott preisen jeden Tag" (Ps 33,2).

3. Je häufiger jemand betet, desto mehr Freude findet er am Gebet, und je seltener er betet, desto weniger anziehend findet er es. Das lehrt die Erfahrung.

Wir sehen, dass zuweilen auch Weltmenschen – und zwar zu einer Zeit, wo sie noch in Sünde sind – aufgrund ihres häufigen Gebetes von der gefühlten Süße des Gebetes überströmt werden. Selbst wenn dies noch nicht aus der echten *caritas* hervorgeht, so zeigt Gott damit doch seine Bereitschaft, den Gerechten seine Gnade einzugießen, wenn sie nur nicht versäumen, darum zu bitten. Er verbirgt denen, die zwar noch in Sünden sind, aber sich ihm durch den Eifer im Gebet bereits nähern, die Erfahrung seiner Süßigkeit nicht. Was wird dann erst den treuen Freunden erwiesen, wenn dies schon denen gegeben wird, die noch Feinde sind? [...] Was haben dann die Ordensleute für eine Entschuldigung, wenn sie die göttliche Süße gar nicht kennen?[a]

a Dies scheint zu anderen Aussagen Davids in einer gewissen Spannung zu stehen: Nach Gregor d. Gr., dessen Trias der Phasen des geistlichen Fortschritts: *consolatio – tribulatio – perfectio* von vielen geistlichen Autoren aufgenommen wurde – auch David III Kapitel 2 und 3, sowie unten Kapitel 69! – wird die geistliche Süße oftmals im Hinblick oder im zeitlichen Umfeld der Bekehrung gegeben, während sie nachher ausbleibt. Die Nicht-Erfahrung der Süße kann sehr wohl das Anzeichen geistlicher Reife sein (mit einem oft verwendeten Paulus-Bild: festes Brot statt Milch). Im folgenden löst sich die Spannung zwischen diesen Aussagen, indem David seine Kritik auf diejenigen Ordensleute fokussiert, welche nicht nur keine Erfahrung haben, sondern sich auch nicht danach sehnen, sondern darüber spotten (vgl. oben II cap 4.).

4. Wie eine Wabe ohne Honig, wie eine Mauer ohne Mörtel, wie eine Speise ohne Gewürz: so ist ein Ordensleben ohne das Bemühen um die innige Liebe zu Gott. Wenn auch in unseren Zeiten sehr viele dies nicht kennen, nicht danach fragen und sich gar nicht darum kümmern, ja nicht einmal glauben, dass es so etwas gibt, sondern darüber spotten und andere deswegen verfolgen, so sollen sie doch wissen: Jedes Ordensleben, das nicht nach dem Geist innerer Süße verlangt, sich nicht primär auf das Gebet und die innere Lauterkeit verlegt, ein solches Ordensleben ist trocken, unvollkommen und ziemlich gefährdet!

Die äußere Strenge betrachten wir mit Geringschätzung, da sie „nur wenig Nutzen bringt" (1 Tim 4,8). Hochherzige Werke der Barmherzigkeit haben wir auch nicht vorzuweisen – wie frühere Heilige, die „für ihre Brüder das Leben hingaben" (vgl. 1 Joh 3,16). Man sieht auch nur wenig von der Verwirklichung herausragender Tugend [...]. Wenn wir also das alles nicht haben, und dazu noch den Eifer im Gebet diesen Dingen hintanstellen, worin rühmen wir uns als Ordensleute eigentlich noch? Doch bloß noch des Namens, des Habits und der Worte der Schrift, die wir mehr in Büchern und auf den Lippen tragen als im Herzen und in der Tat! Und doch sagt der Herr: „Wenn eure Gerechtigkeit nicht noch viel größer ist als die der Schriftgelehrten und Pharisäer, werdet ihr nicht ins Himmelreich eingehen" (Mt 5,20). Die Pharisäer konnten sich auch der äußeren Erscheinungsform und des Namens der Religion rühmen, und die Schriftgelehrten beanspruchten aufgrund ihrer Kenntnis der Schriftworte Ruhm und den Titel eines „Meisters"!

5. Wer sich mit Hingabe dem Gebet widmen will, der soll sich als erstes daran gewöhnen, sich eine gewisse Zeit für das Gebet freizuhalten; als nächstes soll er häufiger zum Gebet zurückkehren, dann länger im Gebet verharren, schließlich oftmals – so wie es ihm erlaubt ist – dem Gebet obliegen. Er soll nicht aus Überdruss oder ohne triftigen Grund aufhören, sondern nur wenn ihn eine körperliche Schwäche, eine

Notlage oder ein vernünftiger Grund vom Gebet wegrufen. Danach soll er zum Gebet zurückkehren, damit nicht ein längerer Abstand die Vertrautheit mit dem Beten schwächt und die innere Wärme abkühlt. [...]

Wenn man betet, soll man die Abschweifungen des Geistes zurückhalten und den äußeren Sinnen Disziplin auferlegen; man soll demütig und geduldig Gottes Hilfe anrufen. Wenn diese nicht gleich eintrifft, so wie man sie erfleht hat, soll man beharrlich aushalten. Eine solche Verzögerung auf dem Weg des Fortschritts ist manchmal der wirkliche Fortschritt; denn wir werden dadurch demütiger und entgehen dem Stolz leichter. Eine allzu große Sicherheit, gute Fortschritte zu machen, macht den Geist oftmals überheblich und stürzt ihn dadurch zu Boden. Auch erschöpft ein ununterbrochener Gebetseifer die körperlichen Kräfte. Darum mäßigt Gott voll Erbarmen unseren Lauf, damit wir letztendlich weiter kommen.

Kapitel 60 : Drei Haupthindernisse für das Gebet

Willensträgheit – Abscheu vor Anstrengungen – Misstrauen gegenüber Gott

Ich habe bei vielen Menschen gesehen, dass es drei Haupthindernisse für den geistlichen Fortschritt gibt, die nicht nur für die Vollkommenheit, sondern sogar für das Heil gefährlich sind: ein träger Wille, ein Grauen vor allem Schwierigen, und mangelndes Vertrauen in Gottes helfende Gnade.

Ein träger Wille will zwar das Gute, aber ohne Anstrengungen [...] Er muss sich unter dem Antrieb der Vernunft selbst Gewalt antun, sich die Sporen der Gottesfurcht und der Hoffnung geben. – Das Grauen vor Schwierigkeiten läßt sich mildern durch besonnene und beharrliche Übung. – Die Gnade Gottes ist mit denen, die beginnen, und sie wird denen nicht fehlen, die sich bemühen um Fortschritte. [...] Die Furcht [wir könnten sie verlieren] macht wachsam und beweglich, Sicherheit dagegen sehr oft träge und unbeweglich. Der Herr wollte den Kindern Israels das Manna nicht in solchem Maß geben, dass es für mehrere Tage reiche, sondern nur für jeweils einen Tag – mit Ausnahme des Sabbat. Damit wollte er andeuten, dass auch wir das Brot der Gnade jeden Tag erbitten sollen [...]. Er, der heute gibt, ist auch bereit, morgen zu geben; aber wir sollen nicht nachlässig werden im Bitten.

2. Wenn du erfährst, dass du im Gebet erhört worden bist und sich erfüllt hat, worum du batest, dann werde nicht hochmütig, als habe Gott dich wegen deiner Heiligkeit erhört oder dir aus Liebe zu dir deinen Willen erfüllt. Bedenke vielmehr, dass er in seiner Güte beschlossen hatte, dir dies zu geben. Oder denke, dass er die Gebete anderer guter Menschen mehr berücksichtigt hat. Dann sage Gott Dank, dass er dich als Mitarbeiter seiner Vorsehung angenommen hat und dich durch das Gebet seiner Freunde mit Freude, Trost und Wachstum in der Gottesliebe beschenkt hat [...]

Kapitel 61: Warum man im Gebet nicht erhört wird

Es gibt viele Gründe, warum man im Gebet keine Erhörung findet. Entweder aufgrund eigener Schuld: „Wenn ihr noch so viel betet, ich erhöre euch nicht" (Jes 1,15). Es folgt auch die Begründung: „Eure Hände sind voll Blut", das heißt voll Sünde. – Oder weil der Beter nur lau bittet, ohne Feuer und ohne Hingabe: „Wenn ihr betet, will ich euch erhören; wenn ihr mich von ganzem Herzen sucht ..." (Jer 29,12.f.), das heißt: nur dann. – Oder weil der Beter nicht beharrlich bittet, bis er es erhält: „Wenn der andere beharrlich bittet, wird der Freund wegen seiner Zudringlichkeit aufstehen und ihm geben ..." (Lk 11,8). – Oder weil der Beter gar nicht richtig glaubt, dass er erhört wird (Jak 1,6 f.). Bei Sirach heißt es (Sir 18,23): „Vor dem Gebet bereite dein Herz, und sei nicht wie ein Mensch, der den Herrn versucht", das heißt: der ausprobieren will, ob Gott hört. – Oder weil das Erbetene schädlich oder unvernünftig ist; so sagte Jesus zu den Söhnen des Zebedäus: „Ihr wisst nicht, worum ihr bittet" (Mt 20,22), und im

Jakobusbrief steht: „Ihr bittet und empfangt nicht, weil ihr in böser Gesinnung bittet." (Jak 4,3). – Manchmal wird der Beter deswegen nicht erhört, weil er zu inständigerer Bitte geführt werden soll. Davon spricht Gregor: „Heilige Sehnsucht wächst mit dem Aufschub"[a]. So tat Jesus, als ob er die Bitten der Kanaanäischen Frau nicht erhören wollte. – Manchmal ist der Grund auch, dass man das Erhaltene sorgsamer bewahren wird, weil es so schwer erlangt wurde; so meint Chrysostomus: „Gott verzögert seine Wohltaten, damit uns seine Gaben nicht geringwertig vorkommen"[b]. – Oder damit der Beter demütiger werde [...] – Auch wird die Erhörung sozusagen auf eine andere Zeit verschoben, weil das für den Bittenden besser ist [...] – Oder er wird nicht gleich erhört, damit er andere um ihr Gebet bitte: So schickte Hiskija zu Jesaja, er solle für ihn und das Volk beten (2 Kg 19,2), Joschija zur Prophetin Hulda (2 Kg 22,14). Im Römerbrief (15,30) bittet Paulus; „Ich beschwöre euch, helft mir mit euren Gebeten ...", und Jesus sagt: „Wenn zwei von euch gemeinsam etwas erbitten ..." (Mt 18,19). – Manchmal wird statt der erbetenen Sache, die wahrscheinlich von geringerem Nutzen war, eine andere, bessere und nützlichere gegeben – zum Beispiel dem Apostel Paulus, dem zwar der Stachel in seinem Fleisch nicht abgenommen wurde, doch nur zu dem Ziel, dass die Kraft bzw. Tugend in der Schwachheit zur Vollendung gelange.

Kapitel 62: Über besondere (nicht verpflichtende) Gebete

Nun zu den besonderen Gebeten, welche viele zu verrichten pflegen. Fragt man, ob es förderlich sei, solche Gebete zu bestimmten Stunden oder Tagen zu verrichten, so beachte, dass sie manchen mehr nützen, anderen weniger. Denjenigen, die noch am Anfang stehen, die noch wenig geistliche Erfahrung haben und von der geistlichen Innigkeit noch nicht benetzt wurden, nützen diese Gebete mehr; denn so drängt

a Gregor d. Gr., *Evangelienhomilien* II, 25 n. 2 (FC 28/2, 448).

b Johannes Chrysostomus, *In Gen. hom.* 30 n. 5f.; 38 n.3

sie wenigstens die gute Gewohnheit dazu, sich dem Gebet zu widmen [...]. Diejenigen aber, welche die geistliche Innigkeit bereits haben und durch die Gnade zu einer größeren Vertrautheit mit Gott erhoben sind, die drücken ihren Geist damit nieder, wenn sie allzu viele Psalmen beten und sich zahlreichen Gebeten hingeben. Sie hindern die geistliche Innigkeit und beschweren gleichsam die Freiheit ihres Herzens mit einem Gewicht, wenn sie, obwohl ihnen schon Besseres geboten wurde, ängstlich an dem festhalten, was zu einer bestimmten Zeit weniger nützlich ist. Dennoch können sich auch solche Menschen derartiger Gebete zu ihrer Erhebung bedienen, gleichsam als einem blasenden Wind, bis die Flamme der geistlichen Innigkeit entzündet ist und des Blasebalgs der Worte nicht mehr bedarf, da sie von selbst reiner brennt und mit mehr Ruhe nach oben lodert. Das scheint mir die hilfreichere Vorgehensweise zu sein: Besondere Gebete aus guter Gewohnheit dann im Inneren zu wiederholen[a], wenn die Innigkeit gerade nicht so stark gegeben ist. Zu den Zeiten aber, wo diese reichlich eingegossen ist, oder wenn man sehr beansprucht ist durch eine wichtige und dringende Aufgabe, dann sollte man die gewohnten Gebete, zu denen man nicht verpflichtet ist, für eine Zeit lassen, bis die rechte Zeit dafür wieder kommt.

Welche Gebete nützlicher sind, dafür kann man, meine ich, keine allgemeine Regel aufstellen. Es verhält sich wie bei den Speisen des Leibes: dem einen nützt dies, dem andern jenes; einmal schmeckt dies, ein andermal etwas anderes. Doch ist anscheinend dasjenige fruchtbarer, was dem Beter mehr Freude an Gott schenkt, die geistliche Innigkeit rascher entzündet und die Zuversicht des Geistes entschiedener auf Gott ausrichtet. Denn die Frucht und das Ziel jedes Gebetes ist „Gott anzuhangen und eines Geistes mit ihm" zu werden (1 Kor 6,17). „Flüssig werden" soll der Geist in reinster *Liebe,* betrachten soll er in klarster *Erkenntnis,* bergen soll er sich im Angesichte Gottes vor allem Lärmen der Welt, indem er

a Lat.: *ruminari* – wiederkauen.

über sich hinaus schreitet im freudvollen *Ruhen* in Gott. Dann sammeln sich alle Kräfte der Seele aus ihrer Zerstreuung, sie heften sich an das eine, wahre, einfache, höchste Gut; und werden so gewissermaßen verwandelt zur Gleichförmigkeit[a] mit Gott, in ein Abbild der ruhenden Ewigkeit Gottes.

Kapitel 63: Die anfänglichen Stufen des Gebets

Zuerst gewöhnt sich der Geist daran, sein zerstreutes Bewusstsein – treibt er sich doch in den Vergnügungen und Geschäften der Welt herum – durch den Vollzug des Betens einzusammeln und an einem einzigen Gut festzumachen: dem Inbegriff aller wünschenswerten Güter. Da einem das Gedächtnis bzw. Bewusstsein immer wieder entschlüpft, weil es so lange Zeit vielen verschiedenen Dingen anhing [...], und einfach gewohnt ist umherzuschweifen, und weil die Kenntnis vom Geistlichen noch unterentwickelt ist, bedient man sich im Gebet der Stütze von Worten. Diese stellt der Heilige Geist den Menschen zur Verfügung, damit sie lernen, sich gleichsam wie an Krücken aufzurichten und zu Gott hin zu wenden. Das geschieht, wenn der Mensch aufmerksam auf die Worte der Gebete und Psalmen achtet und aus ihnen den geistlichen Sinn sowie die innige Empfindung herausziehen will [...]. Die beharrliche Praxis des Gebetes zusammen mit der Gnade Gottes – die stets bereit ist, denen zu Hilfe zu kommen, die sich mühen – bewirkt schließlich, dass das Bewusstsein stabiler wird und sich ohne größere Schwierigkeiten und Ablenkungen dem Gebet zu widmen vermag.

Maßstab der kirchlichen Tradition in der kontemplativen Erkenntnis

Das Erkenntnisvermögen, das zunächst schwachsichtig war, da es ständig mit äußeren und sichtbaren Dingen beschäftigt war, beginnt weit und licht zu werden und zu sehen,

a Lat.: *conformitas*

was es vorher nicht sah. [...] Manches gewinnt die Erkenntnis aus vernünftiger Überlegung, anderes versteht sie aufgrund geistlicher Erleuchtung, wieder anderes lernt sie, weil Gott es enthüllt; und sie vergleicht dies mit dem, was sie durch Ausbildung gelernt und in der Lesung der Heiligen Schrift gewonnen hat. Und es kommt ihr nicht wenig Trost zu, wenn sie feststellt, dass andere gut gebildete Menschen und Heilige ebenso gedacht haben, wie sie. Sie gewinnt daraus auch die Sicherheit, dass sie nicht von einem fremden Geist oder von ihren eigenen Einbildungen in die Irre geführt wird. Denn sie merkt, dass der gleiche Geist in ihr wohnt, den sie auch in den Heiligen früherer Zeiten erkannte.

Doch soll man hier Vorsicht und Demut walten lassen! Sonst könnte es sein, dass man als Folge schuldhafter Überheblichkeit der Täuschung verfällt und statt dem Geist der Wahrheit dem des Irrtums folgt, im Glauben, der Heilige Geist spreche in einem, wobei es sich in Wirklichkeit nur um die eigene Meinung handelt, oder gar um die Einflüsterung des bösen Geistes, der sich oft „in einen Engel des Lichtes verkleidet" (2 Kor 11,14). „Glaubt nicht jedem Geist, sondern prüft die Geister, ob sie aus Gott sind" (1 Joh 4,1). Man darf nichts annehmen, was nicht im Einklang mit der Lehre der kirchlichen Lehrer und der Überlieferung anerkannter Theologen steht. Ebensowenig darf man in Zweifel ziehen, was sie insgesamt, zusammen mit den Zeugnissen der heiligen Kirchenväter und mit vernünftiger Begründung, definiert haben.

Es folgt eine Warnung vor der Eitelkeit – vanitatem diligens –, mit der manche die Hl. Schrift durchforschen, hauptsächlich um etwas zu finden, was andere noch nicht entdeckt haben.

3. Gott ist in höchstem Maße gut und süß, und auch alles, was von ihm stammt, ist wohlschmeckend und gut. Wenn daher der Verstand in der Erkenntnis der Wahrheit weit zu werden beginnt, beginnt auch der Geschmackssinn der Seele – das ist die innere Neigung – sich am Geschmack des Erkannten zu erfreuen. Wissen bzw. Wissenschaft hat ihren Sitz

allein im Intellekt, wenn aber die innere Empfindung dies verkostet, dann spricht man von Weisheit, das ist: kostendes, oder wohlschmeckendes Wissen.[a]

Zwar haben alle Neigungen der Seele ihren eigenen „Geschmack", das heißt ihre eigene Bewegung, doch die Liebe ist hier die Fürstin; sie formt mit ihrer Bewegung auch die anderen Neigungen, vor allem, wenn sie sich auf das höchste, wahre Gut richtet. Denn die Liebe ist dazu bestimmt, nichts mit größerer Festigkeit zu lieben als das höchste Gut. Alles andere, was sie nicht im Hinblick auf dieses Höchste liebt, liebt sie eher im Sinne eines Ausprobierens als im Sinne des Zur-Ruhe-Kommens. Daher folgen so rasch Sättigung und Überdruss, und man wendet sich wieder anderen Dingen zu, ob vielleicht dort Ruhe zu finden wäre – aber sie ist auch dort nicht zu finden, nur im höchsten Gut. Wenn die Liebe aber dieses Gut berührt, findet sie Ruhe; denn es ist ihr eigentliches Ziel. Die anderen Neigungen aber führen ihre Bewegung nach Maßgabe der Liebe aus. Denn in dem Maß, wie du etwas liebst, freust du dich, es erlangt zu haben oder hoffen zu dürfen, es zu erlangen [...]. Solange nun die Liebe noch gegensätzliche Affekte spürt: Furcht, Abscheu, Schmerz, Scham, ist sie – für sich betrachtet – noch schwächer, sie ist gleichsam nicht ganz in sich selbst gesammelt. Das gilt auch für die Hoffnung; denn die Liebe kann noch nicht vollendet sein, solange sie etwas nicht im freudigen Besitz, sondern nur in der Erwartung liebt. Und je unsicherer die Erwartung, desto lauer die Liebe. „Wenn aber das Vollendete kommt, vergeht, was Stückwerk ist"; denn die Freude im seligen Besitz wird vollkommen sein [...] „Die vollkommene Liebe vertreibt die Furcht" (1 Joh 4,18); denn es wird keinen Anlass für Abscheu, Scham oder Schmerz mehr geben.

a David bezieht sich hier auf die Etymologie von „sapientia" – Weisheit: das Wort ist von „sapere" (weise sein, „verkosten") abgeleitet und hängt mit „sapor" (Geschmack, Geschmackssinn) zusammen. „Sapientia" kann daher definiert werden als „scientia sapida": „verkostendes Wissen"; darin ist sowohl die Erkenntniskomponente wie die des Empfindens (von unmittelbarem Kontakt und Freude) enthalten.

Je mehr aber [bereits jetzt] die *caritas* wächst, desto reiner werden auch alle anderen Tugenden und Affekte, mit dem Ziel, dass sie alle in die *caritas* eingeformt werden bzw. von ihr durchformt werden. Die Seele sehnt sich danach, zu erkennen, wie sie erkannt ist (1 Kor 13,12), und zu lieben, wie sie geliebt ist – nicht in dem gleichen Maß freilich; denn hier besteht nur Ähnlichkeit, nicht Gleichheit. Kein Geschöpf kann Gott lieben, wie es von ihm geliebt ist. [...]

4. Wenn man sich häufig um Sammlung bemüht hat, lernt man allmählich, im eigenen Herzen zu wohnen[a]. Endlich gelingt es einem, nicht nur leicht, sondern mit großer Freude Gott anzuhangen, so dass es ein ziemlicher Schmerz ist, sich von dieser Ruhe losreißen zu müssen. [...]

5. Es gibt in diesem Verweilen auch Stufen: Zuerst *hangt* der Mensch *Gott an* mit großer Freude und läßt sich nur ungern losreißen: wie ein kleines Kind nicht von seinem Vater fort will, der es zärtlich im Arm hat, oder ein Hungriger feine Speisen nicht lassen will und sich ein Durstiger nicht von seinem Trank trennen möchte. Kein Wunder; denn die geistliche Süße bringt Wonne, Ehre und Reichtum mit sich. [...]

6. Wenn die Seele in den Armen des Bräutigam ohne Störung ruht, dann beginnt sie auf eine bestimmte Art zu *schlummern* – etwa so wie ein Mensch, der edlen Wein getrunken hat, schläfrig wird. Die Seele hangt dann dem Herrn nicht nur mit großer Freude an, sondern sie hält auch fest an ihm; eine Art Kraft zieht sie von der Wahrnehmung und der Erinnerung des Sichtbaren ab, allerdings maßvoll, so dass sie einerseits ihrer selbst nicht völlig vergisst, noch andererseits ihrer ganz mächtig ist [...]: „Ich schlafe, doch mein Herz wacht" (Hld

a Lat.: *secum habitare;* vgl. diese Beschreibung Benedikts bei Gregor d. Gr., *Dialoge* II, Kapitel 3 n. 5.6.7 (SC 260, 142.144): „Bei sich wohnen" heißt: sich selbst sehen und erkennen, indem man unter den Augen Gottes steht: „... er zog sich an den Ort der geliebten Einsamkeit zurück, und wohnte dort alleine mit sich unter den Augen des Allerhöchsten"; „denn sooft wir in unserem Denken allzu sehr nach draußen gezogen werden, sind wir zwar noch wir selbst, aber wir sind nicht bei uns selbst, denn wir sehen dann uns selbst nicht mehr, sondern sind mit anderen Dingen beschäftigt".

5,2). Es gleicht dem Einschlafen, wo man das, was rings herum geschieht, zwar noch fühlt und versteht, aber nicht mehr darauf achtgibt vor Schläfrigkeit, außer man täte sich Gewalt an, um wieder vollständiger zu sich zu kommen.

7. Die Liebe Gottes, die mit reiner Erkenntnis gewürzt ist, *berauscht* den Geist, zieht ihn vom Äußerlichen weg nach oben und heftet ihn an Gott. Je leidenschaftlicher die Liebe und je lichter die Erkenntnis, desto kraftvoller wird der menschliche Geist zu Gott hingerissen, bis er endlich alles vergisst, was niedriger ist als Gott, und sich am Strahl der Kontemplation frei festhalten darf – mag es auch kurz sein, wie wenn ein Blitzstrahl des himmlischen Lichtes aufleuchtet. Denn „der sterbliche Leib beschwert die Seele, die irdische Wohnung drückt den Sinn, der vieles zu denken hat, nieder" (Weish 9,15).[a]

8. Das ist die höchste Vollkommenheit des Menschen in diesem Leben: so mit Gott geeint zu sein, dass man „ein Geist mit ihm" wird (1 Kor 6,17). Das heißt: dass er an nichts mehr denkt, als an Gott, dass Sinne und Verstand keinen anderen Gegenstand haben als Gott, und dass alle Neigungen, Gefühle, Strebungen im seligen Genuss des Schöpfers ruhen, da sie geeint sind in der Freude der Liebe. [...] Alle Anstrengungen in der Tugend zielen darauf hin, vor allem aber der Eifer im Gebet [...]. Daher besteht die Vollendung des Gebetes darin, dass man erlangt, wohin man im Gebet strebt. [...] Diese geistliche Lieblichkeit der Süße Gottes kann man nicht mittels irgendwelcher Vorstellungen beschreiben, noch sie im Vergleich mit sinnenhafter Erfahrung zeichnen; denn die geistlichen Dinge unterscheiden sich von den sinnenhaften wie der Körper vom Geist.

Kapitel 64: Erfahrungen geistlicher Innigkeit

David versucht hier, die leiblichen Auswirkungen der inneren Erfahrung zu beschreiben, wobei er auch eine Deutung der „phy-

a David teilt mit vielen anderen Autoren die Auffassung, dass irdische Geschäfte *(occupationes)* die Kontemplation leidvoll behindern.

sischen" Zusammenhänge vorlegt. Wie später Teresa von Avila, faßt er ekstatische Phänomene als Ausdruck der Schwäche der irdischen Existenz des Menschen auf: Noch ist die Konstitution des Menschen – vor allem sein Leib – des „Übermaßes" der Liebe Gottes nicht fähig.

1. Wenn die Kontemplation zu diesem Übermaß gekommen ist[a], lassen sich verschiedene Arten der inneren Erfahrung benennen, die ich jetzt aber übergehe, um nicht zu ausufernd zu werden: Die Heilige Schrift und deren Ausleger haben diesen Empfindungen verschiedene Namen beigelegt: „Jubel", „geistliche Trunkenheit", „geistliche Wonne", „Flüssig-Werden" und so fort. Ich überlasse die Erklärung dieser Dinge denen, die darin Erfahrung haben, und die Zeit dazu haben, und streife nur kurz einiges.

2. Der „Jubel" ist offenbar vom Sprachgebrauch der Heiligen Schrift abgeleitet; er bezeichnet eine geistliche Freude, die plötzlich das Herz überströmt, und die aus einem frommen Gedanken oder einer Einsicht entspringt. Diese Freude erschüttert Herz und Leib, so dass dieser erzittert,[b] diese Freude ist für den Leib eine mit Freude verbundene Marter; denn die Freude tröstet, die Stärke und Plötzlichkeit aber schwächt den Leib. Zuweilen schafft sich die innere Erfahrung Luft, indem der Mensch in Lachen ausbricht, zuweilen in laute Rufe, zuweilen in Bewegungen und Seufzer,[c] die er nicht zurückhalten kann. Bei Gregor d.Gr. lesen wir: „Von *Jubel* sprechen wir, wenn der Geist eine unaussprechliche Freude empfängt, die er weder verbergen noch in Worten eröffnen kann; er bringt sie zwar mit verschiedenen Bewegungen zum Ausdruck, aber kann sie nicht kundtun, so wie sie in sich ist."[d] Darum heißt es in einem Psalm: „Selig das Volk, das den Jubel kennt"

a *Excessus contemplationis:* Übermaß; Über-sich-hinaus-Schreiten, in diesem Sinn auch „Ek-stase".

b So ist etwa in den „Neun Gebetsweisen des hl. Dominikus" davon die Rede, dass er „erzittert" sei *(tremebat).*

c Zum Beispiel Caterina von Siena während ihrer zahlreichen Entrückungen.

d *Moralia* XXIV, VI n. 10 (CCSL 143B, 1195).

(Ps 88,16 Vg.) – nicht: „das ihn spricht“, sondern „das ihn kennt“; denn gewusst wird der Jubel, aber er läßt sich nicht in Worten ausdrücken.

3. „Trunkenheit des Geistes“ kann man beschreiben als eine tiefe Empfindung von Liebe und Freude. Gleichsam wie von starkem Wein erglüht der Geist, so dass er sich nicht mehr zurückhalten kann. Darum galten die Apostel, die vom Heiligen Geist in Brand gesetzt waren, als „vom jungen Wein berauscht“ (Apg 2,13). Oder Ijob (32,19 EÜ): „Mein Inneres ist wie Wein, der keine Luft hat, wie neue Schläuche muss es bersten.“ „Neu“, sagt er, denn Herzen, die „alt“ sind, wird diese Innigkeit nicht eingegossen, sondern „jungen“ Herzen, die im „neuen Leben wandeln“ (vgl. Röm 6,4). [...] – Zuweilen wird der Körper starr, die Glieder lassen sich nicht mehr in gewöhnlicher Weise bewegen, wegen des plötzlichen Einströmens von Glut und Süße. Das kann daher kommen, dass alle Lebensgeister im Körper überströmt werden von der Glut des Herzens: eine Anspannung der Sehnen und eine Blockierung der Verbindungen [zwischen den „Lebensgeistern“ und den Muskeln] bewirken, dass die Glieder ihre Fähigkeiten verlieren – die Zunge die Sprache, die Hände das Werken, die Füße und Beine das Gehen – bis die Glut nachlässt, und die Verbindungswege wieder frei werden wie sie waren. Kein Wunder, dass das die Empfindungen der göttlichen Liebe bewirken können, da doch auch menschliche Empfindungen solches zuweilen fertigbringen: zum Beispiel plötzlicher Schrecken, überraschende und übermäßige Freude, plötzlicher Schmerz, maßloser Hass oder ungemäßigte Liebe. Die Erfahrung zeigt, dass Menschen dadurch „außer sich geraten“, in starre Sprachlosigkeit oder in Wahnsinn fallen können, dass ihre Glieder starr werden oder zittern oder dass sie Fieber bekommen. – Es ist auch nicht verwunderlich, dass die große Fröhlichkeit, die der Heilige Geist dem Herzen eingießt, an äußeren Zeichen sichtbar wird, oder der Mensch Seufzen und Weinen nicht zurückhalten, bzw. seine innere Empfindung nicht verbergen kann. (Wir sehen ja auch, dass

manche Menschen aus Dummheit und Unbeherrschtheit laut lachend herausplatzen, ohne sich zu schämen, wo doch der menschliche Anstand ein zuchtvolles Verhalten verlangt. Und manchmal kann man aus menschlicher Traurigkeit auch das Weinen nicht zurückhalten, selbst wenn man es gern täte.) Wenn es nun in der Schrift heißt: „Unser Gott ist verzehrendes Feuer" (Dtn 4,24) und „Gott ist die Liebe" (1 Joh 4,8), was Wunder, wenn das Feuer der göttlichen Liebe, das dem Herzen eingegossen wird, den ganzen Menschen erschüttert! Wenn man einem zerbrechlichen Gefäß, einem Gefäß aus Ton,[a] eine kochend heisse Flüssigkeit einfüllt, dann bringt man es zum Zerspringen. Das Herz, das von der göttlichen Liebe und der Sehnsucht, sich an Gott zu erfreuen, in Brand geraten ist, wird weit und dehnt sich aus; es kann die Enge in der Brust nicht mehr aushalten und versucht gewissermaßen „auszubrechen", das Feuer „auszustoßen" [...][b] Wenn das nicht möglich ist, oder der Mensch es aus Scham nicht wagt, dann erleidet er im Inneren eine Marter eigener Art; der Körper wird geschwächt, weil die Süßigkeit Gottes in ihrer Kraft die Kräfte des irdischen Körpers übersteigt. Darum lesen wir, dass Heilige anlässlich der Heimsuchungen Gottes und seiner Offenbarungen zu Boden gestürzt sind und alle Kraft verloren.[c]

a Anspielung auf Jes 45,9 und Jer 18,6, sowie Röm 9,21, v.a. aber 2 Kor 4,7: „Wir tragen den Schatz des Glaubens in zerbrechlichen = irdenen Gefäßen" *(vasis fictilibus)*.

b Lat.: *eructari*, „herausschleudern" in Worte „ausbrechen": Ps 44,1 Vg: *eructavit verbum bonum*. Vgl. Ps. 45,1 EÜ: „Mein Herz fließt über von froher Kunde ...".

c David bringt als Beispiel Dan 10, 8 und Klgl 1,13. Zumindest die erste Belegstelle scheint als Begründung allerdings nicht ganz passend; denn eine Offenbarung *(revelatio)* richtet sich an das Erkenntnisvermögen des Menschen und ist keineswegs immer mit „Süßigkeit" verbunden. Später (Kap. 66) nimmt David eine klarere Unterscheidung vor zwischen Erfahrungen, die das Herz bzw. das Empfinden *(affectus)* betreffen, und solchen, die sich eher an das Erkenntnisvermögen *(intellectus)* richten. Letztere sind – für sich betrachtet – weder Anzeichen von Heiligkeit (d.h. von heiligmachender Gnade), noch bewirken sie Heiligkeit. Ganz anders verhält es sich hinsichtlich der eingegossenen geistlichen Innigkeit im Gedenken an Gott *(devotio)*.

4. Die geistliche Wonne *(iucunditas spiritualis)*[a] kann man umschreiben als Freude im Heiligen Geist, von ihm eingegossen: der menschliche Geist freut sich in Gott oder über die empfangenen oder verheißenen Wohltaten Gottes. Manche glauben freilich, das sei schon die geistliche Freude, wenn Ordensleute zuweilen heiter beisammen sind und einander gut sind[b]. – Sie sollen allerdings wissen, dass die geistliche Freude genausowenig mit leichtfertiger Ausgelassenheit zu tun hat wie mit der Traurigkeit dieser Welt und der lähmenden Acedia. – Die geistliche Freude kann man in zwei Weisen verstehen, in einem besonderen und in einem allgemeinen Sinn. Im *besonderen* bezeichnet sie eine besondere Bewegung der Freude im Heiligen Geist, die sich nährt aus der Betrachtung der Wohltaten Gottes und der künftigen Herrlichkeit, sowie der Gutheit Gottes. Im *umfassenden* Sinn ist sie eine Art geistliche Fröhlichkeit, die aus dem Vertrauen in Gott und einem guten Gewissen kommt; ein solcher Mensch hat einen wirklich „guten Willen“ und Hingabe *(benevolum et devotum)* zu jedem guten Werk, auch alles zu ertragen um Gottes willen, und alles, was mit Gott zu tun hat, zu lieben und zu fördern: So wie es im Philipperbrief (4,4) heißt: „Freut euch im Herrn zu jeder Zeit“.

5. Das „Flüssigwerden“ der Seele ist offenbar nichts anderes als wenn sie aufhört hart zu sein und weich wird. Sie wird biegsam und geneigt, Gott zu lieben, der sie liebt. Sie wird flüssig, um das aufzunehmen, was Gott ihr eindrückt. [...]

a Lat.: *iucunditas*, ein schwer zu übersetzendes Wort. Die Vg. spricht vom *iucundus homo*, vom „angenehmen" Menschen, dessen innerlicher *Friede* (mit sich selbst und mit Gott) nach außen in einer *frohen und frohmachenden Güte* sichtbar wird. Das Gegenteil wäre *amarus* – der „bittere" Mensch.

b Lat.: *iucundi inter se sunt*. Offenbar ist dies geschrieben in Bezug auf Ps 132 (133): „Seht, wie gut und erfreulich es ist, wenn Brüder miteinander in Eintracht wohnen" – „Ecce quam bonum et quam iucundum habitare fratres in unum".

Kapitel 65: Sieben Farben geistlicher Empfindung

Furcht, Schmerz, Sehnsucht (Hoffnung), Liebe, Mitleid, Freude, Bewunderung

1. Eine gefühlte Empfindung zu Gott hin kann aus vielen Quellen genährt werden; ich lege hier eine grundlegende Aufzählung vor. Eine solche Empfindung kann entweder aus Furcht, aus Schmerz, aus Sehnsucht, aus Liebe, aus Mitleiden, aus Freude oder aus bewunderndem Staunen hervorgehen.

Aus Furcht, wenn man vom Gedanken an das kommende Gericht erschreckt wird [...], aus Schmerz, wenn man fürchtet, Gott beleidigt oder seine Gnade verloren zu haben, oder wenn es einem leid tut, so wenig Fortschritte gemacht zu haben und Gottes Augen in so manchem zu missfallen. [...] Aus Sehnsucht, wenn man nach reicherer Gnade im Leben der Tugenden verlangt oder nach einem vertrauten Umgang mit Gott. [...] Aus Mitleiden, wenn man mit Christus mitleidet, und das Schwert, das seine Mutter Maria durchdrang, auch das Herz des Gläubigen durchdringt. Oder wenn man mit dem Unglück des Mitmenschen Mitleid hat, Schmerz empfindet über die Gefährdung der Seelen, und wenn „der Eifer für das Haus des Herrn" (Ps 68,10) die Seele verzehrt und sie nicht den Schlaf des Nicht-wissen-Wollens schlafen läßt, vielmehr die Seele in Brand gerät wegen der Ärgernisse und sich gemartert fühlt vom Unglück der einzelnen Mitmenschen: „Ich weinte über den, der vom Unglück getroffen war, und hatte Mitleid mit dem Armen" (Ijob 30,25).

2. Die innere Empfindung kann aus der göttlichen Liebe erwachsen, wenn man betrachtet, wie gütig Gott mit einem selbst umgegangen ist und sein Wohlwollen dem erwiesen hat, der es nicht verdient hat. Oder wenn man im umfassenden Sinn alles erwägt, was Gott dem Menschengeschlecht Gutes erwiesen hat, oder wenn man die Unermesslichkeit der Güte betrachtet. In der herzlichen Liebe gibt der Heilige Geist unserem Geist ein ganz besonderes Zeugnis, dass wir „Söhne Gottes" sind (vgl. Röm 8,16). Von dieser im Herzen empfun-

denen Liebe[a] gilt im besonderen: „Wer Gott liebt, der ist von ihm erkannt“ (1 Kor 8,3) und „Ich liebe, die mich lieben“ (Spr 8,17). [...] – Aus der Freude kommt die innige Hinneigung zu Gott, wenn man sich im Gedenken an Gottes Wohltaten freut [...] oder wenn man sich mit dem Fortschritt anderer freut oder über die Herrlichkeit der Heiligen im Himmel beglückt ist. [...] – Aus staunender Bewunderung kommt die Innigkeit, wenn die Erkenntnis von einem Aufblitzen der göttlichen Weisheit erleuchtet wird; dann staunt sie über die Größe der Allmacht und die Tiefe der Weisheit Gottes, über die Süße seiner Güte und die Klarheit seines Urteils, den Abgrund seines Lichtes und seine unbegreifliche Unermesslichkeit – alles, was zu seiner göttlichen Wesenheit gehört, zu seiner Herrlichkeit und zu seinen wunderbar erdachten Werken.

Zuweilen aber wird die innige Empfindung von verschiedenen Gefühlen angefacht, die sich miteinander mischen: Furcht und Schmerz, Freude, Liebe und Staunen, Mitleid und Sehnsucht verbinden sich.[b]

3. Obwohl jedoch die innige Empfindung sozusagen das Öl [oder „Fett“: vgl. Ps 62,6] der Liebe zu Gott ist und mehr den Willen bzw. die Neigung betrifft als die Erkenntnis – was man an vielen sehr schlichten[c], aber mit dieser herzlichen Neigung begnadeten Menschen sehen kann, während sie zahlreichen Gebildeten abgeht –, so ist sie dennoch nicht vollendet ohne das Licht des Intellekts.[d] Doch besteht ein Unterschied in der

a s.o. Kapitel 31 n. 3: von den drei Aspekten der Liebe: Wille, Tat, *Empfindung.*

b David vergleicht das mit der Mischung der Komponenten für Heilmittel.

c *simplicitas:* bei Franziskus „die Schwester der Weisheit“: *Gruß an die Tugenden,* v.1. Ursprüngliche lat. Bedeutung: „nur einfach gefaltet“, d.h. keine versteckten Winkel, schlicht und geradlinig.

d David betont die Zusammengehörigkeit von liebender „Empfindung“ *(affectus)* und klarer „Erkenntnis“ *(intellectus).* Die Erkenntnis kann jedoch verschiedene Gestalt haben, wie sie verschiedener Herkunft sein kann. Seine Unterscheidung zwischen „theoretischem“ Wissen über das geistliche Leben und „praktischer“ Kenntnis erinnert ein wenig an die Unterscheidung, die Thomas von Aquin – dieser freilich ohne jede Polemik – macht: zwischen Erkenntnis aufgrund der Prinzipien einer Wissenschaft einerseits und „cognitio per connaturalitatem“,

Einsicht einfacher, gottliebender Menschen und der Einsicht Gebildeter. Diese verstehen sich zwar darauf, über alle Dinge des geistlichen Lebens differenziert zu sprechen und die exakte Terminologie anzuwenden; sie wissen schöne Einteilungen zu machen, Gründe und angemessene Argumente anzugeben und in einer gut gegliederten Rede überzeugend vorzutragen. Manchmal weben sie aus Kleinigkeiten einen langen Traktat und kleiden Dinge, die klar und selbstverständlich sind, in kunstvolle Worte, so dass es den einfachen Menschen vorkommt, das seien die innersten Geheimnisse der Philosophie. – Die schlichten gottliebenden Menschen aber sehen die Wahrheit, wie sie ist, klarer und verstehen tiefer über sie nachzudenken, ihr Gewicht zu wägen, die Quellen der Süße durch den Geschmackssinn ihrer herzlichen Liebe aufzuspüren, und das alles auch durch den Strahl reiner Einsicht klarer zu unterscheiden. Zwar verstehen sie sich nicht auf die Unterscheidungen der Fachterminologie, aber aufgrund ihres inneren Geschmackssinnes können sie die Unterschiede besser erkennen als mittels hypothetischer Argumente. [...] Es verhält sich wie bei zwei Ärzten, von denen der eine ein Theoretiker ist, der andere ein Praktiker: der eine kennt seinen Beruf aus der Wissenschaft, der andere aus der Erfahrung.

Kapitel 66: Vier Arten von Visionen[a]

Nachdem wir über die Dinge gesprochen haben, die im geistlichen Leben mehr *die Liebe, das Streben und das Fühlen* betreffen, müssen wir noch einen Blick auf die geistlichen

d.h. Erkenntnis aus innerer Verwandtschaft zum erkannten Gegenstand, andererseits. So hat jemand auf die eine Weise Kenntnis von der Tugend der Keuschheit, wenn er Moraltheologie gelernt hat, in anderer Weise aber, wenn er den Habitus dieser Tugend selbst besitzt.

a David stützt sich auf Augustins Dreiteilung der Visionen, die für die theologische Bestimmung solcher Phänomene im Mittelalter, aber auch noch in der Neuzeit bestimmend geworden war: die Schau mit den leiblichen Augen bzw.

Erfahrungen werfen, die sich mehr auf *die Erkenntnis* beziehen. Dazu gehören die Offenbarung von Geheimnissen und Visionen bzw. sich zeigende Bilder. Durch solche Dinge werden manchmal manche Menschen über die Wahrheit belehrt, die meisten aber werden jämmerlich hinters Licht geführt. Man soll sich bei diesen Dingen um so weniger aufhalten, je häufiger sie diejenigen Personen täuschen, die sich auf sie stützen, und je weniger sie zum geistlichen Fortschritt beitragen, selbst wenn sie wahr sind. Von Leuten freilich, die im geistlichen Leben unerfahren sind, werden diese Dinge als machtvoller Erweis von besonderer Heiligkeit und Weisheit gewertet.

2. Es gibt vier Arten von Visionen und desgleichen vier Arten von Offenbarungen. Visionen können auch als „Offenbarungen" bezeichnet werden, insofern hier Verborgenes enthüllt wird.

Manche dieser Visionen kann man als im engeren Sinn *„körperliche" Visionen* bezeichnen, weil sie sich den leiblichen Sinnen des Menschen im Wachzustand zeigen. So sah Mose den Herrn im Dornbusch, und die heiligen Patriarchen beherbergten Engel. Zu einer solchen Vision können auch andere Erfahrungen der leiblichen Sinne gehören, wie Hören, Riechen, Schmecken, Anrühren; denn der Gesichtssinn steht hier für alle anderen Sinne des Leibes. [...]

3. Sodann gibt es *bildhafte Visionen,* die sich dem Menschen im Wachzustand zeigen, jedoch nicht über die leiblichen Sinne, sondern in der Vorstellungskraft. Dabei kann der Mensch vollkommen bei Sinnen sein oder entrückt, wie etwa Ezechiel, Daniel oder andere Heilige des Alten und Neuen Testaments.

Es gibt aber auch bildhafte Visionen, die *im Schlaf* erfahren werden: So sah Jakob den Herrn auf einer Leiter; und der

eine Erfahrung mit den leiblichen Sinnen, die Schau in der Einbildungskraft *(imaginatio)* und die geistige, intellektuelle Schau im Verstehen einer Wahrheit. Da die imaginative Schau sowohl im Wachzustand wie im Schlaf (als Traum) stattfinden kann, ergeben sich bei David vier Arten von Visionen.

Pharao wie auch Nebukadnezzar hatten Träume, die für die Zukunft bedeutsam waren.

All diese Visionen haben folgendes gemeinsam: 1) Sie werden nicht nur guten sondern oft auch bösen Menschen zuteil. 2) Auch sind sie manchmal wahr und belehren Menschen über die Wahrheit, aber sie können auch eine Täuschung sein und Menschen in die Irre führen. So heißt es im 13. Kap. bei Ezechiel: „Ihr schaut eine nichtige Vision und redet eine lügenhafte Prophezeiung." 3) Sie bewirken nicht, dass jemand heilig ist, noch zeigen sie dessen Heiligkeit an. Sonst wäre Bileam ein Heiliger gewesen – und sein Esel, der den Engel sah, ebenfalls. Und der Pharao wäre heilig gewesen, der zukunftsbedeutsame Träume hatte. 4) Auch wenn die Visionen manchmal wahr sind, so sind sie nicht von sich aus verdienstvoll: Wer vieles derartige schaut, ist nicht besser, und wer nichts sieht, ist nicht geringer – das gilt für alle Wunder. 5) Oftmals bringen diese Dinge mehr Schaden als Nutzen, weil die Empfänger sich dessen eitel rühmen. 6) Viele bilden sich auch ein, sie hätten Visionen, während sie in Wirklichkeit nichts gesehen haben; und sie führen sich und andere in die Irre, oder wollen sogar daraus Gewinn schlagen. 7) Viele haben auch Visionen zusammengedichtet, um nicht weniger geachtet zu sein als andere, oder um mehr Achtung zu bekommen als andere, gewissermaßen als besonders heilige Leute, denen die Geheimnisse Gottes gezeigt werden. 8) Bei manchen Menschen können solche Visionen Anzeichen von Geisteskrankheit sein; denn wenn das Gehirn verwirrt und umnebelt ist von Dämpfen, dann gerät auch der Gesichtssinn in Verwirrung, und der Mensch glaubt, dass ihm wahrhaftig etwas erscheine, was aber ein reines Fantasiegebilde ist.

4. Eine weitere Art der Vision ist die *geistige*. Durch sie empfängt das Auge des Geistes das Licht der Wahrheit und kann in diesem Licht die Wahrheit selbst – ohne Bilder – schauen. Oder er versteht in der geistigen Schau, welche Wahrheit in einer bildhaften Vision enthalten ist. Dafür ist

ein Beispiel Paulus, als er zum Paradies, dem dritten Himmel, entrückt wurde und Unsichtbares sah und unaussprechliche Worte hörte. Er sah nämlich nicht Bilder von Körperdingen, sondern erblickte rein und bloß den Glanz der Wahrheit selbst. Man glaubt auch, dass Johannes, obwohl er für die Apokalypse viele Symbole aus der Körperwelt verwendete, all das, was er bildhaft niederschrieb, in Reinheit geschaut und verstanden habe; er tat das entweder im Hinblick auf die mangelnde Fassungskraft der übrigen, welche die reine Wahrheit wegen ihres Übermaßes an Glanz nicht aufnehmen konnten, oder, wahrscheinlicher, weil Geheimnisse verhüllt gezeigt werden sollen: sie sind nicht allen unterschiedslos zu enthüllen, vielmehr sollen diejenigen, die dessen würdig sind, daran wachsen, die unwürdigen aber sollen ausgeschlossen sein vom Verständnis der heiligen Geheimnisse. So sind ja auch in den übrigen Büchern der hl. Schrift Geheimnisse in Bilder gehüllt. [...]

Die Gestalten, welche in einer bildhaften oder körperlichen Vision gesehen werden, sind hinsichtlich ihrer Existenz nicht wahr bzw.: „wirklich“, auch wenn sie hinsichtlich ihrer geistlichen Bedeutung wahr sind. Denn es ist nicht wahr, dass Stiere, Löwen, Adler oder ähnliches der Substanz nach im Himmel sind, so wie sie in der Apokalypse und anderen Visionen der Propheten beschrieben sind. Dort sind vielmehr die himmlischen Scharen bzw. die himmlischen Mächte, deren Verdienste und Dienste bildhaft mit Hilfe der Eigenschaften dieser Tiere und anderer Dinge beschrieben werden. Auch glauben wir, dass Christus mit seinem verherrlichten Leib im Himmel ist und in der Wirklichkeit seiner Substanz weder nochmals von der Jungfrau geboren und gestillt wird, noch leidet, oder anderes tut und erlebt, was er nach dem Bericht des Evangeliums getan hat, als er leibhaft auf Erden weilte. Und doch wird erzählt, dass er einigen Heiligen und frommen Menschen in einer Vision so erschienen sei: bei seiner Geburt, im Schoß der Mutter, am Kreuz hängend. Das Geschehen in der Vision geschieht nicht wirklich, sondern es wurde jenen zu einem besonderen Trost oder als besondere Aufmunterung zur innigen Liebe oder wegen einer geistlichen Bedeutung gezeigt. „Wir wissen, dass Christus, erstanden von den Toten, nicht mehr stirbt; der Tod hat keine Macht mehr über ihn" (Röm 6,9); ebensowenig wird er fürderhin leiblich gestillt oder geboren. So soll man es auch mit den Erscheinungen anderer Heiliger und Engel halten.

5. Ich meine, man darf auch folgendes nicht ganz übergehen. Irregeführt durch die Geister der Verführung oder durch ihre eigenen falschen Meinungen, glauben manche Menschen, ihnen erscheine in einer Vision Christus oder seine glorreiche Mutter und sie würden nicht nur von ihnen umarmt und geküsst, sondern empfingen noch andere schmeichelnde Berührungen oder Gesten, die mit Anstand und Scham nichts mehr zu tun haben. Sie bilden sich ein, ihnen werde entsprechend der geistlichen Tröstung des Geistes nun auch die sinnenhafte Tröstung des Fleisches, durch körperliche Ergötzung, zuteil. Das ist nicht nur falsch und ein Irrweg, sondern auch eine schwere Lästerung, wie sich klar zeigen läßt: Der Heilige Geist wird eingegossen, damit alle Laster zurückgedrängt und verachtet werden; ebenso wirkt er besonders gegen die Verlockungen des Fleisches. Wo der Geist der Reinheit aufstrahlt, da müssen sofort alle Regungen der verdorbenen Lust schwinden – wie die Finsternis weicht, wenn das Licht aufscheint. [...]

Kapitel 67: Verschiedene Formen von Offenbarungen

1. Die Enthüllung von verborgenen oder zukünftigen Dingen kann sich anscheinend ebenfalls auf verschiedene Weise ereignen. Und ebenso wie im Fall von Visionen lassen sich hier sehr viele Leute täuschen: Sie glauben, es stamme vom Heiligen Geist, was ihr eigener Geist zusammengedacht hat, oder was ihnen ein Geist der Verführung eingeflüstert hat. Daher haben wir schon bis zum Überdruss vielerlei Weissagungen gehört: über die Wiederkunft Christi, über die An-

zeichen des nahenden Endgerichtes, die Auflösung der Orden , die Verfolgung der Kirche, den Niedergang des Reiches, vielfache Plagen für die Welt. Auch ernsthafte und fromme Leute zeigen sich solchen Dingen gegenüber mehr gläubig als es angebracht wäre, wenn sie aus den Schriften Joachims und anderen Prophezeiungen Deutungen ziehen. Selbst wenn diese Prophezeiungen wahr und glaubhaft wären, gäbe es für Ordenschristen viele weitaus nützlichere Beschäftigungen; denn Christus der Herr hat solche neugierige Spekulationen über die Zeiten abgewehrt, indem er zu den Aposteln sagte: „Euch ist es nicht gegeben, Zeiten und Fristen zu kennen, die der Vater in seiner Macht festgesetzt hat“ (Apg 1,7).

Die unterschiedlichen Weisen von „Offenbarungen“, inhaltliche Mitteilungen, werden von David genau parallel zu den drei bzw. vier Visionsarten gestellt: Erstens: durch eine Stimme und ausdrückliche Worte (Biblisches Beispiel: Tabor) Zweitens: im Traum (Joseph, der Nährvater Jesu). Drittens: durch einen Engel im Wachzustand (Zacharias im Tempel). Der „intellectualis visio“, die als einzige für Täuschung unanfällig ist, entspricht die innerliche Belehrung durch den Heiligen Geist, die jedoch wiederum in drei Weisen geschieht: durch eine besondere aktuale Belehrung (Gabe der Prophetie), durch eine Stärkung der habituellen, mit der heiligmachenden Gnade verbundenen Weisheit und Einsicht (sieben Gaben des Heiligen Geistes), und durch Gewissheit im Gebet (eine „kontemplative“ Gnade).

2. [...] Zuweilen geschieht eine Offenbarung durch den Heiligen Geist innerlich im menschlichen Geist „Ich will hören was Gott der Herr in mir redet” (Ps 85,9). Dies ereignet sich wiederum auf zwei Weisen: Zum einen, wenn der Heilige Geist dem Menschen eingibt, was er tun oder sagen soll, oder ihn über seine eigenen oder auch fremde Angelegenheiten belehrt, so wie er die Propheten inspirierte, was sie sagen oder tun sollten, und ihnen weit entfernte Dinge und Verborgenes enthüllte. Zum andern, wenn die Eingebung nicht diese oder jene besondere Handlung oder Ereignis betrifft, sondern der Heilige Geist allgemein für mehrere Fälle zeigt, was in Wahr-

heit besser oder weniger gut ist, indem er den menschlichen Geist erleuchtet. Auf diese Weise lehrt der Heilige Geist alle Gerechten, [...] durch den Geist der Wissenschaft, des Rates oder der Einsicht oder der Weisheit.

3. Es gibt aber noch eine andere Art der Enthüllung durch den Heiligen Geist: wenn der Mensch, auf Anregung Gottes hin, Gott in einer besonderen, eigenen oder fremden, Angelegenheit bittet, und im Empfinden der geistlichen Innigkeit und in der Zuversicht auf Erhörung erkennt, dass er mit seiner Bitte erhört sei. Doch selbst wenn er festes Vertrauen hat, dass die Angelegenheit, in der er gebetet hat, einen guten Ausgang nehmen wird, so weiß er doch oft nicht, auf welchem Weg dies geschehen wird. Und im anderen Fall, wenn er nicht das Empfinden des Vertrauens in die Erhörung hat, versteht er das so, dass er die Wirkung seines Gebetes nicht erhält, auch wenn er darin nicht völlig sicher sein kann – denn er weiß nicht, ob dies den Grund in seiner mangelhaften Innigkeit hat, oder ob es ein Anzeichen ist, dass die Bitte selbst abgeschlagen wird.

Diese Art von Offenbarung ist besonders den frommen Menschen sehr bekannt. Dennoch kommt es vor, dass auch fromme Menschen sich täuschen lassen, wie es auch bei der inneren Einsprechung der Fall ist. Und das kommt offenbar so: Nehmen wir an, ein frommer, Gott liebender Mensch richtet seine Aufmerksamkeit auf Gott und in liebender Hingabe hat er inniges Vertrauen, dass Gott ihm gewogen sei. Nun erbittet er das eine oder andere für sich oder eine andere Person, wovon er sehr wünscht, dass es eintrete. Und wenn er schon vorher, bevor er diese Bitte äußert, von inniger Hingabe und Vertrauen in Gottes Güte erfüllt war, dann wird durch das Verlangen nach der erbetenen Sache die Liebe noch wärmer und in der Folge dieser Glut das Vertrauen auf Gott auch noch beständiger. Und weil dieser Mensch nun vermutet, dass diese Innigkeit vom Heiligen Geist bewirkt sei – da ein böser Geist niemals den Geist der innigen Liebe eingießen kann, den er ja nicht hat – so vertraut er, dass er keiner Täuschung unterliege und in seiner Hoffnung auf die Erfüllung seiner Sehnsucht nicht zuschanden werden könne; denn der Heilige Geist habe diese Hoffnung bereits durch das Anwachsen der Liebe und Wärme bestätigt. Und darin kann man sich täuschen: Denn der menschliche Geist gerät in der Sehnsucht nach einer Sache, die er liebt und an die er voller Eifer denkt, in Hochstimmung, sogar wenn vorher gar keine Innigkeit zu Gott vorhanden war. Diese innere Bewegung des menschlichen Geistes im Verlangen nach einer Sache oder einem Geschehen bringt den Menschen manchmal sogar zum Weinen, besonders dann, wenn es sich um eine Sache handelt, die irgendwie mit der Frömmigkeit zu tun hat. So kommt es auch häufig vor, dass sich das Herz eines Menschen, der sich aus Ruhmsucht wünscht, ein glänzender Prediger zu sein oder prophetisch zu reden oder Wunder zu tun oder irgendetwas anderes, wodurch er bewundert würde, ganz verblendet durch solche Vorspiegelungen in Hochstimmung befindet und gewissermaßen fett wird durch eine gefühlvolle Gestimmtheit, die ohne Mark ist.

Wieviel mehr gerät das Herz in Hochstimmung und nimmt zu an inniger Liebe, wenn es an Dinge denkt, die es nicht aus Eitelkeit oder Leichtsinn ersehnt, sondern mit reifer geistlicher Liebe, und wenn ein solches Herz immer wieder vom Heiligen Geist Tröstungen erfährt, die sich bei jeder Gelegenheit zu einem neuen Antrieb innigerer Liebe erheben können. Da kann es geschehen, dass man das, was der eigene Geist voll Vertrauen spricht, für die Stimme des Heiligen Geistes hält; denn er entzieht nicht die Gnade, die er gegeben hat, sondern er gießt einem Herzen, das in der Sehnsucht nach ihm weit geworden ist, noch reichere Gnade ein, je nach dem Maß wie ein solches freudiges Herz Raum geschaffen hat für eine größere Gnade. Denn ein freies, von Freude und Frieden erfülltes Herz ist mehr bereit, die Gnade der innig empfundenen Liebe zu Gott aufzunehmen als ein Herz, das verstrickt ist in Traurigkeit und Bitternis. Denn der Heilige Geist ist die Liebe und das Wohlwollen und die süße Freude zwischen

Vater und Sohn, und wo Ähnlichkeit besteht, besteht naturgemäß auch mehr Freude. Freude ist etwas, das der himmlischen Heimat eigen ist. Kummer und Traurigkeit machen uns in dieser unserer Verbannung zu schaffen. Die Bitterkeit der Verzweiflung aber ist die Strafe der Hölle.

4. Bei allen Visionen und Offenbarungen muss man also große Vorsicht walten lassen, damit man nicht Falsches für wahr, Schädliches für nützlich, Kleinigkeiten für großartig und Belangloses für überaus wichtig hält. Allein der Heilige Geist kann durch die Gabe des Rates und der Unterscheidung der Geister den Menschen von Hindernissen frei machen und ihm Sicherheit geben, was zu behalten, was zu verwerfen ist, und wie man mit diesen Dingen umgehen muss. So hat er auch die Propheten und Heiligen gelehrt, indem er ihnen nicht nur Wahres zeigte, sondern auch innerlich das Zeugnis dafür gab, dass es wahr sei.

Für andere Menschen scheint es sicherer zu sein, sich nach solchen Dingen nicht zu sehnen; wenn sie einem begegnen, nicht schnell Glauben zu schenken, die Täuschung zu fürchten. Sollten sie einem widerfahren, so soll man sie gering schätzen, denn davon kommt nicht viel Nutzen; dann wird man, wenn sie wahr sind, sich eher gleichgültig verhalten, und wenn sie falsch sind, sich nicht darauf stützen, auf dass man nicht der Täuschung verfällt. Und wenn sie darauf achten wollen, dann sollen sie den Rat von wenigen und nur von weisen Menschen einholen, und sie sollen sich den geistlichen Übungen widmen, die sicher, verdienstvoll und fruchtbringend sind: ihre Fehler bekämpfen, sich treu und hingebungsvoll um Tugenden bemühen, den gesunden Sinn der Hl. Schrift erforschen und durch häufiges Beten ihren Geist zur Hinneigung zu Gott entflammen. Das sind die Tätigkeiten, die für Ordenschristen heilbringend, sicher und fruchtbar sind. Und je mehr sich jemand diesen Dingen widmet, desto größer ist sein Verdienst und sein Ansehen bei Gott.

Kapitel 68: Wie man sich bei leiblich fühlbaren Erfahrungen der Süße verhalten soll

1. Es gibt Erfahrungen der Süße, die manchmal gottliebenden Menschen eingegossen werden: wahrgenommen wird etwa ein wunderbarer Duft, unaussprechlich süßer Geschmack oder Gesang und Musik, Erfahrungen unaussprechlicher Süße im Geschmack und Tastsinn. Wenn solche Erfahrungen echt sind, also von Gott kommen, dann können wir annehmen, dass sie entweder Personen gegeben werden, die noch am Anfang des geistlichen Lebens stehen und noch wenig Einsicht in die geistlichen Dinge haben, so dass sie von Gott durch sinnenhafte Erfahrungen getröstet werden. Die geistlichen Tröstungen haben jedoch in sich viel mehr Kraft, sind sicherer, was ihre Wahrheit angeht, und tragen mehr zum Fortschritt bei [...]. Oder solche sinnenhaften Tröstungen werden Personen zuteil, die bereits weit fortgeschritten sind im geistlichen Leben: die innere Süße strömt nach außen über. Ebenso wie die Seele dem Leib als ihrem Weggefährten und Kameraden ihre Leiden mitteilt, so teilt sie mit ihm auch ihre Tröstungen – wenn die Seele trauert, dann schwindet auch der Leib dahin. Und ebenso wie der Leib mit dem Geist zusammen arbeitet und zusammen leidet, so dass er an dessen Verdienst Anteil hat, so wird ihm auch zusammen mit dem Geist vergolten: nicht nur mit dem Lohn des ewigen Lebens, sondern auch durch Anteil an der Gnade im jetzigen Leben. [...]

2. Doch ebenso wie im Fall von Visionen und Offenbarungen ist damit zu rechnen, dass Menschen durch sinnenhafte Erfahrungen in die Irre geführt werden – wenn sie glauben, dass etwas von Gott komme, was wahrscheinlich eine Täuschung der Fantasie ist; oder wenn manche glauben, das sei etwas ganz Großartiges, obwohl an sich damit keinerlei Verdienst verbunden ist. Und manche bilden sich auf diese Erfahrungen etwas ein und rühmen sich, als seien sie ganz besonders begnadet und heilig.

Die Erfahrungen der göttlichen Süße haben die Eigenheit – vor allem, wenn sie häufiger und stärker kommen –, dass sie zwar den Geist stärken, den Leib aber schwächen. [...]

Kapitel 69: Ein Rat für Personen, die wegen der Stärke ihrer Innigkeit leiblich geschwächt sind – und über geistliche Trockenheit

1. Gottliebende Menschen, die aufgrund der Heftigkeit solcher Erfahrungen körperlich geschwächt sind, fragen manchmal, was besser sei: die Schwäche des Leibes in Kauf zu nehmen, den Geist durch ein inniges Gebetsleben zu stärken und die angebotene Gnade nicht abzuweisen, oder sich wegen der allzu großen Schwäche des Leibes vom innigen Gebet zurückzuziehen, den Geist auszulöschen und sich äußeren Aufgaben zuzuwenden, um dem Körper Erleichterung zu verschaffen. Mir scheint folgender Rat richtig – vielleicht hat jemand einen besseren –: Wer recht schwach ist, für den kann es nützlich sein, sich für eine Weile vom eifrigen, innigen Gebet zurückzuhalten und keine eigenen Anstrengungen in diese Richtung zu machen – also nicht versuchen, die innere Empfindung sich sozusagen abzupressen; denn derartige gewaltsame Versuche schwächen auch Kräftigere. Wenn sich aber die Gnade ohne Anstrengung von seiten des Menschen darbietet und ungefragt einströmt, so soll man sie nicht zurückweisen, sich aber auch nicht völlig hineinversenken, vor allem dann nicht, wenn man merkt, dass man dadurch Schwäche erleidet. Vielmehr soll man ihr maßvoll und in einer gewissen Freiheit des Geistes anhangen, so wie es in der Schrift heißt: „Du hast Honig gefunden, iss, soviel dir gut tut" (Spr 25,16), das heißt: was genug ist für das Maß deiner Kräfte. Denn es besser für dich, für eine gewisse Zeit nur maßvoll die Gnade der gefühlten Innigkeit zu genießen, als diese Gnade ganz zu verlieren und nicht mehr wiedergewinnen zu können, weil die natürlichen Kräfte erschöpft und ruiniert sind. [...] Sind nämlich die Kräfte, vornehmlich des Herzens und des Kopfes, völlig erschöpft, dann getrauen sich solche Menschen nicht

einmal mehr, sich für eine kleine Weile dem innigen Gebet zu widmen; denn ihre Schwäche ist eine dauernde Belastung geworden, und je mehr sie dagegen etwas unternehmen wollen, desto weniger können sie es. [...]

Geistliche Trockenheit

2. Es geschieht aber auch, und zwar sehr oft denjenigen, die sehr viel Gebetseifer haben, dass sie gerade dann, wenn sie sich um die Gnade der gefühlten Innigkeit bemühen, weniger davon haben, und wenn sie leidenschaftlicher darum ringen, sich noch „trockener“ und „härter“ im Herzen vorfinden. Das geschieht etwa bei Hochfesten oder zur Passions- oder Weihnachtszeit und ähnlichen für das innere Leben besonderen Zeiten – und vor allem, wenn sie sich auf die heilige Kommunion ganz gewissenhaft vorbereiten. Viele werden deswegen tief traurig, sie werden kleinmütig und geraten in Verwirrung. Sie deuten ihre Trockenheit so, dass sie wahrscheinlich des göttlichen Besuches unwürdig seien, und dass Gott kein Gefallen daran habe, dass derart unwürdige und im Herzen kalte Menschen zur heiligen Kommunion hinzuträten; und so enthalten sie sich oft des Lebensbrotes und Heilmittels. Da jedoch für den Menschen keine Gewissheit besteht, ob er nach Gottes Urteil „der Liebe oder des Abscheus würdig ist“ (Koh 9,1)[a], und die Verdienste der Einzelnen nur Gott bekannt sind, können wir zwar dem Einzelnen keinen unfehlbar richtigen Rat geben, was er in einem solchen Fall denken und tun soll, wir können aber einige Wahrscheinlichkeitsgründe sammeln, warum Gott guten und im Gebet eifrigen Menschen die Gnade der fühlbaren Innigkeit entzieht, gerade dann, wenn sie sie

a Theologische Lehre ist, dass kein Mensch ohne besondere Offenbarung über seinen eigenen Gnadenstand absolute Gewissheit haben kann. In diesem Sinn wird traditionell das Schriftzitat angewendet. Jedoch gibt es eine Sicherheit *per coniecturam*. Zu diesen Anzeichen zählt etwa Thomas von Aquin: wenn sich ein Mensch keiner Todsünde bewusst ist und willens ist, den Geboten Gottes zu folgen, sowie Frieden im Gewissen hat.

besonders gern erlangen möchten und eifrig darum bemüht sind. Fünf solche Gründe lassen sich nennen.

3. Erstens: Wachstum in der Demut. [...] Zweitens, Reinigung von einer Sünde, von der man durch andere geistliche Übungen noch nicht ganz gereinigt ist, oder an die man sich nicht mehr erinnert [...]. Drittens, besseres Verständnis der Gnade: dass sie von Gott kommt, nicht vom Menschen; denn der Mensch kann sie nicht nach Wunsch und Willen haben, sondern Gott gibt sie, wann er will, und entzieht sie, wann er will, so wie er es dem Menschen für gut erachtet. Gott gibt diese Gnade eben aus Gnade, nicht wegen der Verdienste des Menschen [...].

Scylla und Charybdis: Zweifel und Überheblichkeit

4. In diesem Zusammenhang kommt es häufig zu zwei Formen der Anfechtung, vor allem bei Personen, die noch am Anfang stehen: Zweifel oder Überheblichkeit. Sie zweifeln nämlich oft, ob die Gnade der fühlbaren Innigkeit von Gott sei oder ob der Mensch sie mit seinen innerlichen Bemühungen hervorbringe. Das ist eine ziemlich zudringliche Anfechtung. Manchmal scheint es dem Menschen auch, es könne eine Vorgaukelung des Teufels sein, er gerät in Verwirrung und weiß nicht mehr, was er denken soll. Es kann dazu kommen, dass sich der Mensch vornimmt, den Eifer für das innere Gebet ganz zurückzustellen und sich nur mehr dem mündlichen Gebet und äußerem Tun zu widmen, da er darin sicherer sei. Und solche Anfechtungen erleidet man vor allem, wenn die Gnade der Innigkeit entzogen wird. Man leidet zweifach: unter dem Entzug der Gnade und unter dem Zweifel, ob sie – als man sie hatte – von Gott war.

Es geht uns wie den Jüngern Jesu, vor der Sendung des Heiligen Geistes: Sie schwankten im Glauben an Christus – einerseits glaubten sie an ihn als den Sohn Gottes, wenn sie seine Wunder sahen und seine überragende Lehre hörten, andererseits zweifelten sie, als sie seine Leiden sahen, die er für uns auf sich nahm. Bevor sie seiner Auferstehung gewiss waren, sagten sie zueinander: „Wir aber hatten gehofft, dass dieser Israel erlösen werde" (Lk 24, 21) – das heißt soviel wie: Wir sind in unserer Hoffnung getäuscht. So freuten sie sich zwar nach der Auferstehung, zweifelten aber immer noch, bis sie der Wahrheit der Auferstehung durch viele Beweise gewiss geworden waren – und das war in der Hauptsache erst nach der Himmelfahrt und der Sendung des Heiligen Geistes.

So erfreuen sich die gottliebenden Gläubigen zuweilen der Tröstung durch die Gnade, zuweilen zweifeln sie und sind traurig. Auf verschiedene Weise arbeitet der Heilige Geist in ihnen: bald gießt er die fühlbare Gnade ein, bald entzieht er sie, bis sie an verschiedenen Anzeichen Echtheit und Zielsetzung der göttlichen Heimsuchung erfahren. Wenn die Gnade fühlbar ist, dann freuen sie sich über die Tröstung und sind sicher über deren Echtheit; ist sie nicht fühlbar, dann entbehren sie beide Arten von Trost. Ein weiser Mensch aber ist bemüht, „in den Tagen des Unglücks nicht die guten Tage zu vergessen" (Sir 11,27); sich an sie zu erinnern, bewahrt ihn vor „Kleinmut und Verwirrung". Das also hilft gegen die erste Anfechtung.

5. Und umgekehrt, „am Tag des Glücks" ist er bedacht, die Tage des Unglücks nicht völlig aus den Augen zu verlieren.[a] Dadurch wird er demütig und bleibt bewahrt vor selbstsicherer Überheblichkeit. So wird die zweite Anfechtung geheilt. Dass fromme Menschen überheblich werden, dafür kann man vier Gründe nennen: Entweder rühmen sie sich, dass sie die fühlbare Gnade der Innigkeit durch ihren Eifer und ihre vorherigen Mühen verdient haben; oder sie meinen, sie seien mehr als die anderen von Gott geliebt, die diese fühlbare Gnade anscheinend nicht haben; oder sie denken sich die empfangene Gnade größer als sie in Wahrheit ist; oder sie bilden sich ein, sie würden diese Gnade besser zu gebrauchen wissen, dankbarer annehmen, fruchtbarer einsetzen und weniger nachlässig sein als andere, die eine ähnliche Gnade empfangen haben.

a Vgl. die Exerzitien-Ratschläge des Ignatius von Loyola, *Regeln zur Unterscheidung, eher für die Erste Woche*, Regel 10 und 11.

6. Gegen die Anfechtung des Zweifels hilft erstens der feste, vertrauensvolle Glaube, dass diese Gnade von Gott ist. Zweitens die sorgfältige Überlegung, ob die Antriebe, die durch die Erfahrung bewirkt wurden, stets zum Guten gingen. Drittens, jemand in diesen Dingen Erfahrenen darüber demütig um Rat zu fragen. Viertens die volle Bereitschaft des Willens, dem zuzustimmen, wie es dem Sein in der Gnade entspricht; fünftens das inständige Gebet, Gott möge nicht zulassen, dass man von den eigenen Sinnen oder einem fremden Geist getäuscht werde. – Gegen die zweite Anfechtung, die des Hochmuts, hilft das gewissenhafte Bewusstsein von der eigenen Unwürdigkeit, Lauheit, Nachlässigkeit, Undankbarkeit und Ruhmsucht. Zweitens der ernste Gedanke, dass man Rechenschaft für die empfangene und mit Nachlässigkeit genützte Gnade wird ablegen müssen. Drittens die Furcht, Gott könne einem wegen der Sünden, die ihm wohlbekannt sind und die er so langmütig in der Hoffnung auf Besserung ertragen hat, ohne dass diese aber eintrat, die Gnade entziehen und einen sich selbst überlassen. Viertens der Gedanke an andere Menschen, die an Gnade, Tugenden und Eifer in allem Guten uns unvergleichlich überragen.

Nach diesem längeren Exkurs kehrt David zurück zu den Ursachen für geistliche Trockenheit, wobei vor allem seine Bemerkung über eine mögliche Verkrampfung im Willen zu beachten ist.

7. Die vierte Ursache, warum man die fühlbare Gnade entbehrt, gerade wenn man sie besonders eifrig sucht, liegt darin, dass die Freiheit des Geistes sozusagen niedergehalten wird, wenn das Herz ungestüme Anstrengungen macht und gleichsam mit Gewalt die Innigkeit der Empfindung herauspressen will. Und wenn es nicht gleich entsprechend der Sehnsucht des Herzens gelingt, dann kommt Traurigkeit und in der Folge ein Hart-Werden. Und je heftiger das Herz sich zur Innigkeit zwingen will, desto weniger hat es Erfolg und desto trockener wird es – wie wenn jemand Trauben in der Kelter oder

Oliven in der Presse zu stark presst, dann kommt eine trübere Flüssigkeit mit weniger Geschmack heraus, als wenn man allmählich und maßvoll gepresst hätte. Je freier, desto „saftiger" die Empfindung der Innigkeit. Und darum fühlt der Mensch zu anderen Zeiten oft mehr Innigkeit, weil sein Geist – seiner Freiheit überlassen – sich spontan zur Höhe erhebt. [...]

8. Die fünfte Ursache kann sein, dass Gott dem Menschen eine größere Gnade und Glorie verdienen lassen will. Durch den Schmerz unerfüllter Sehnsucht reinigt er die Seele, denn die Geduld im Entzug des Trostes und die Demut im Ertragen der Trauer machen die Seele reiner und lichter, empfänglicher für den göttlichen Glanz, sie wird geweitet für größere Gnade und Glorie. Das Licht des Angesichtes Gottes und der Glanz seiner Klarheit leuchtet über allen gleichermaßen; wer aber reiner ist und freier vom Schatten der Laster, der ist auch aufnahmefähiger für das Licht und die Erleuchtung von oben. So nimmt ein durchsichtiges Glas oder ein gut poliertes Metall Lichtstrahlen besser auf und wird noch leuchtender. Durch Trübsal wird die Seele poliert; der Rost der Laster wird weggefeilt [...]. So reinigt Gott zuweilen die Herzen derer, die sich ihm hingeben wollen, durch den Entzug der Tröstung – was für diese Menschen die größte Trübsal bedeutet. Auch wenn sie diese Trübsal durch keine besondere Verfehlung verdient haben, – sollen sie vielmehr aufnahmefähig werden für noch größere Gnade im gegenwärtigen Leben und für größere Herrlichkeit im zukünftigen.

Kapitel 70: Ob es besser ist, seltener oder häufiger die Eucharistie zu empfangen

Wenn jemand wissen möchte, ob es besser ist, den Leib Christi im Sakrament häufiger oder seltener zu empfangen, so scheint mir, dass man hier keine für alle gültige Regel aufstellen kann. Die Menschen sind unterschiedlich an Verdiensten, an Eifer und Sehnsucht; unterschiedlich wirkt der Heilige Geist in den einzelnen Menschen, die einzelnen Menschen sind verschieden weit im geistlichen Leben, auch innerhalb der Orden. Auch bei Kranken kann man nicht ein und dieselbe Methode durchhalten, wenn man ihnen Medikamente für den Körper gibt; denn verschieden ist die jeweilige körperliche Beschaffenheit, verschieden die Kräfte, man muss Ort und Zeit berücksichtigen, Ernährung und verschiedene andere Umstände. Je nachdem ist eine Medizin öfter oder weniger oft, in höherer oder geringerer Dosis zu verabreichen. So ist es auch mit der geistlichen Medizin, dem Leib Christi. Wenn jemand mit weltlichen Sorgen eingedeckt ist, kann er sich weniger oft zum Empfang des Sakraments freimachen, als Menschen, deren Gedanken nur auf das Geistliche gerichtet sind, und die einen hüten mehr, andere weniger gewissenhaft die Reinheit ihres Lebens, ihrer Sitten und ihres Gewissens. Die einen fühlen sich von glühendem Verlangen nach dieser heilbringenden Speise gezogen; andere fühlen geradezu einen Schrecken, wenn sie hinzutreten sollen, und wenn sie nicht das Gewissen drängte, oder die klösterliche Regelung den Zeitpunkt vorgäbe, oder die Angst, sich von Gott noch weiter zu entfernen, sie triebe, würden sie zu diesem furchterregenden Sakrament[a] nur höchst selten hinzutreten. Kaum jemand unter den Ordensleuten scheint so Gott-hingegeben und heilig, dass es ihm nicht genügte, wie es Brauch ist, einmal in der Woche zu kommunizieren – mit Ausnahme der Priester –[b], außer wenn es einmal, und selten öfter, ein besonderer Grund nahelegt, etwa das Auftreten einer Krank-

a *terrificum sacramentum.* Dass diese Auffassung keineswegs nur die des lateinischen Mittelalters war, zeigt die in der Patristik (und den östlichen Liturgien) durchaus gebräuchliche Bezeichnung der Eucharistie als *mysterium phriktodestaton* („schauer-erregendes" oder „der Furcht würdiges Geheimnis").

b Einmal in der Woche zu kommunizieren, ist für die damalige Zeit sehr häufig! Franziskus hatte für seine Brüder viermal pro Jahr vorgeschrieben, Klara für ihre Schwestern siebenmal. Es gab allerdings auch Gegenden und religiöse Bewegungen (etwa in Flandern), wo im 13. Jh. durchaus die wöchentliche Kommunion, ja in Einzelfällen sogar die tägliche Kommunion gepflegt wurden. Im Text scheint durch, dass David mit der „consuetudo" der wöchentlichen Kommunion nicht ganz zufrieden ist. Dass der „Brauch" die Praxis bestimmt, ist ihm offensichtlich zu wenig. Er würde sich mehr Feuer wünschen!

heit, oder ein besonderer Festtag, oder eine ungewöhnlich glühende Empfindung von Innigkeit und ungestümes Verlangen nach dem Empfang dieser Speise, die einzig und allein der Glut der Seele Abhilfe schaffen kann. Weil ein derartiges ungestümes Feuer nur vom Heiligen Geist eingegossen wird, kann es nicht durch menschlichen Brauch oder Satzungen eingegrenzt werden. Ich habe zuweilen Menschen gesehen – allerdings wenige – deren „Leben Christus" war (vgl. Phil 1,21): Wenn sie nicht häufiger das Sakrament des Lebensbrotes empfingen, schienen sie auch körperlich von Kräften zu kommen; es gab offenkundige Anzeichen für körperliches Versagen. Und die vorher so geschwächt waren, dass sie nicht gerade gehen konnten, wurden nach dem Empfang dieses Sakramentes so gekräftigt, als hätten sie vorher nie Schwäche gekannt. Handgreiflich bezeugt sich hier die Wahrheit jenes Ausspruches: „Mein Fleisch ist wahrhaft eine Speise, und mein Blut ist wahrhaft ein Trank" (Joh 6,56). Denn keine materielle Speise oder Trank kann so rasch und wirksam nicht nur den Leib, sondern auch die Seele erneuern.

2. Heilsam und gut für den Menschen ist es, sich oft auf den Empfang dieses Heilmittels vorzubereiten, mit so viel Liebe, wie er vermag, dieses Sakrament zu empfangen und nach dem Empfang mit Aufmerksamkeit in der Haltung inniger Hingabe zu bleiben. Das gilt besonders für die Ordensleute und alle, die sich für immer Gott geweiht haben. Auf diese Weise werden sie nämlich ihr Leben und ihr Gewissen sorgsamer hüten, wenn sie sich vor und nach dem Empfang aus Ehrfurcht vor der Eucharistie um größere Reinheit und eifrigere Liebe bemühen. Und wenn es auch einmal vorkommt, dass man sich lau fühlt, so soll man doch mit Vertrauen auf die Barmherzigkeit Gottes hinzutreten: Wer sich für unwürdig hält, der bedenke, dass ein Kranker um so dringender den Arzt rufen muss, je kränker er sich fühlt. „Nicht die Kräftigen brauchen den Arzt, sondern die, denen es schlecht geht" (Mt 9,12). Du suchst dich nicht deswegen mit Christus zu vereinigen, damit du ihn heiliger machst bzw. zu Ehren bringst,

sondern damit er dich heilige! Auch ist die heilige Kommunion nicht deswegen zu unterlassen, weil man zuweilen keine besondere Innigkeit oder Andacht spürt, während man sich darauf vorbereitet, oder wenn man sich beim Empfang oder danach etwa weniger von der Gottesliebe ergriffen fühlt, als man wünscht. Ich habe ja oben schon einige Gründe angegeben, warum das vorkommen kann.

3. Was die Priester angeht, kann man folgende Regel beachten: Sie sollten weder zu selten zelebrieren, noch immer und ununterbrochen das heilige Opfer darbringen wollen. Letzteres zeigt nämlich offenbar eine mangelnde Ehrfurcht an; denn es gibt wohl kaum jemanden, der solche Innigkeit hat, dass er immer in gleicher Glut ergriffen wäre, immer mit der geschuldeten Ehrfurcht und innig liebendem Herzen zelebrierte, und nicht irgendwann ein wenig lauer würde. Zu selten die heilige Messe zu feiern – auch wenn der Grund zuweilen Ehrfurcht und Demut ist – nährt jedoch manchmal die Gleichgültigkeit; denn der Mensch ist dann weniger vorsichtig in allen Dingen – als müsse er nicht so genau auf sich acht geben, da er ja nicht vorhabe, zum Tisch des Herrn zu gehen. Die Demut, mit der sich jemand für längere Zeit zurückhält, ist nicht in jeder Hinsicht ein sicherer Weg; denn wie man nicht würdig ist, den Leib Christi öfter zu empfangen, ebensowenig ist man würdig, ihn auch nur einmal zu empfangen. Daher empfangen wir ihn nicht, als wären wir würdig, sondern damit wir dadurch mehr und mehr würdig werden, dass er uns öfter besucht und in die Herberge unseres Herzens und unseres Leibes eintritt. [...]

4. Die zur Kommunion hinzutreten oder die Messe feiern, werden von verschiedenen Empfindungen und von verschiedenen Anliegen dazu bewegt.

Die einen zieht die Gottesliebe: Sie möchten den Geliebten häufiger zu sich einladen und in ihrem Inneren mit Freude umfangen.

Andere bewegt der Blick auf ihre Schwachheit: Sie rufen ihn als Arzt zu sich, um von allen Krankheiten geheilt zu werden.

Wieder andere, denen im Gewissen ihre Verfehlungen vor Augen stehen, möchten durch ihn, das Opfer der Versöhnung, von all ihren Sünden gereinigt und entsühnt werden.

Manche sind bedrängt und in Not: Sie wollen von ihm, der alles vermag, aus allem, was ihnen zu schaffen macht, rascher befreit und sicherer beschützt werden.

Andere ersehnen eine bestimmte Gnade oder möchten eine bestimmte Wohltat erhalten: Er, dem der Vater nichts abschlagen kann, soll für sie eintreten.

Manche kommen, um Dank zu sagen für alles Gute, was Gott schenkt: Und es gibt nichts Würdigeres, um es Gott zurückzugeben „für alles, was er uns Gutes getan", als „den Kelch des Heiles zu erheben" (Ps 115,12 f.), das heißt: Jesus.

Für andere ist der Beweggrund das Lob Gottes und seine Ehre und die Ehrung der Heiligen: Wir haben nichts Erhabeneres, um Gott entsprechend seiner Würde zu loben, als Christus Gott dem Vater darzubringen.

Wieder andere schließlich bewegt die Liebe und das Mitleid mit dem Nächsten: Es gibt keine wirksamere Fürsprache für das Heil der Lebenden und die ewige Ruhe der Verstorbenen als das Blut Christ, das für uns vergossen ist. Das ist zuhöchst unsere Unterstützung im Gebet: dass wir ihn als Fürsprecher anrufen, „der uns mit dem Vater versöhnt hat" (2 Kor 5,18) und „immerdar für uns eintritt" (Röm 8,34).

[Epilog]

5. Ich habe nun vieles, was über das Beten und seine Kraft noch zu sagen wäre, nicht gesagt. Doch wird jemand, der mit Hingabe betet, dies alles durch die Erfahrung besser erlernen. Am Ende bleibt zu sagen: Alles, worum wir im Gebet bitten, ist: dass uns das Böse, das wir begangen haben, vergeben wird; dass wir von dem Bösen, unter dem wir leiden, befreit

werden, und dass wir das Gute, das wir ersehnen, erlangen. Und dass wir Dank sagen für das Gute, das wir empfangen haben, und für das, was uns verheißen ist, auf dass Gott es uns wahrhaft erlangen lasse. Er, der lebt und herrscht in Ewigkeit. Amen.

SCHRIFTEN ZUR GEISTLICHEN UNTERWEISUNG

Gertrud von Helfta
Geistliche Übungen

hg. von Johanna Schwalbe OSB und Manfred Zieger
196 Seiten, broschiert, € 9,80
ISBN 978-3-8306-7323-1

In den geistlichen Übungen der hl. Gertrud von Helfta (1256-1301/02) geht es um die vertiefte Hinwendung des Menschen zu Gott. In sieben Übungen werden christliche Grunderfahrungen wie Taufe, Umkehr, Sehnsucht nach Gott und die Vorbereitung auf den Tod vor Augen gestellt. Meditierend und betend kann so ein innerer Weg eröffnet werden.

Thomas von Kempen
Nachfolge Mariens.
Betrachtungen und Gebete

übersetzt von Ulrich Hamberger
3. Auflage, 128 Seiten, broschiert, € 9,80
ISBN 978-3-8306-7244-9

Die „Nachfolge Christi" des Augustinermönches Thomas von Kempen (um 1380-1471) gehört zu den meistgelesenen Büchern des Mittelalters. Die vorliegende Textauswahl stellt aus seinen sonstigen Schriften Betrachtungen über Maria zusammen.

Ulrich von Augsburg
Vom äußeren und inneren Menschen

hg. von Marianne Schlosser
280 Seiten, broschiert, € 19,80
ISBN 978-3-8306-7360-6

Mit dem Werk „Vom äußeren und inneren Menschen" verfasste der Franziskanermönch David von Augsburg eine viel gelesene Schrift zur geistlichen Unterweisung. Sie zeichnet sich durch Sensibilität für innere Haltungen und ihren Respekt vor dem Einzelnen und seinem geistlichen Weg aus.

Klosterverlag St. Ottilien - D-86941 St. Ottilien
www.eos-verlag.de - 08193 71701 - mail@eos-verlag.de

SCHRIFTEN ZUR GEISTLICHEN UNTERWEISUNG

Emmanuel Jungclaussen OSB
Unterweisung im Herzensgebet

3. verbesserte Auflage, 128 Seiten
broschiert, € 9,80
ISBN 978-3-8306-7344-6

Das Jesus-Gebet möchte den Geist sammeln und einen Weg nach innen öffnen. Die Einübung geht vom Leib als Ort und Instrument der Sammlung aus. Die Anrufung des Namens Jesu macht frei für Hingabe und Dank, so dass Zuwendung zum Nächsten und zur Schöpfung möglich wird.

Wolfgang Oberröder
Beten mit Paulus.
Betrachtungen und Gebete

148 Seiten, broschiert, € 9,80
ISBN 978-3-8306-7339-8

Paulus war nicht nur der erste christliche Theologe, sondern auch ein beseelter Gottsucher. Die hier zusammengestellten Gebete und Betrachtungen möchten den Zugang zum Denken und Beten des Völkerapostels erleichtern.

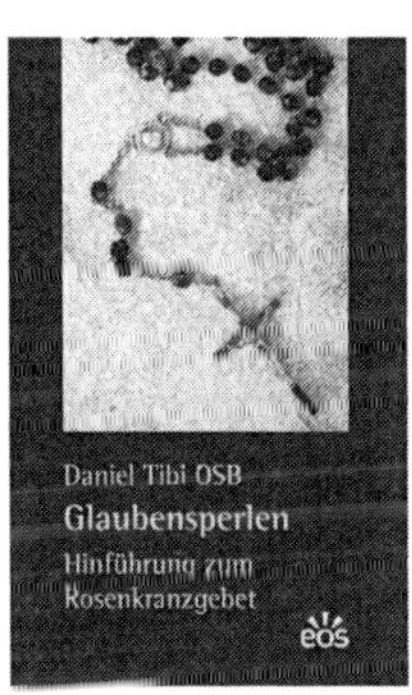

Daniel Tibi OSB
Glaubensperlen.
Hinführung zum Rosenkranzgebet

104 Seiten, broschiert, € 9,80
ISBN 978-3-8306-7338-5

Die Suche nach dem unablässigen Gebet hat eine lange Tradition, die in die früheste Zeit des Christentums zurückgeht. In dieser Hinführung werden die geschichtliche Entwicklung des Rosenkranzes und seine verschiedenen Formen erläutert. Auch rosenkranzähnliche Gebetsformen werden einbezogen.

Klosterverlag St. Ottilien - D-86941 St. Ottilien
www.eos-verlag.de - 08193 71701 - mail@eos-verlag.de